MISSION: Yozakura family

12

Eine neue Kirschblüte

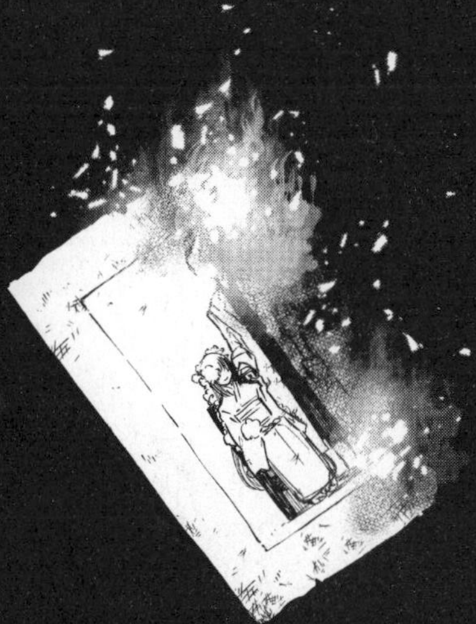

Hitsuji Gondaira

Mission: Yozakura Family Charaktere

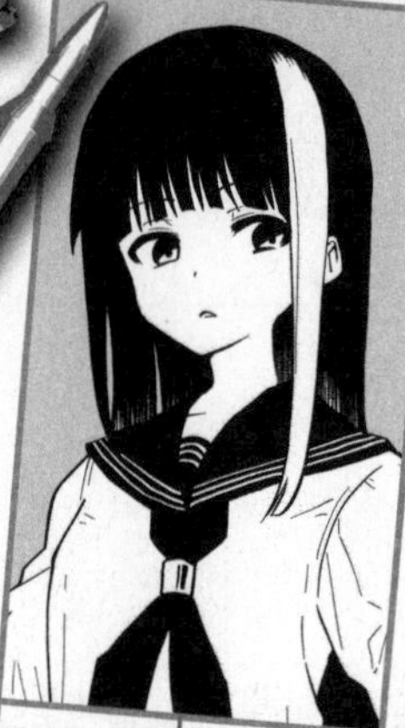

MUTSUMI YOZAKURA

Drittälteste Tochter der Yozakuras. Als Oberhaupt ihrer Familie, die etliche Übermenschen hervorgebracht hat, wird sie rund um die Uhr von ihren Geschwistern beschützt.

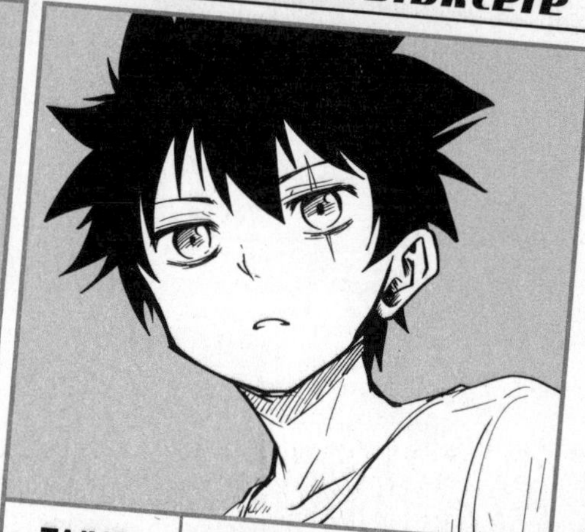

TAIYO ASANO

Der Oberschüler hat seine Familie bei einem Verkehrsunfall verloren und ist seitdem sehr menschenscheu. Die Einzige, der er sein Herz öffnet, ist seine Frau und Kindheitsfreundin Mutsumi.

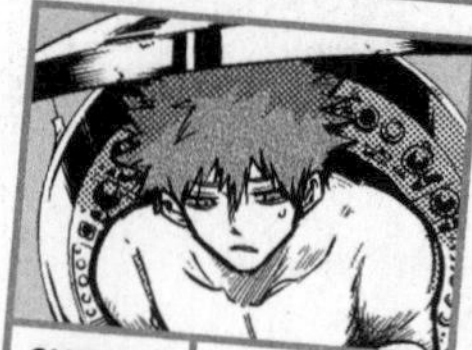

SHINZO

Der zweitälteste Sohn der Familie ist Waffenspezialist.

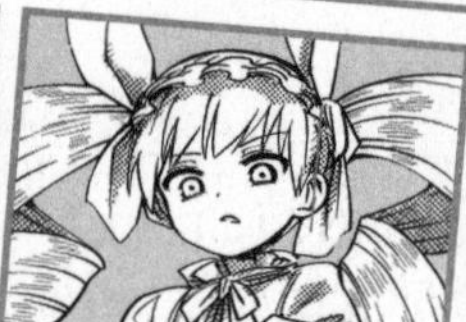

FUTABA

Die älteste Tochter der Yozakuras ist eine Meisterin in Aikido und Jiu-Jitsu.

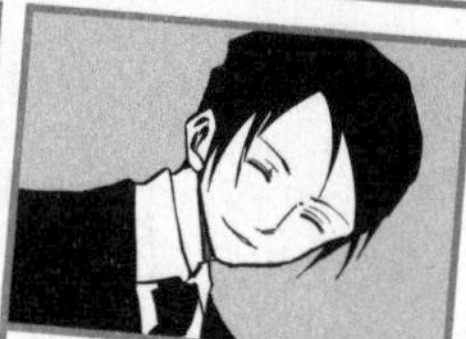

KYOICHIRO YOZAKURA

Der älteste Sohn der Familie Yozakura ist der beste und beliebteste Spion weit und breit.

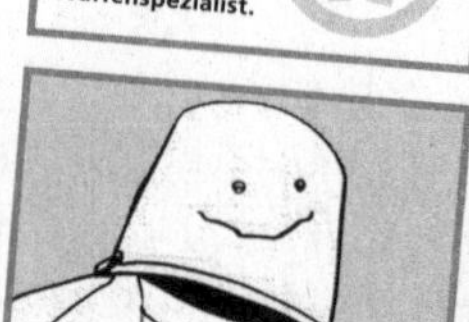

NANAO

Viertältester Sohn der Yozakuras. Nanao ist medizinisch bewandert und hat Bärenkräfte.

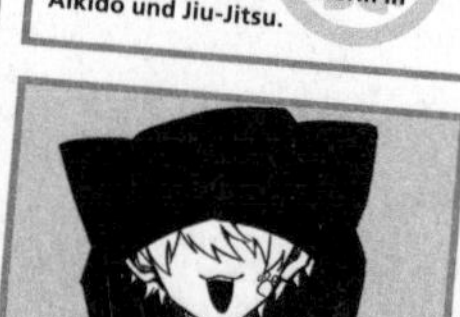

KENGO

Der Verkleidungskünstler und drittälteste Sohn kann sich in alle möglichen Personen verwandeln.

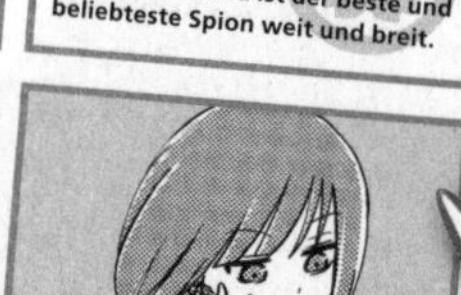

SHION

Die zweitälteste Tochter der Yozakuras ist Gamerin und begnadete Hackerin zugleich.

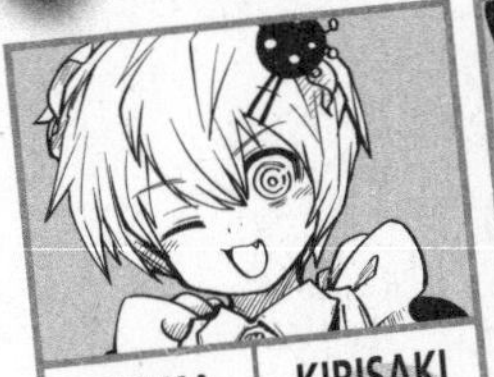

AYAKA KIRISAKI

Das Hausmädchen der Yozakuras ist Profi im Beschatten und dem Verüben von Attentaten.

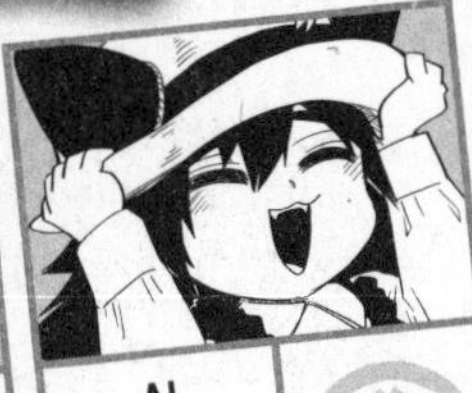

AI

Ehemaliges Mitglied von »Tanpopo«. Derzeit wohnt sie bei den Yozakuras.

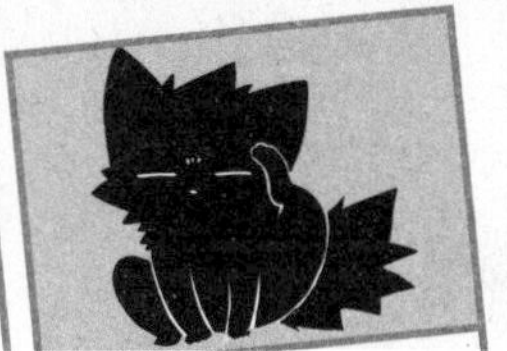

GOLIATH

Haustier der Familie Yozakura

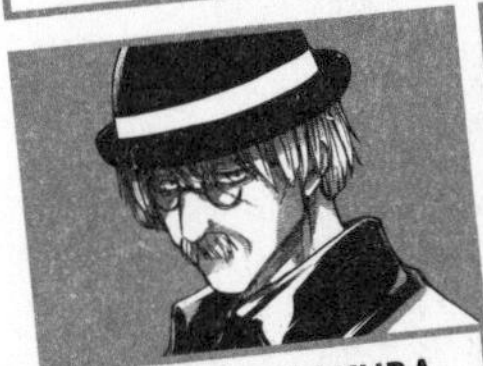

MOMO YOZAKURA

Der Vater der Geschwister Yozakura hat die Familie verlassen und arbeitet mit »Tanpopo« zusammen.

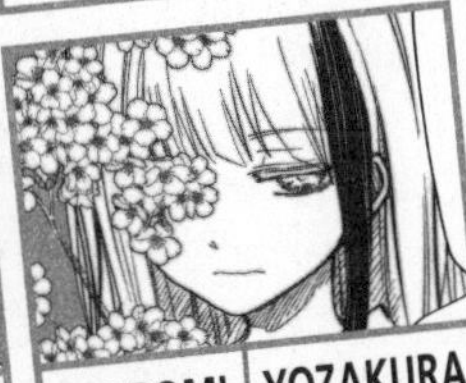

TSUBOMI YOZAKURA

Das erste Oberhaupt der Familie Yozakura lebt schon seit langer Zeit und hat Kawashita seine Kräfte geliehen.

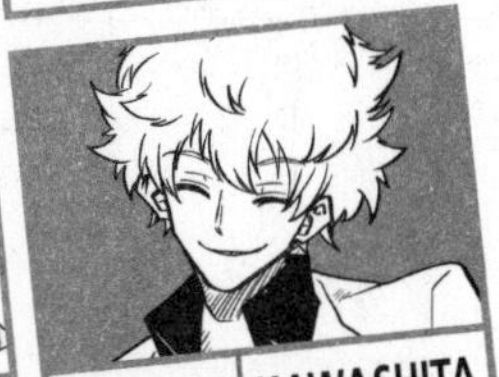

MAKOTO KAWASHITA

Direktor der Kawashita-Klinik und Mitglied von »Tanpopo«. Er trachtet nach Mutsumis Herz.

Story.

Seit Taiyo seine Familie verloren hat, spricht er nur noch mit seiner Kindheitsfreundin Mutsumi Yozakura. Dann entpuppen sich die Yozakuras als Spione! Taiyo heiratet Mutsumi und wird Teil der Familie. Seine Karriere als Spion beginnt. Er findet heraus, dass die Organisation »Tanpopo«, der Arzt Makoto Kawashita und der tot geglaubte Vater der Geschwister Yozakura bei dem Tod seiner Familie ihre Finger im Spiel hatten.

Während der »Yozakurafront« sieht Taiyo Ausschnitte aus Kawashitas Gedächtnis, in dem Tsubomi Yozakura, das erste Oberhaupt der Familie, auftaucht. Zusammen mit seinen Geschwistern schafft es Taiyo, Kawashita zu fassen und der Polizei zu übergeben. Als er erfährt, dass er mindestens einen Silberrang braucht, um mit Kawashita in Kontakt zu treten, stellte sich Taiyo der Prüfung durch Shinzo, Futaba und Kyoichiro – mit Erfolg!

Mission: Yozakura Family – Inhalt

12 Eine neue Kirschblüte

To Do Mission

Mission:
Yozakura Family

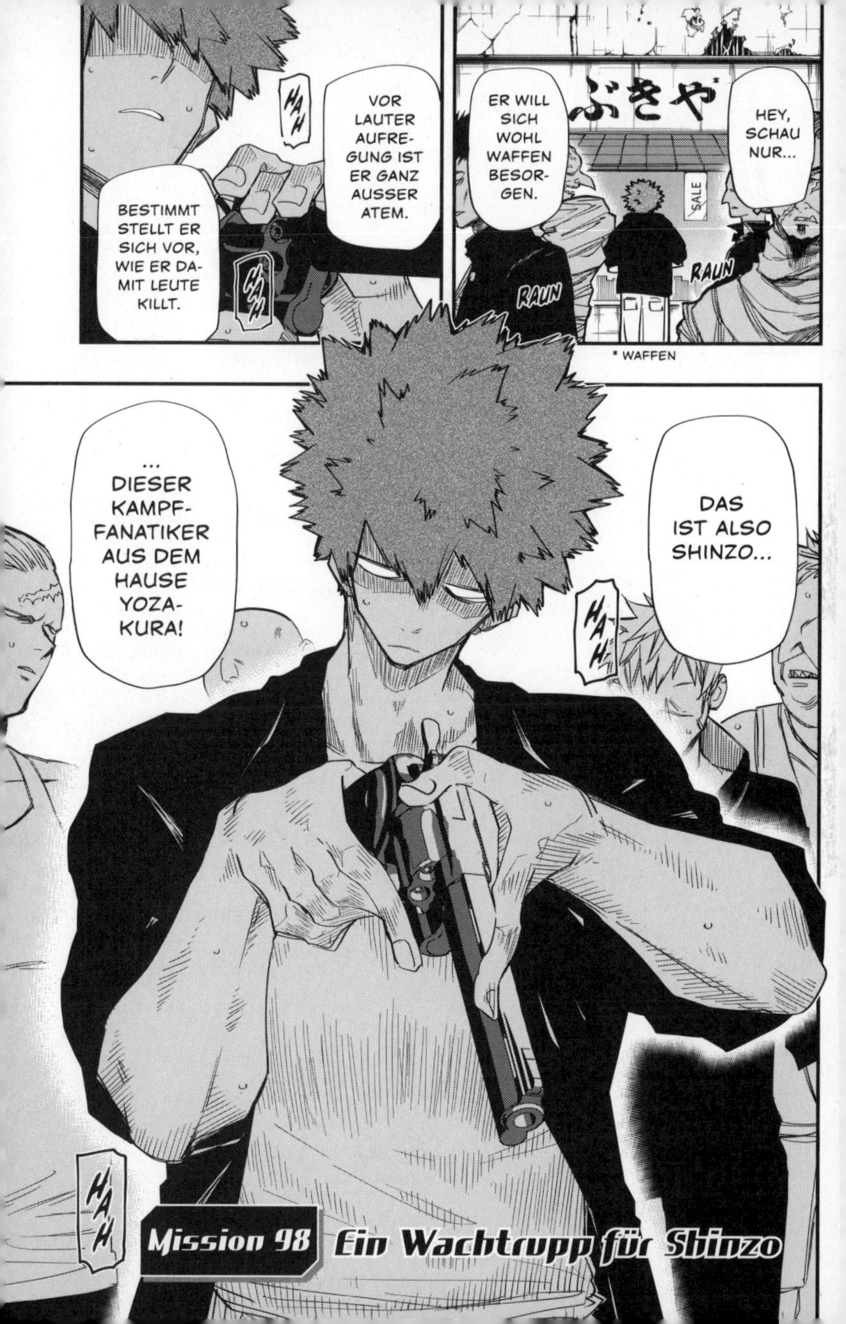

Mission 98 Ein Wachtrupp für Shinzo

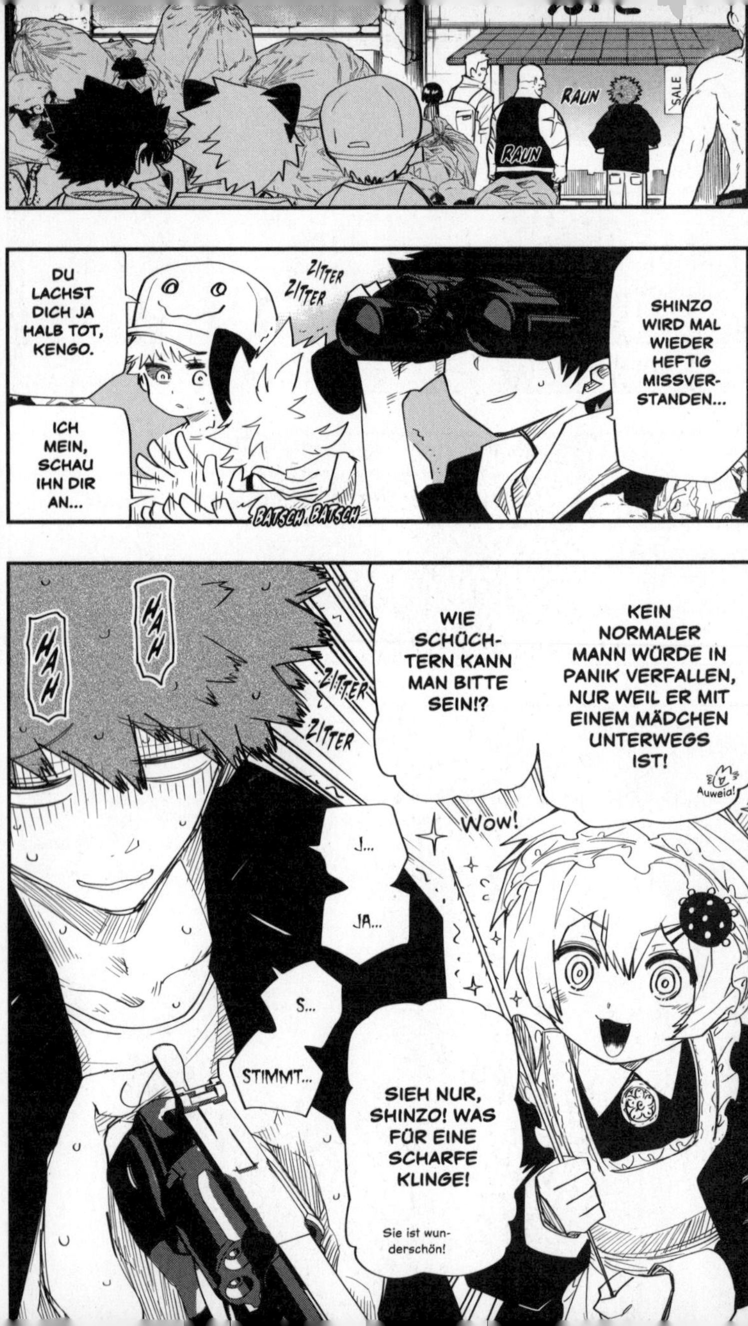
SALE
RAUN
RAUN
SHINZO WIRD MAL WIEDER HEFTIG MISSVERSTANDEN...
ZITTER ZITTER
DU LACHST DICH JA HALB TOT, KENGO.
ICH MEIN, SCHAU IHN DIR AN...
BATSCH BATSCH
KEIN NORMALER MANN WÜRDE IN PANIK VERFALLEN, NUR WEIL ER MIT EINEM MÄDCHEN UNTERWEGS IST!
WIE SCHÜCHTERN KANN MAN BITTE SEIN!?
Auweia!
HAH HAH
ZITTER ZITTER
WOW!
J...
JA...
S...
STIMMT...
SIEH NUR, SHINZO! WAS FÜR EINE SCHARFE KLINGE!
Sie ist wunderschön!

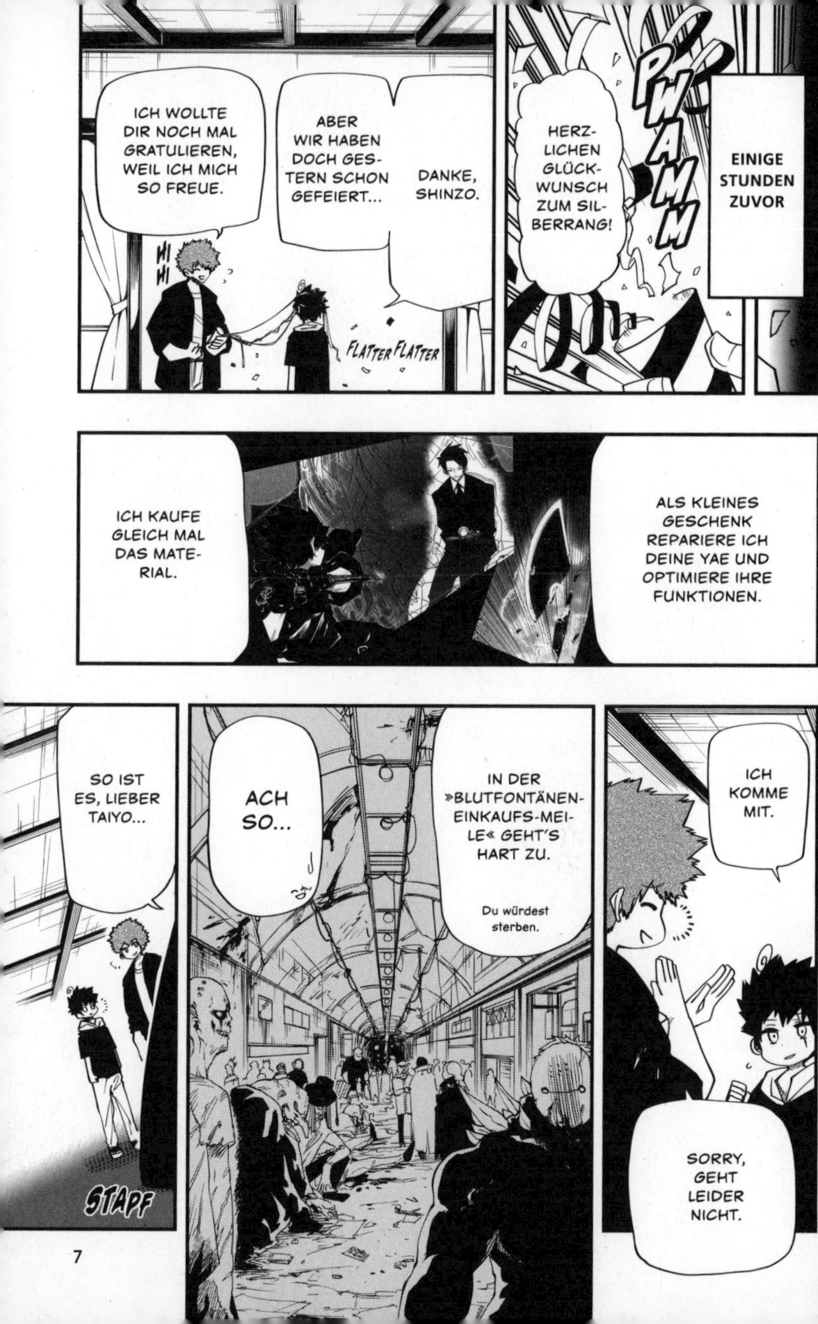
EINIGE STUNDEN ZUVOR
PWAMM
HERZLICHEN GLÜCKWUNSCH ZUM SILBERRANG!
DANKE, SHINZO.
ABER WIR HABEN DOCH GESTERN SCHON GEFEIERT...
ICH WOLLTE DIR NOCH MAL GRATULIEREN, WEIL ICH MICH SO FREUE.
HI HI
FLATTER FLATTER
ALS KLEINES GESCHENK REPARIERE ICH DEINE YAE UND OPTIMIERE IHRE FUNKTIONEN.
ICH KAUFE GLEICH MAL DAS MATERIAL.
ICH KOMME MIT.
SORRY, GEHT LEIDER NICHT.
IN DER »BLUTFONTÄNEN-EINKAUFS-MEILE« GEHT'S HART ZU.
Du würdest sterben.
ACH SO...
SO IST ES, LIEBER TAIYO...
STAPF

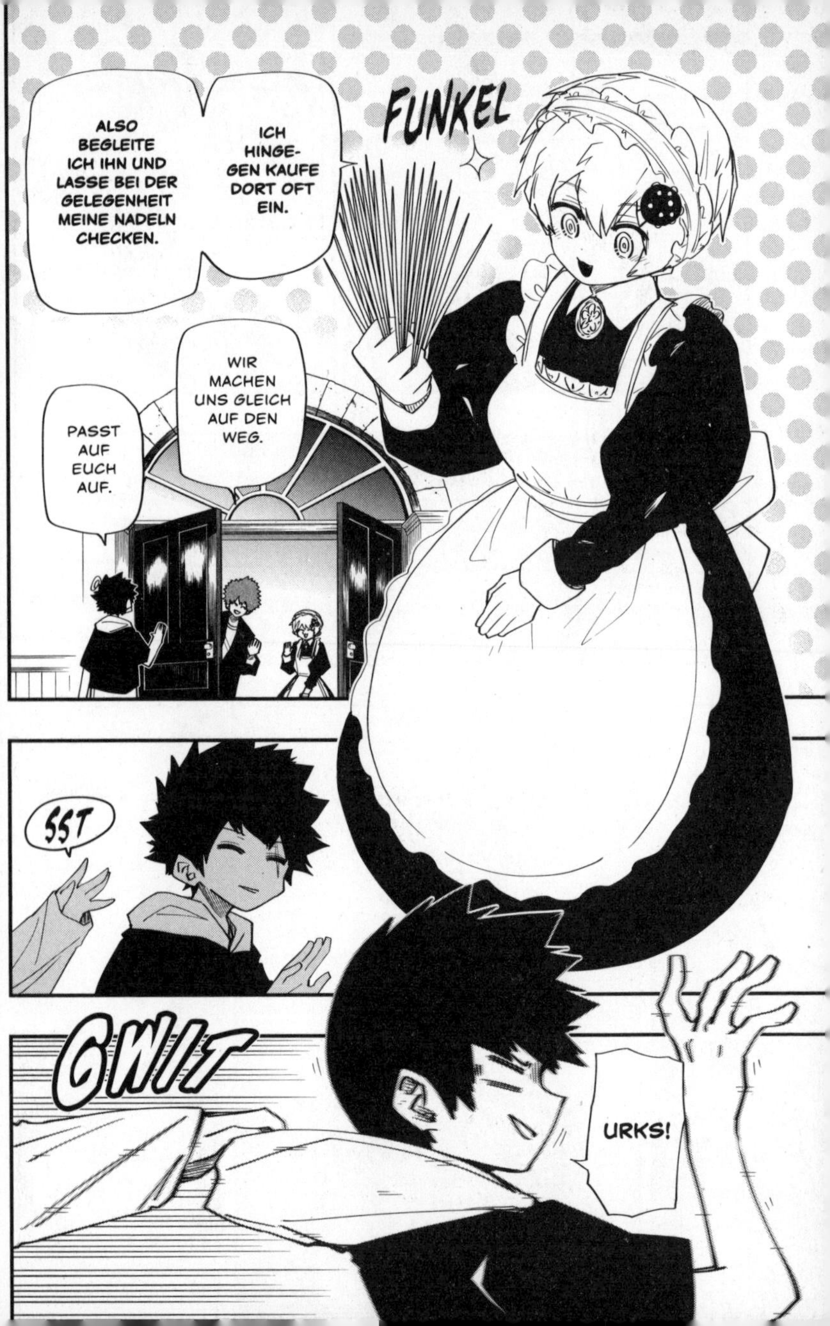

ICH HINGEGEN KAUFE DORT OFT EIN.
ALSO BEGLEITE ICH IHN UND LASSE BEI DER GELEGENHEIT MEINE NADELN CHECKEN.
FUNKEL
WIR MACHEN UNS GLEICH AUF DEN WEG.
PASST AUF EUCH AUF.
SST
GWIT
URKS!

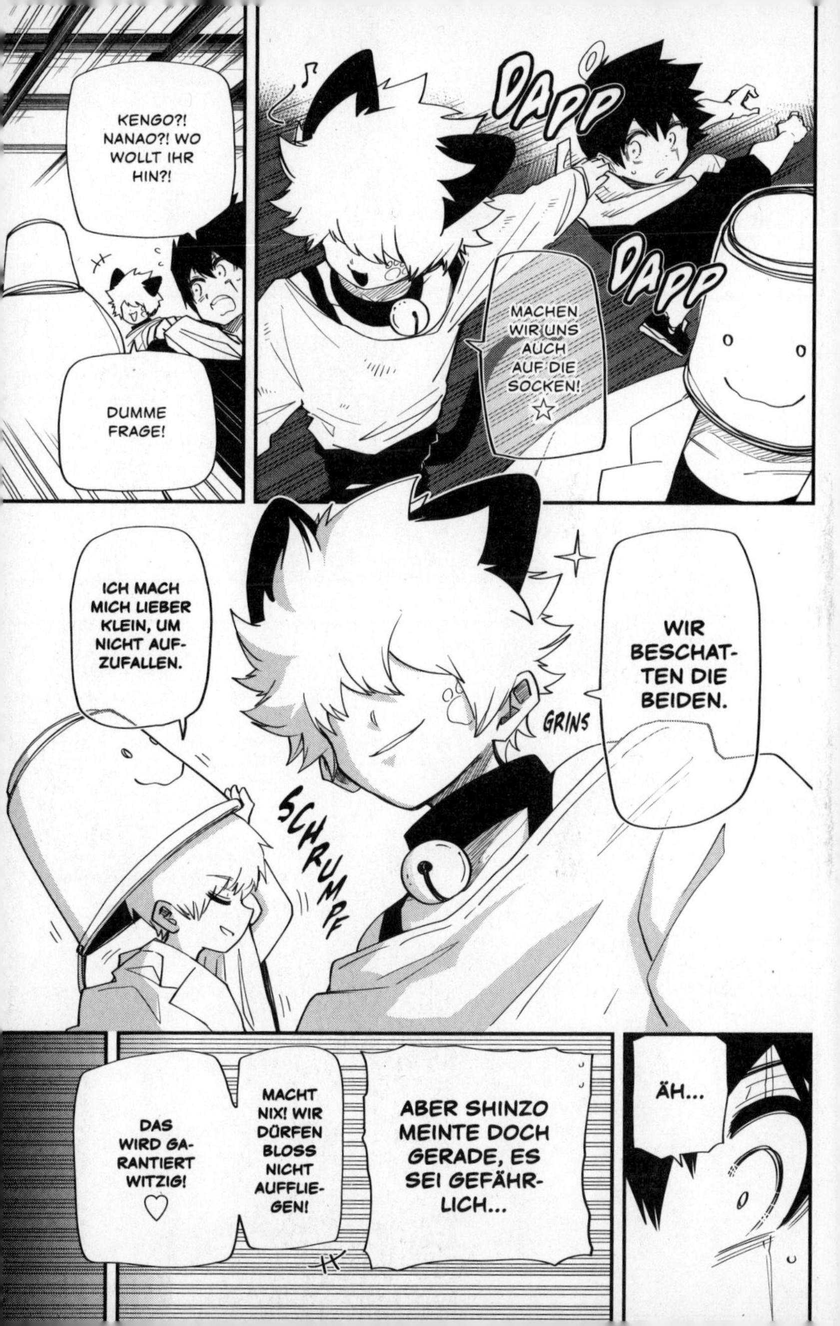
DAPP
DAPP
MACHEN WIR UNS AUCH AUF DIE SOCKEN! ☆
KENGO?! NANAO?! WO WOLLT IHR HIN?!
DUMME FRAGE!
WIR BESCHATTEN DIE BEIDEN.
GRINS
SCHRUMPF
ICH MACH MICH LIEBER KLEIN, UM NICHT AUFZUFALLEN.
ÄH...
ABER SHINZO MEINTE DOCH GERADE, ES SEI GEFÄHRLICH...
MACHT NIX! WIR DÜRFEN BLOSS NICHT AUFFLIEGEN!
DAS WIRD GARANTIERT WITZIG! ♡

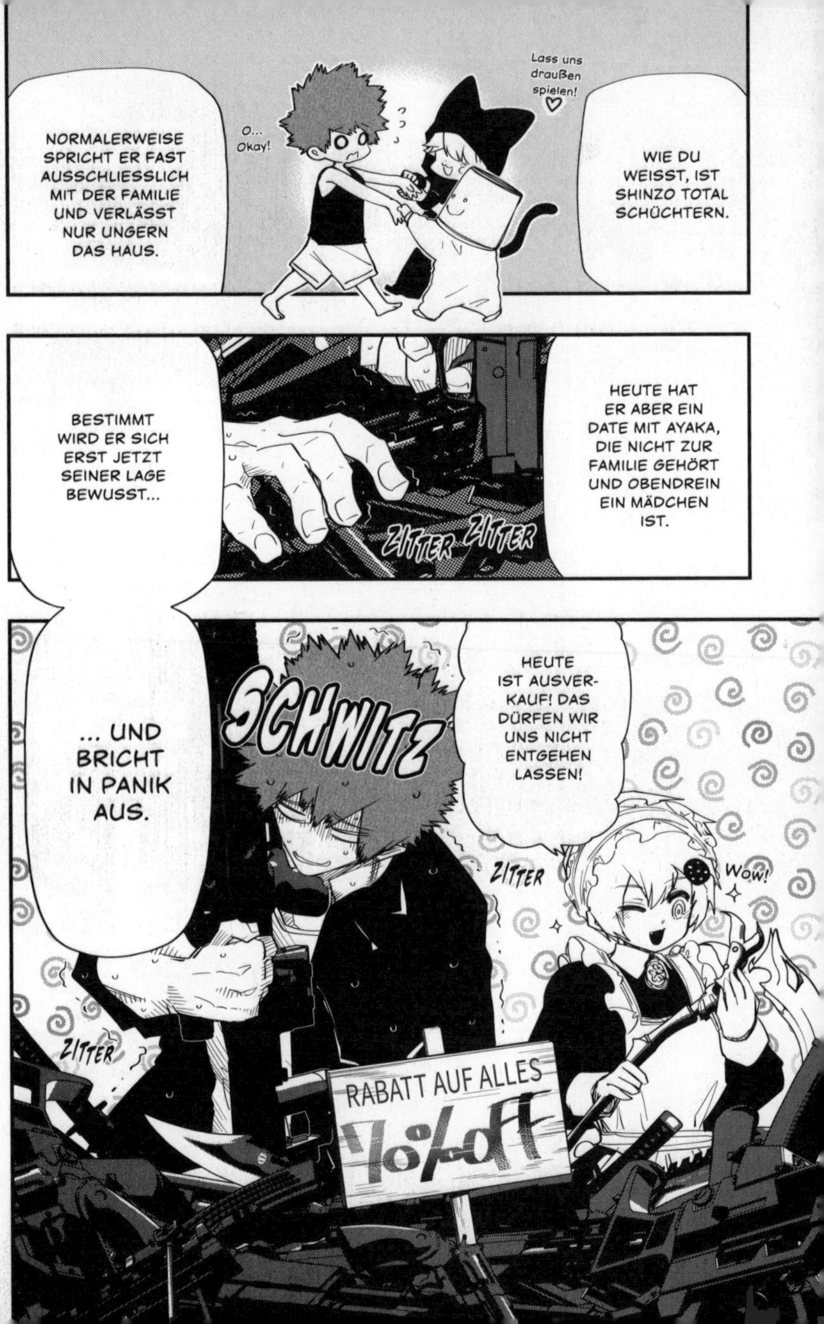
WIE DU WEISST, IST SHINZO TOTAL SCHÜCHTERN.
Lass uns draußen spielen! ♡
O... Okay!
NORMALERWEISE SPRICHT ER FAST AUSSCHLIESSLICH MIT DER FAMILIE UND VERLÄSST NUR UNGERN DAS HAUS.
HEUTE HAT ER ABER EIN DATE MIT AYAKA, DIE NICHT ZUR FAMILIE GEHÖRT UND OBENDREIN EIN MÄDCHEN IST.
ZITTER ZITTER
BESTIMMT WIRD ER SICH ERST JETZT SEINER LAGE BEWUSST...
... UND BRICHT IN PANIK AUS.
Wow!
HEUTE IST AUSVER-KAUF! DAS DÜRFEN WIR UNS NICHT ENTGEHEN LASSEN!
ZITTER
SCHWITZ
ZITTER
RABATT AUF ALLES
70% off

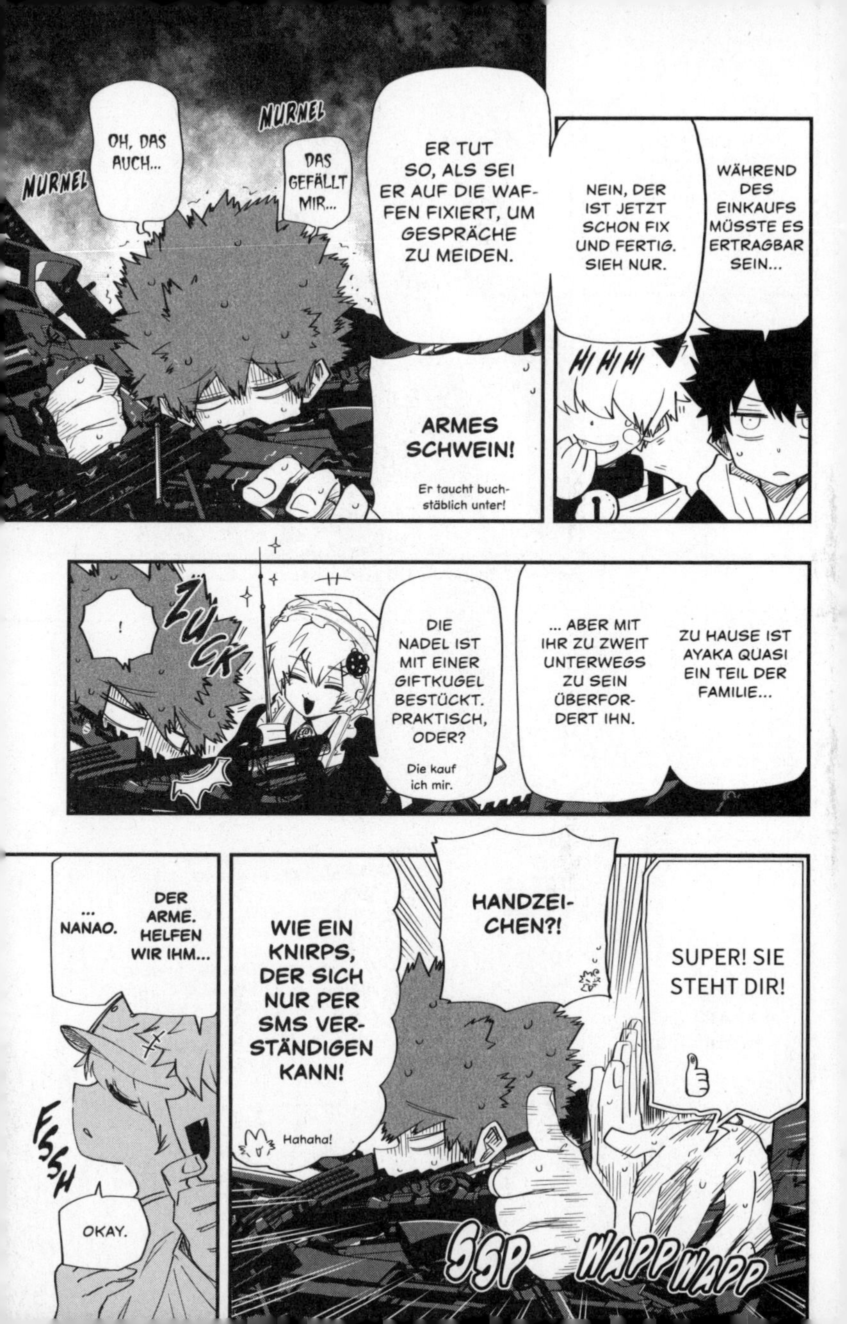
WÄHREND DES EINKAUFS MÜSSTE ES ERTRAGBAR SEIN...
NEIN, DER IST JETZT SCHON FIX UND FERTIG. SIEH NUR.
HI HI HI
ER TUT SO, ALS SEI ER AUF DIE WAFFEN FIXIERT, UM GESPRÄCHE ZU MEIDEN.
ARMES SCHWEIN!
Er taucht buchstäblich unter!
DAS GEFÄLLT MIR...
MURMEL
OH, DAS AUCH...
MURMEL
ZU HAUSE IST AYAKA QUASI EIN TEIL DER FAMILIE...
... ABER MIT IHR ZU ZWEIT UNTERWEGS ZU SEIN ÜBERFORDERT IHN.
DIE NADEL IST MIT EINER GIFTKUGEL BESTÜCKT. PRAKTISCH, ODER?
Die kauf ich mir.
ZUCK
!
SUPER! SIE STEHT DIR!
HANDZEICHEN?!
WIE EIN KNIRPS, DER SICH NUR PER SMS VERSTÄNDIGEN KANN!
Hahaha!
SSP
WAPP WAPP
DER ARME. HELFEN WIR IHM...
... NANAO.
FSSH
OKAY.

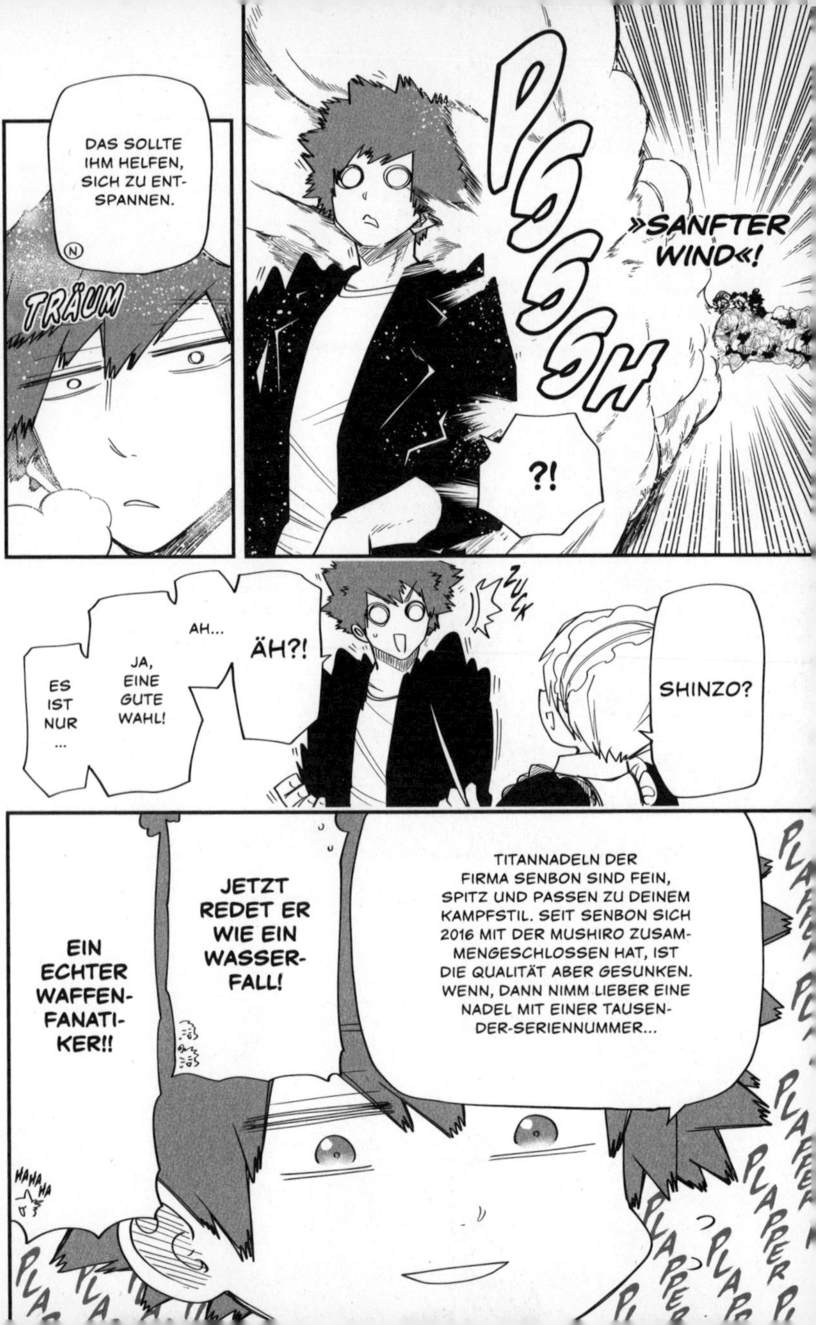

PSSSH
»SANFTER WIND«!
?!
DAS SOLLTE IHM HELFEN, SICH ZU ENTSPANNEN.
TRÄUM
SHINZO?
ZUCK
ÄH?!
AH...
JA, EINE GUTE WAHL!
ES IST NUR ...
TITANNADELN DER FIRMA SENBON SIND FEIN, SPITZ UND PASSEN ZU DEINEM KAMPFSTIL. SEIT SENBON SICH 2016 MIT DER MUSHIRO ZUSAMMENGESCHLOSSEN HAT, IST DIE QUALITÄT ABER GESUNKEN. WENN, DANN NIMM LIEBER EINE NADEL MIT EINER TAUSENDER-SERIENNUMMER...
JETZT REDET ER WIE EIN WASSERFALL!
EIN ECHTER WAFFEN-FANATIKER!!
PLAPPER PLAPPER PLAPPER PLAPPER
HAHAHA

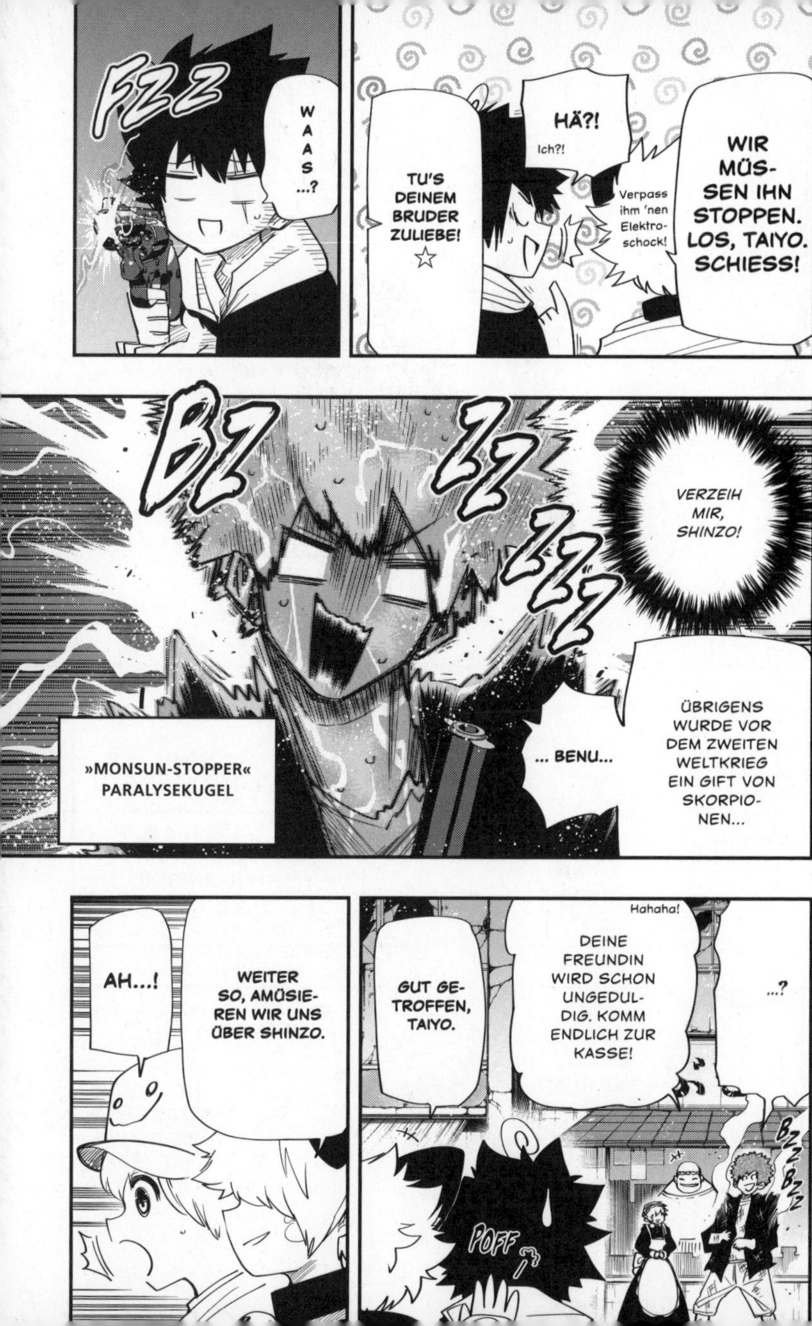

WIR MÜS-SEN IHN STOPPEN. LOS, TAIYO. SCHIESS!
Verpass ihm 'nen Elektro-schock!
HÄ?!
Ich?!
TU'S DEINEM BRUDER ZULIEBE! ☆
FZZ
WAAS ...?
BZZZZZZ
VERZEIH MIR, SHINZO!
ÜBRIGENS WURDE VOR DEM ZWEITEN WELTKRIEG EIN GIFT VON SKORPIO-NEN...
... BENU...
»MONSUN-STOPPER« PARALYSEKUGEL
...?
Hahaha!
DEINE FREUNDIN WIRD SCHON UNGEDUL-DIG. KOMM ENDLICH ZUR KASSE!
GUT GE-TROFFEN, TAIYO.
BZZ BZZ
POFF
WEITER SO, AMÜSIE-REN WIR UNS ÜBER SHINZO.
AH...!

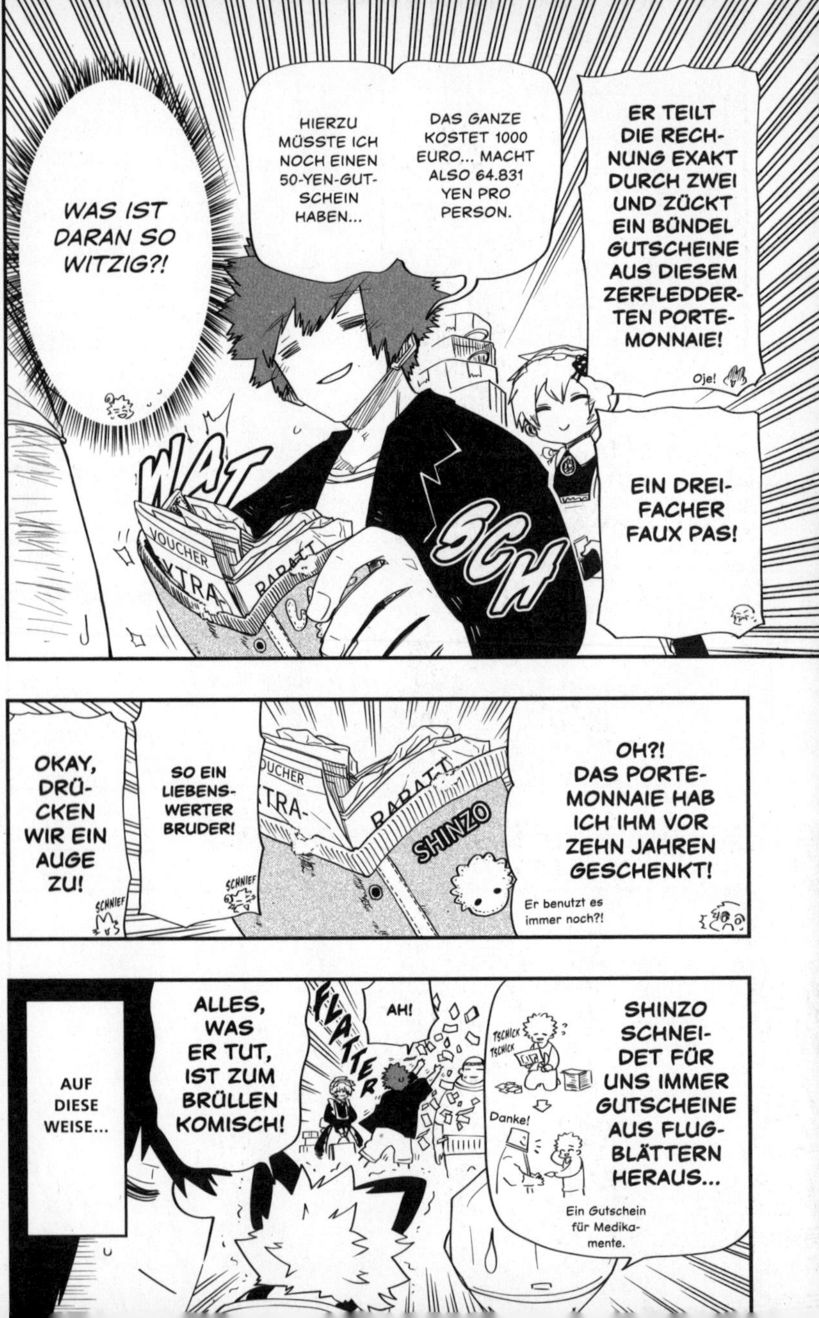
ER TEILT DIE RECHNUNG EXAKT DURCH ZWEI UND ZÜCKT EIN BÜNDEL GUTSCHEINE AUS DIESEM ZERFLEDDERTEN PORTEMONNAIE!
Oje!
DAS GANZE KOSTET 1000 EURO... MACHT ALSO 64.831 YEN PRO PERSON.
HIERZU MÜSSTE ICH NOCH EINEN 50-YEN-GUTSCHEIN HABEN...
EIN DREIFACHER FAUX PAS!
WAS IST DARAN SO WITZIG?!
SCH
WAT
VOUCHER
EXTRA
RABATT
OH?! DAS PORTEMONNAIE HAB ICH IHM VOR ZEHN JAHREN GESCHENKT!
Er benutzt es immer noch?!
SHINZO
SO EIN LIEBENSWERTER BRUDER!
SCHNIEF
OKAY, DRÜCKEN WIR EIN AUGE ZU!
SCHNIEF
SHINZO SCHNEIDET FÜR UNS IMMER GUTSCHEINE AUS FLUGBLÄTTERN HERAUS...
TSCHICK TSCHICK
Danke!
Ein Gutschein für Medikamente.
AH!
FLATTER
ALLES, WAS ER TUT, IST ZUM BRÜLLEN KOMISCH!
AUF DIESE WEISE...

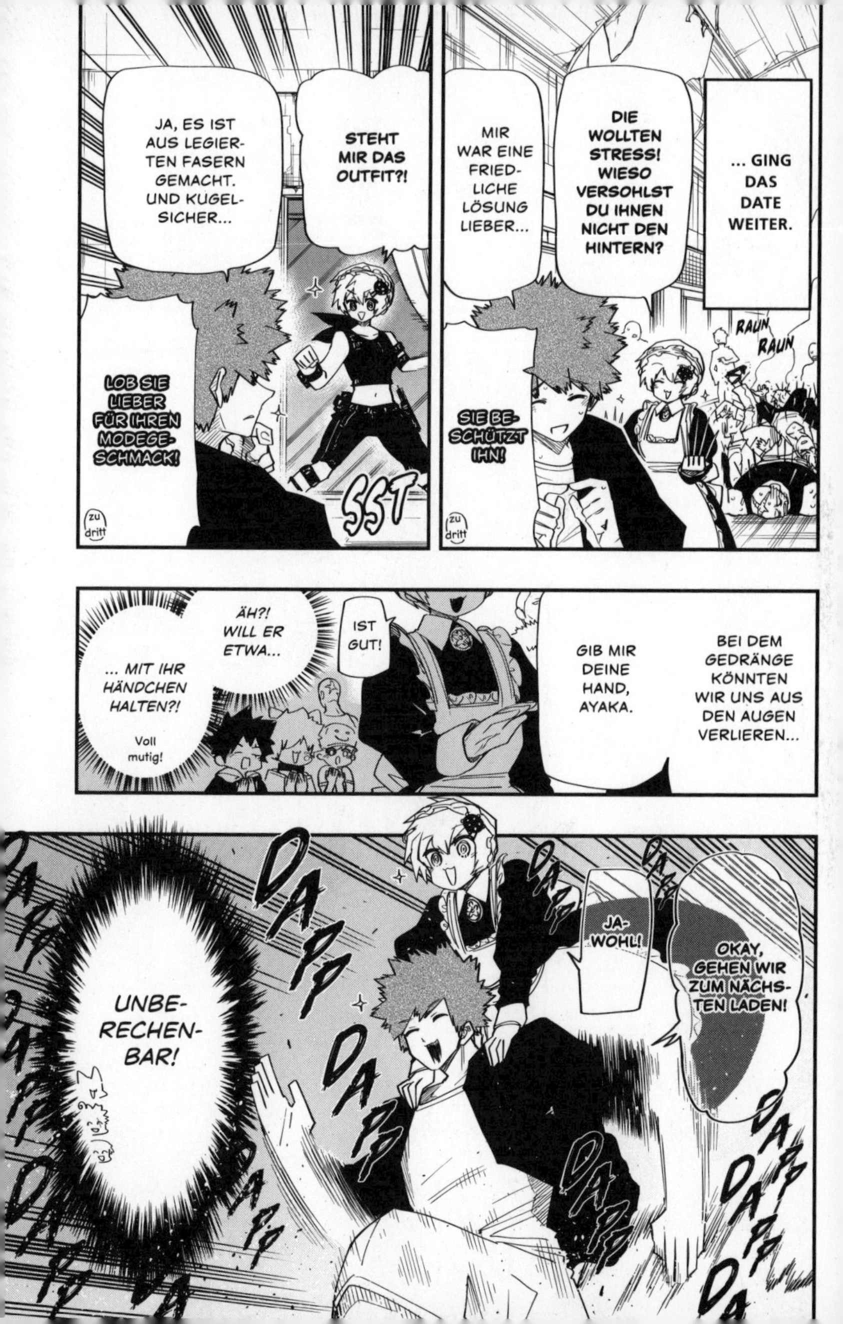
... GING DAS DATE WEITER.
DIE WOLLTEN STRESS! WIESO VERSOHLST DU IHNEN NICHT DEN HINTERN?
RAUN RAUN
MIR WAR EINE FRIEDLICHE LÖSUNG LIEBER...
SIE BESCHÜTZT IHN!
zu dritt
STEHT MIR DAS OUTFIT?!
JA, ES IST AUS LEGIERTEN FASERN GEMACHT. UND KUGELSICHER...
SST
LOB SIE LIEBER FÜR IHREN MODEGESCHMACK!
zu dritt
BEI DEM GEDRÄNGE KÖNNTEN WIR UNS AUS DEN AUGEN VERLIEREN...
GIB MIR DEINE HAND, AYAKA.
IST GUT!
ÄH?! WILL ER ETWA...
... MIT IHR HÄNDCHEN HALTEN?!
Voll mutig!
OKAY, GEHEN WIR ZUM NÄCHSTEN LADEN!
JAWOHL!
DAPP DAPP DAPP
UNBERECHENBAR!

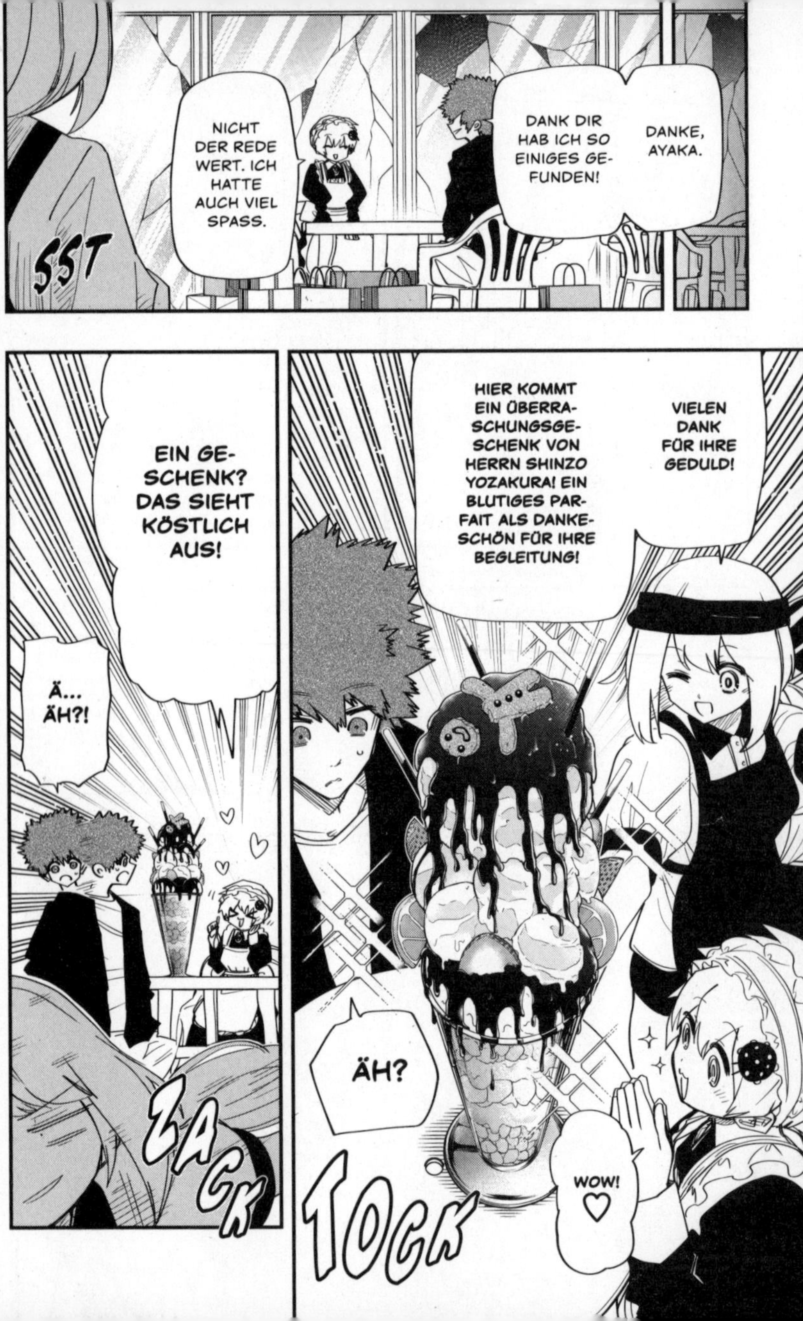

DANKE, AYAKA.
DANK DIR HAB ICH SO EINIGES GEFUNDEN!
NICHT DER REDE WERT. ICH HATTE AUCH VIEL SPASS.
SST
VIELEN DANK FÜR IHRE GEDULD!
HIER KOMMT EIN ÜBERRASCHUNGSGESCHENK VON HERRN SHINZO YOZAKURA! EIN BLUTIGES PARFAIT ALS DANKESCHÖN FÜR IHRE BEGLEITUNG!
WOW! ♡
ÄH?
TOCK
EIN GESCHENK? DAS SIEHT KÖSTLICH AUS!
Ä... ÄH?!
ZACK

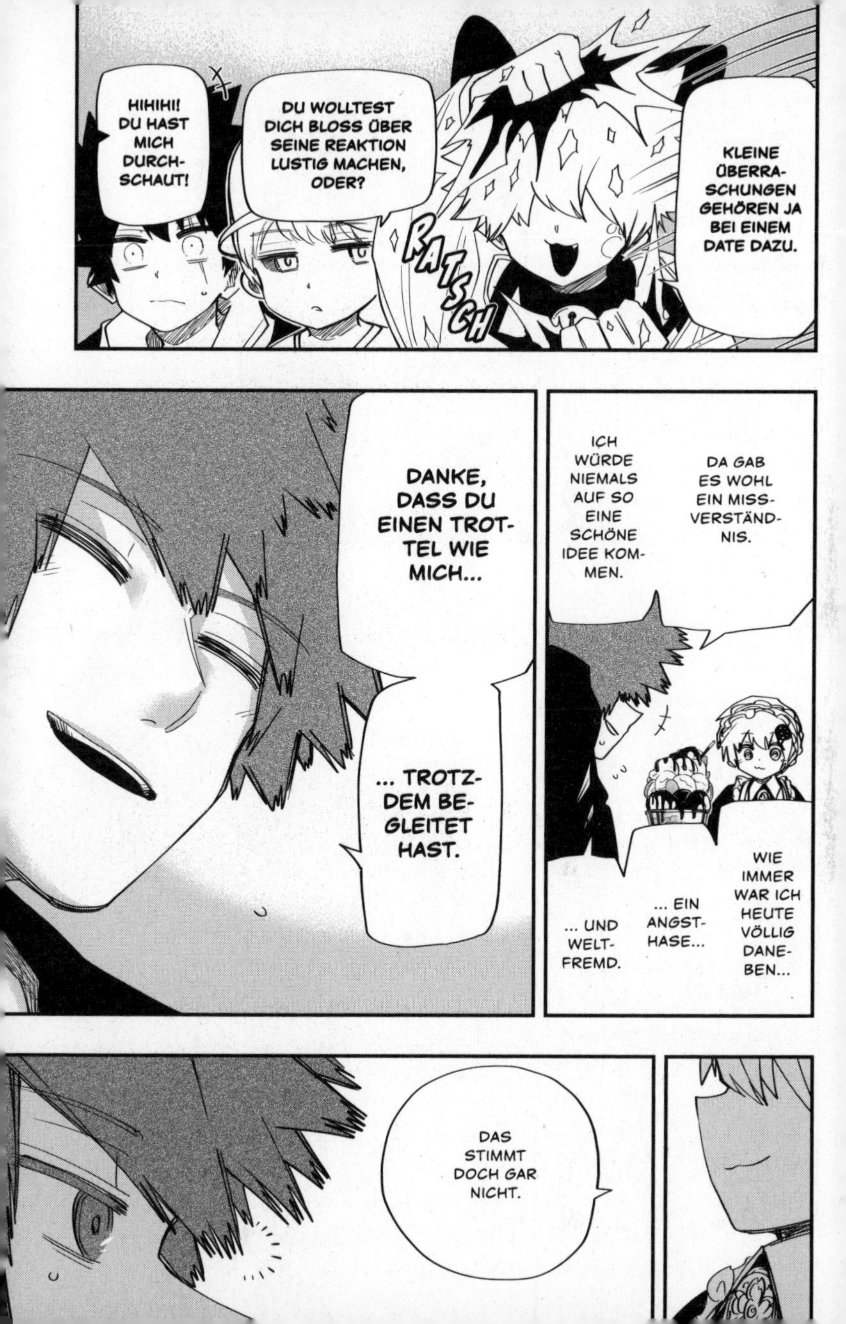
KLEINE ÜBERRASCHUNGEN GEHÖREN JA BEI EINEM DATE DAZU.
RATSCH
DU WOLLTEST DICH BLOSS ÜBER SEINE REAKTION LUSTIG MACHEN, ODER?
HIHIHI! DU HAST MICH DURCHSCHAUT!
DA GAB ES WOHL EIN MISSVERSTÄNDNIS.
ICH WÜRDE NIEMALS AUF SO EINE SCHÖNE IDEE KOMMEN.
WIE IMMER WAR ICH HEUTE VÖLLIG DANEBEN...
... EIN ANGSTHASE...
... UND WELTFREMD.
DANKE, DASS DU EINEN TROTTEL WIE MICH...
... TROTZDEM BEGLEITET HAST.
DAS STIMMT DOCH GAR NICHT.

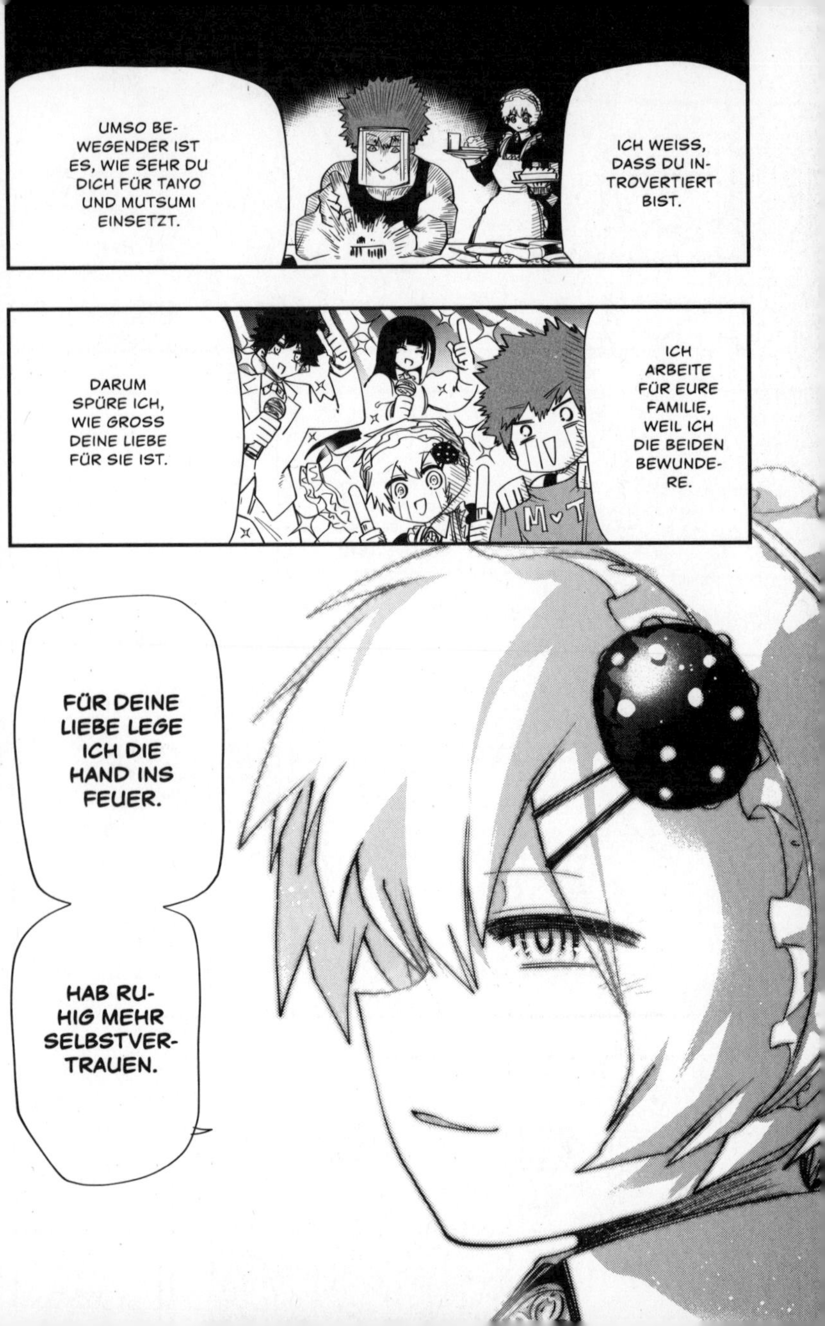
ICH WEISS, DASS DU INTROVERTIERT BIST.
UMSO BEWEGENDER IST ES, WIE SEHR DU DICH FÜR TAIYO UND MUTSUMI EINSETZT.
ICH ARBEITE FÜR EURE FAMILIE, WEIL ICH DIE BEIDEN BEWUNDERE.
DARUM SPÜRE ICH, WIE GROSS DEINE LIEBE FÜR SIE IST.
M♥T
FÜR DEINE LIEBE LEGE ICH DIE HAND INS FEUER.
HAB RUHIG MEHR SELBSTVERTRAUEN.

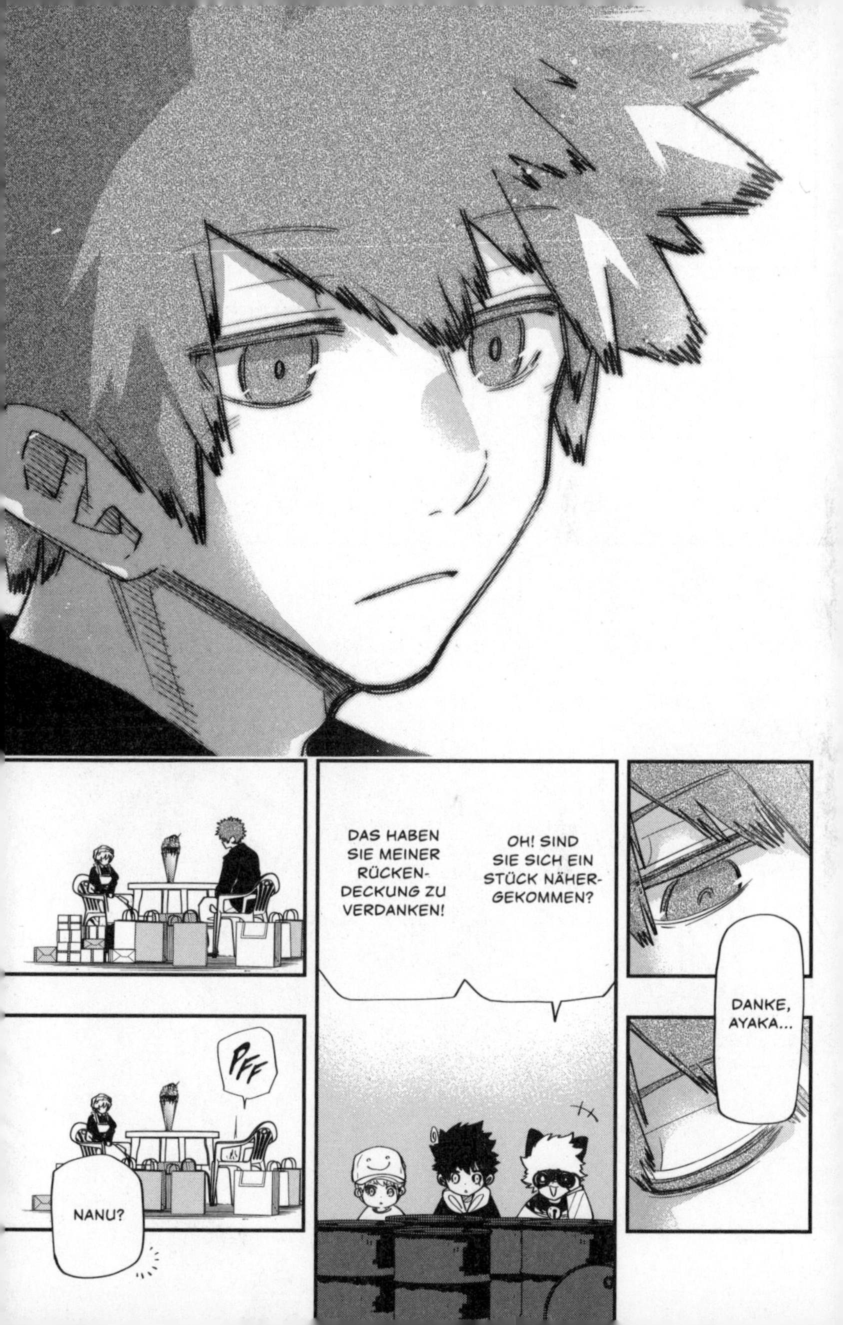
DANKE, AYAKA...
OH! SIND SIE SICH EIN STÜCK NÄHER-GEKOMMEN?
DAS HABEN SIE MEINER RÜCKEN-DECKUNG ZU VERDANKEN!
PFF
NANU?

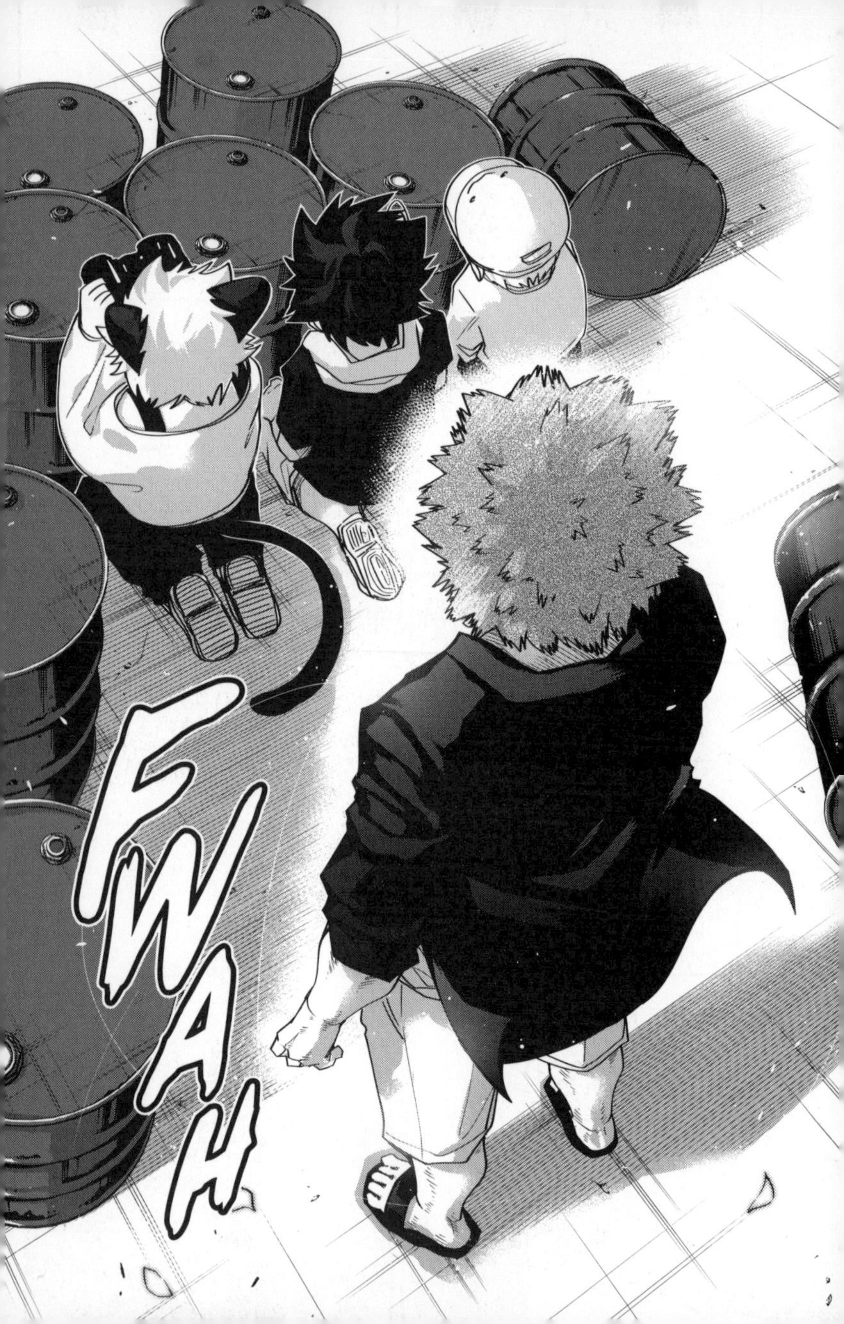
FWAH

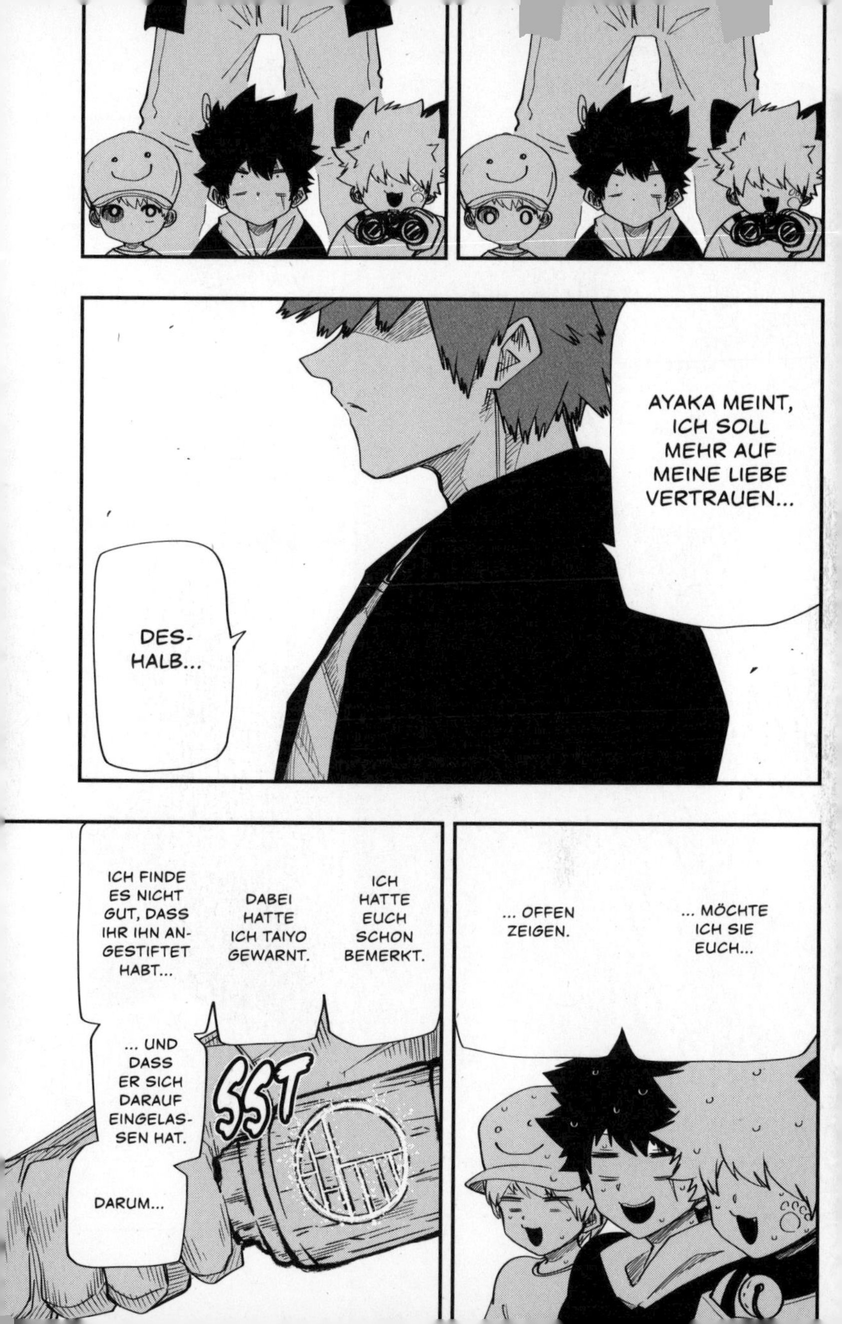

AYAKA MEINT, ICH SOLL MEHR AUF MEINE LIEBE VERTRAUEN...
DES-HALB...
... MÖCHTE ICH SIE EUCH...
... OFFEN ZEIGEN.
ICH HATTE EUCH SCHON BEMERKT.
DABEI HATTE ICH TAIYO GEWARNT.
ICH FINDE ES NICHT GUT, DASS IHR IHN AN-GESTIFTET HABT...
... UND DASS ER SICH DARAUF EINGELAS-SEN HAT.
SST
DARUM...

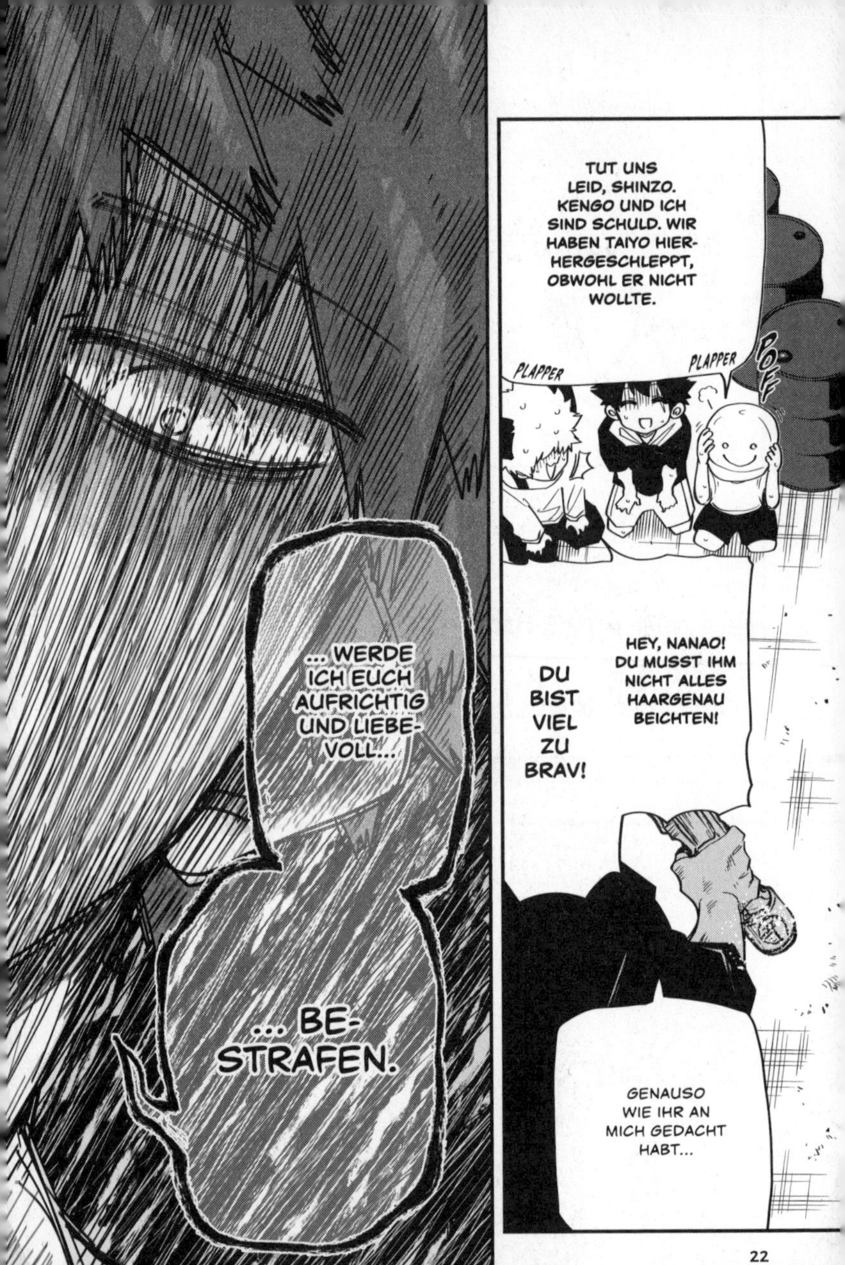
TUT UNS LEID, SHINZO. KENGO UND ICH SIND SCHULD. WIR HABEN TAIYO HIERHERGESCHLEPPT, OBWOHL ER NICHT WOLLTE.
PLAPPER
PLAPPER
POFF
HEY, NANAO! DU MUSST IHM NICHT ALLES HAARGENAU BEICHTEN!
DU BIST VIEL ZU BRAV!
GENAUSO WIE IHR AN MICH GEDACHT HABT...
... WERDE ICH EUCH AUFRICHTIG UND LIEBEVOLL...
... BESTRAFEN.

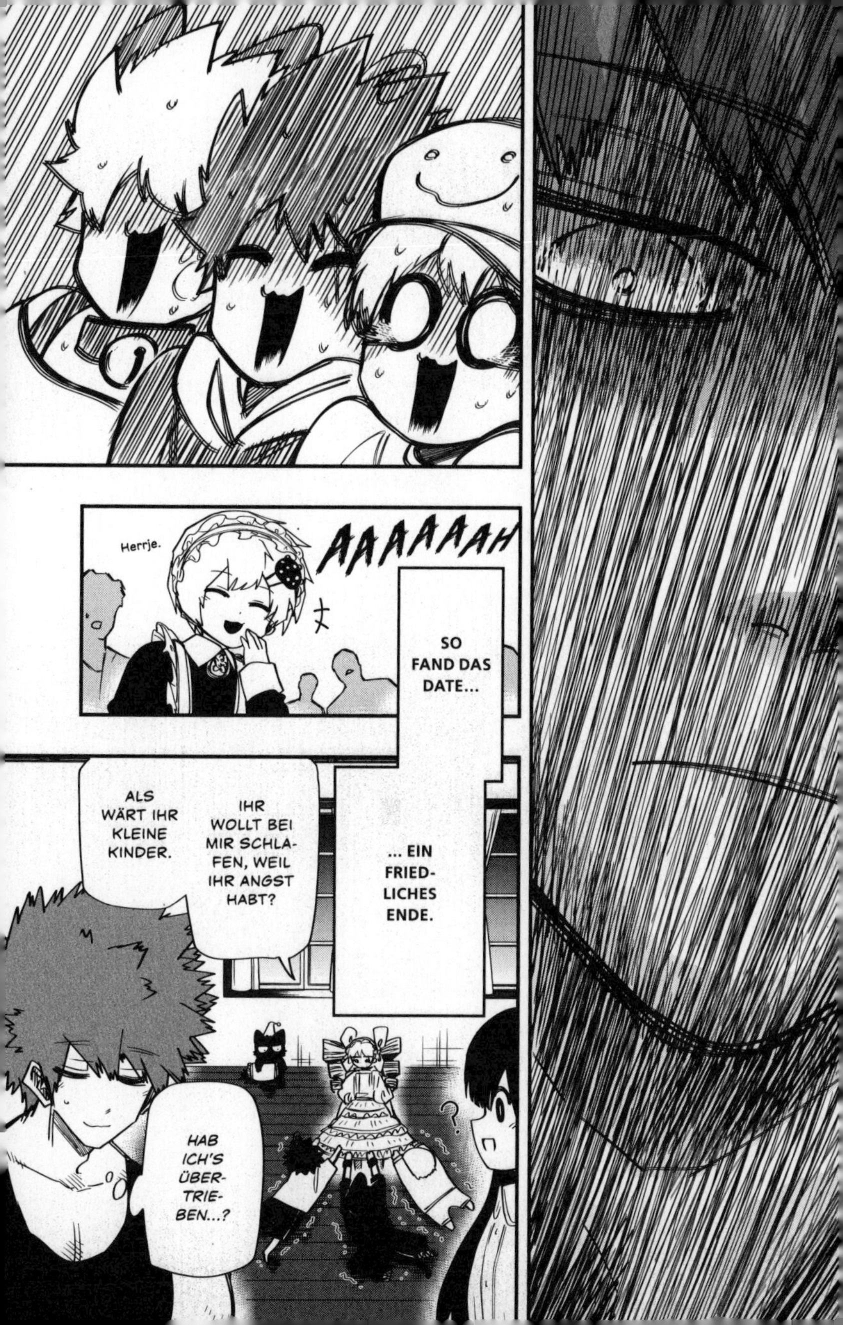
AAAAAAH
Herrje.
SO FAND DAS DATE...
... EIN FRIEDLICHES ENDE.
IHR WOLLT BEI MIR SCHLAFEN, WEIL IHR ANGST HABT?
ALS WÄRT IHR KLEINE KINDER.
HAB ICH'S ÜBERTRIEBEN...?

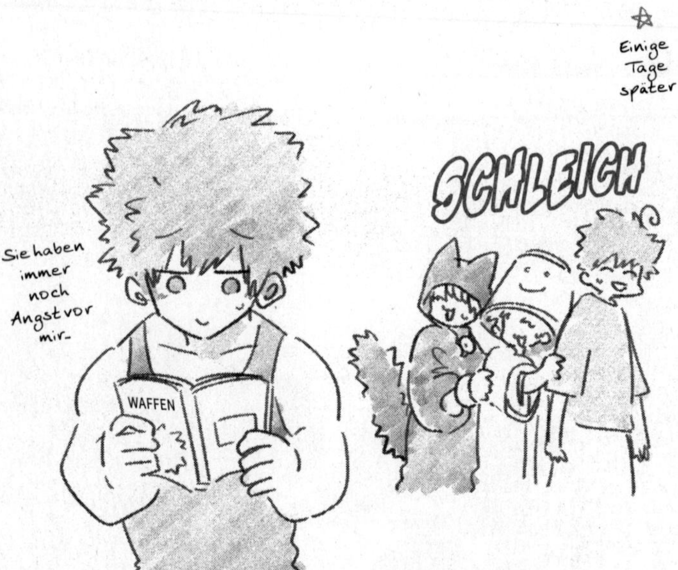
Einige Tage später
SCHLEICH
Sie haben immer noch Angst vor mir…
WAFFEN

Mission 99 Mini-Kyoichiro

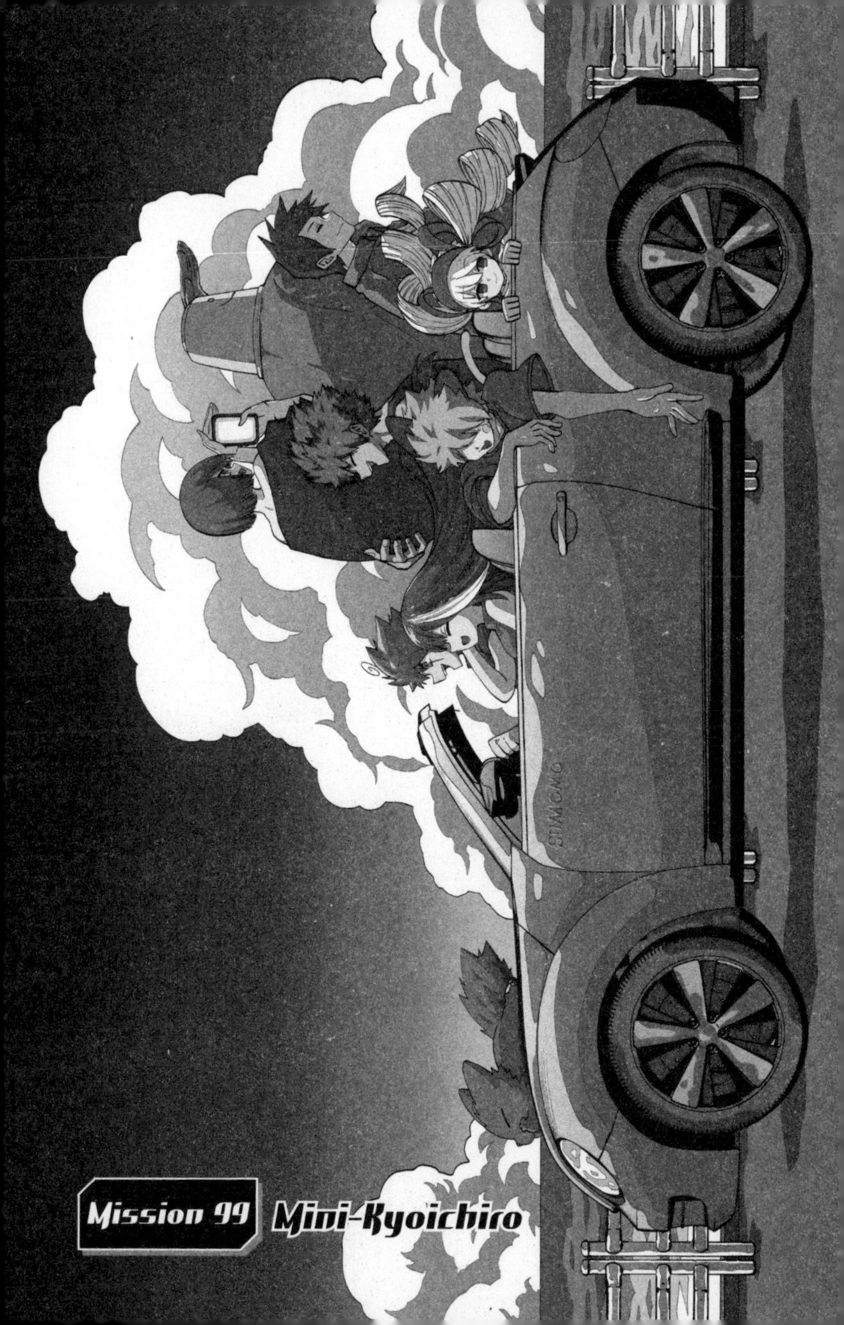

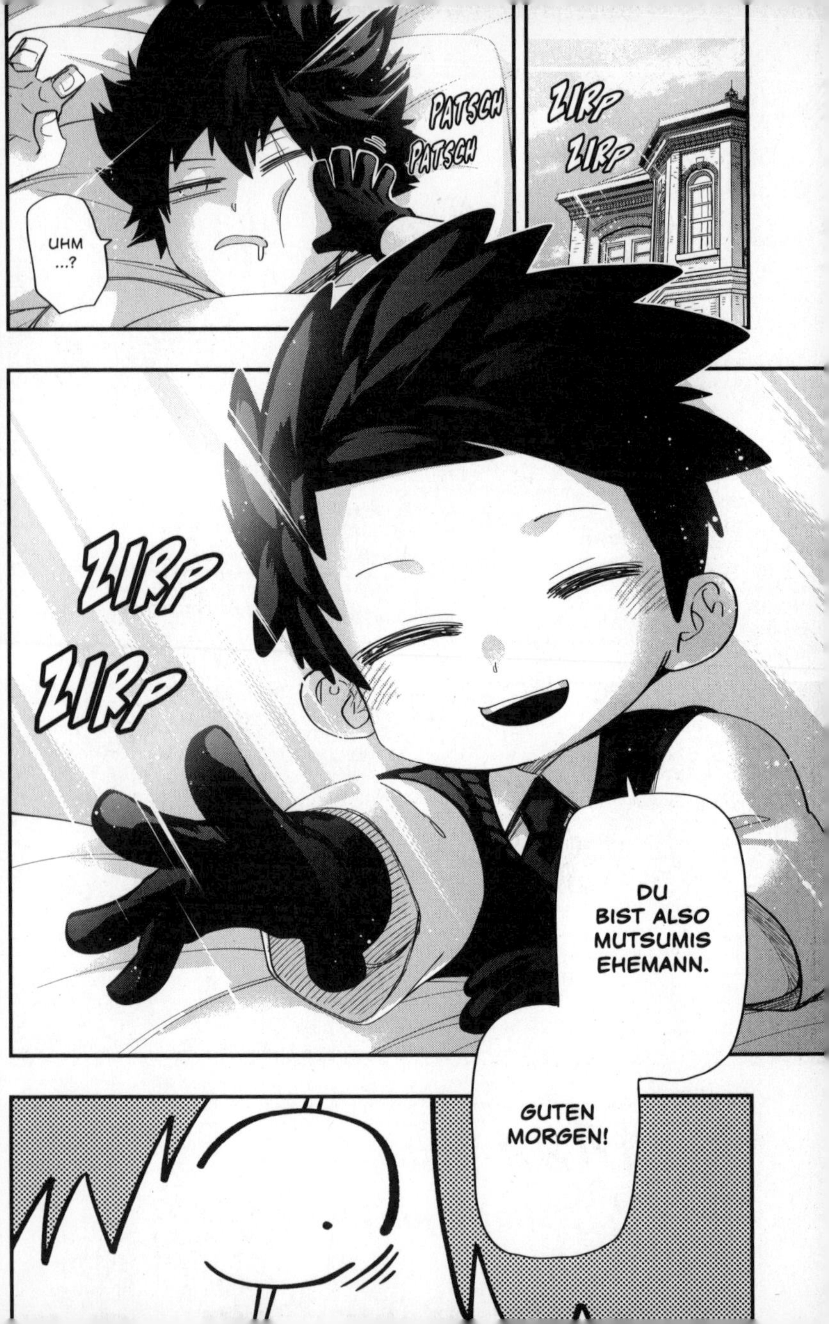

ZIRP
ZIRP
PATSCH
PATSCH
UHM ...?
ZIRP
ZIRP
DU BIST ALSO MUTSUMIS EHEMANN.
GUTEN MORGEN!

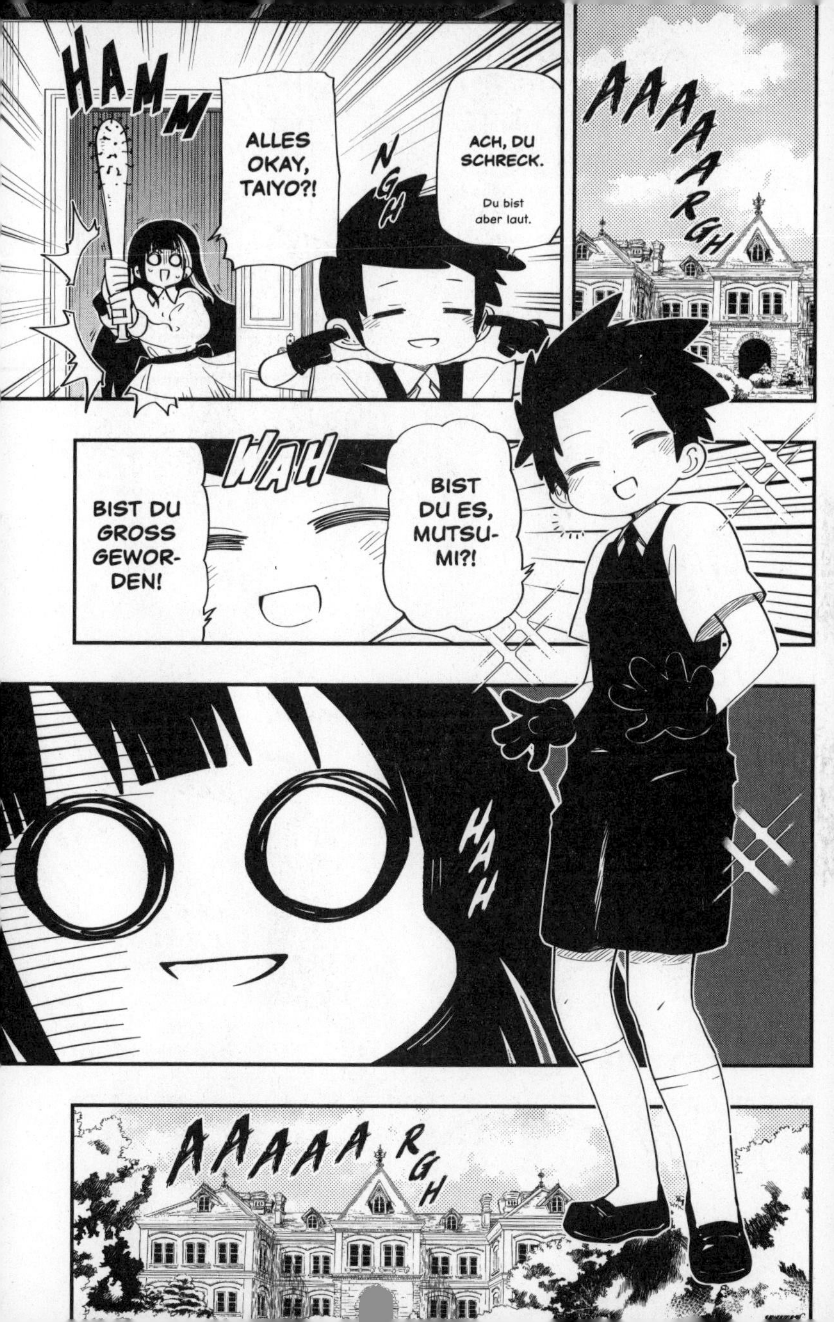
AAAAAARGH
ACH, DU SCHRECK.
Du bist aber laut.
NGH
ALLES OKAY, TAIYO?!
HAMM
BIST DU ES, MUTSUMI?!
WAH
BIST DU GROSS GEWORDEN!
HAH HAH
AAAAARGH

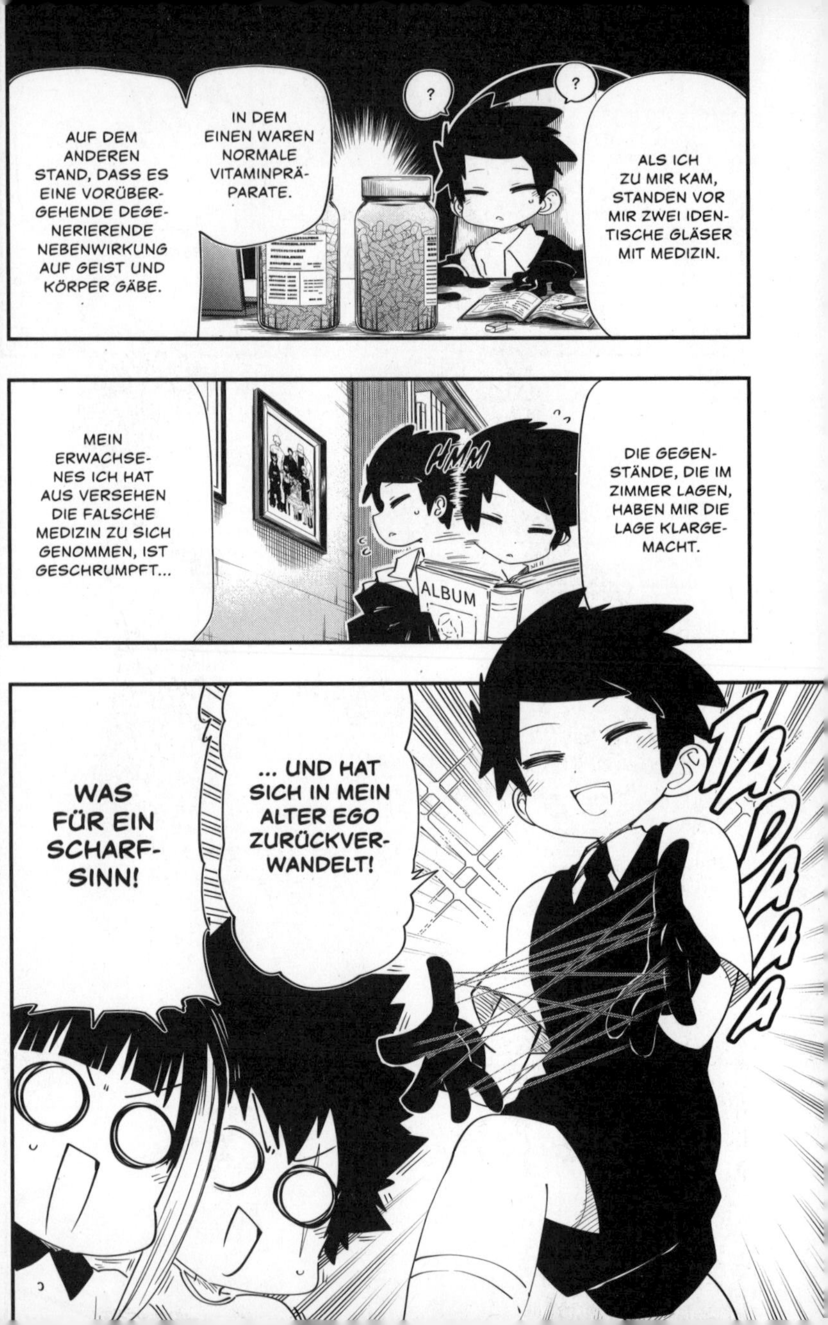
?
?
ALS ICH ZU MIR KAM, STANDEN VOR MIR ZWEI IDENTISCHE GLÄSER MIT MEDIZIN.
IN DEM EINEN WAREN NORMALE VITAMINPRÄPARATE.
AUF DEM ANDEREN STAND, DASS ES EINE VORÜBERGEHENDE DEGENERIERENDE NEBENWIRKUNG AUF GEIST UND KÖRPER GÄBE.
DIE GEGENSTÄNDE, DIE IM ZIMMER LAGEN, HABEN MIR DIE LAGE KLARGEMACHT.
HMM
ALBUM
MEIN ERWACHSENES ICH HAT AUS VERSEHEN DIE FALSCHE MEDIZIN ZU SICH GENOMMEN, IST GESCHRUMPFT...
TADAAAA
... UND HAT SICH IN MEIN ALTER EGO ZURÜCKVERWANDELT!
WAS FÜR EIN SCHARFSINN!

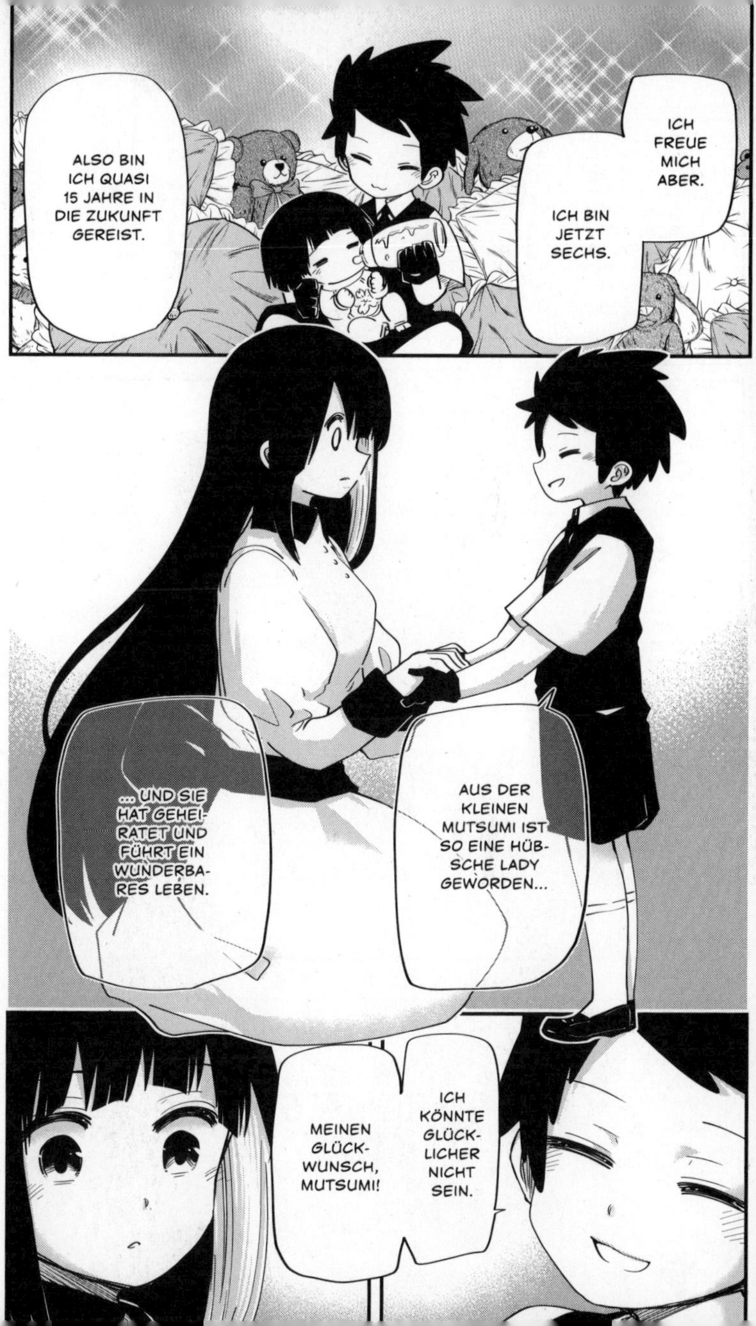
ICH FREUE MICH ABER.
ICH BIN JETZT SECHS.
ALSO BIN ICH QUASI 15 JAHRE IN DIE ZUKUNFT GEREIST.
AUS DER KLEINEN MUTSUMI IST SO EINE HÜB-SCHE LADY GEWORDEN...
... UND SIE HAT GEHEI-RATET UND FÜHRT EIN WUNDERBA-RES LEBEN.
ICH KÖNNTE GLÜCK-LICHER NICHT SEIN.
MEINEN GLÜCK-WUNSCH, MUTSUMI!

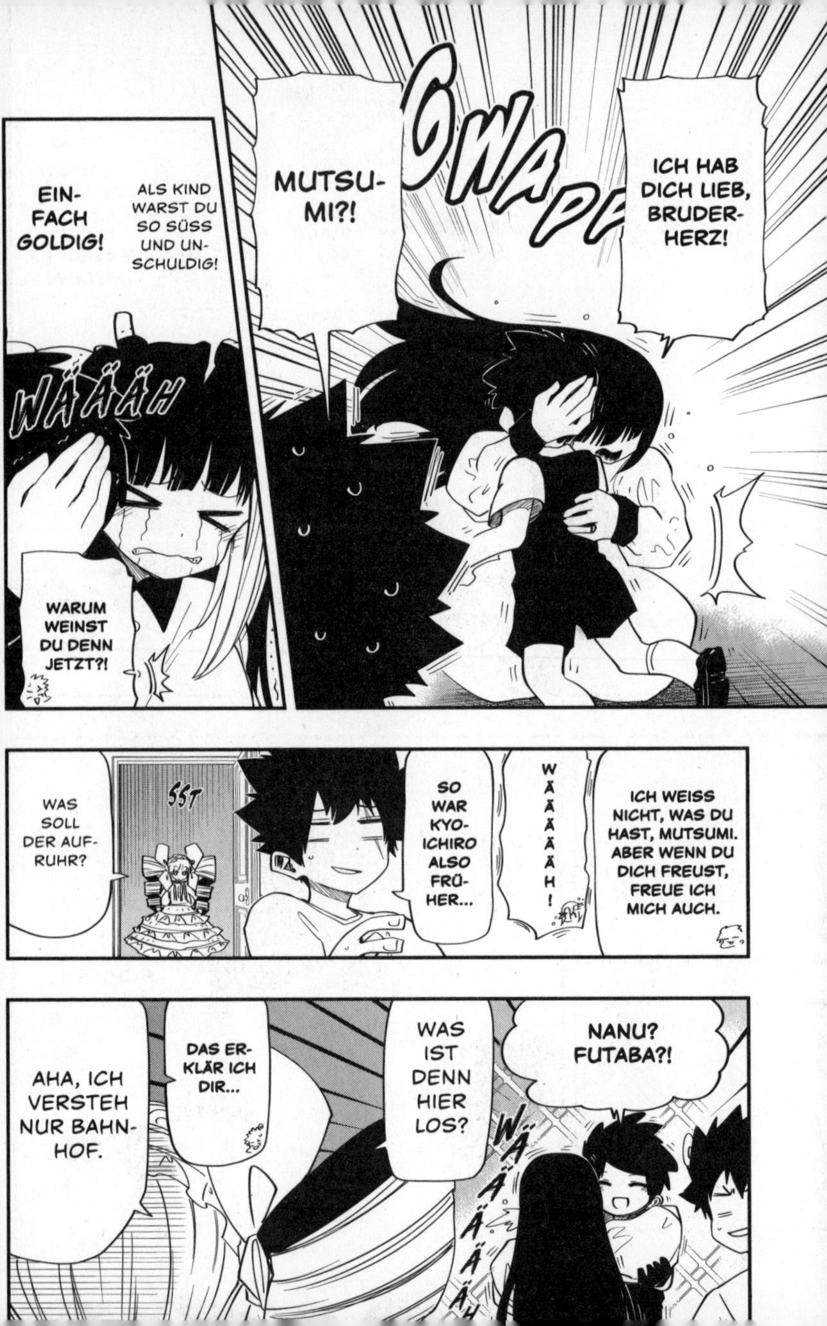
GWAPE
ICH HAB DICH LIEB, BRUDERHERZ!
MUTSUMI?!
ALS KIND WARST DU SO SÜSS UND UNSCHULDIG!
EINFACH GOLDIG!
WÄÄÄH
WARUM WEINST DU DENN JETZT?!
ICH WEISS NICHT, WAS DU HAST, MUTSUMI. ABER WENN DU DICH FREUST, FREUE ICH MICH AUCH.
WÄÄÄÄÄH!
SO WAR KYOICHIRO ALSO FRÜHER...
SST
WAS SOLL DER AUFRUHR?
NANU? FUTABA?!
WÄÄÄÄÄÄÄH
WAS IST DENN HIER LOS?
DAS ERKLÄR ICH DIR...
AHA, ICH VERSTEH NUR BAHNHOF.

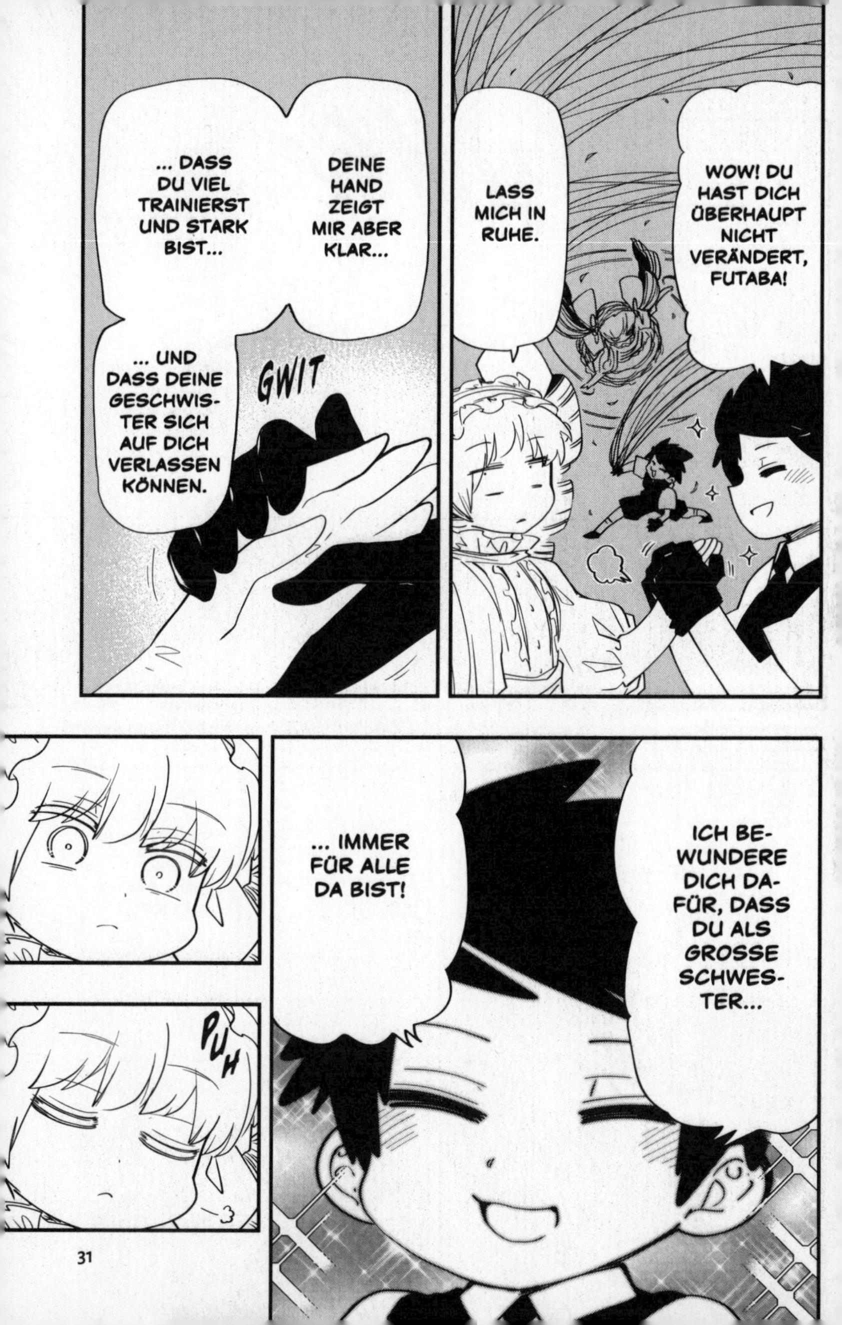
WOW! DU HAST DICH ÜBERHAUPT NICHT VERÄNDERT, FUTABA!
LASS MICH IN RUHE.
DEINE HAND ZEIGT MIR ABER KLAR...
... DASS DU VIEL TRAINIERST UND STARK BIST...
GWIT
... UND DASS DEINE GESCHWIS-TER SICH AUF DICH VERLASSEN KÖNNEN.
ICH BE-WUNDERE DICH DA-FÜR, DASS DU ALS GROSSE SCHWES-TER...
... IMMER FÜR ALLE DA BIST!
PUH

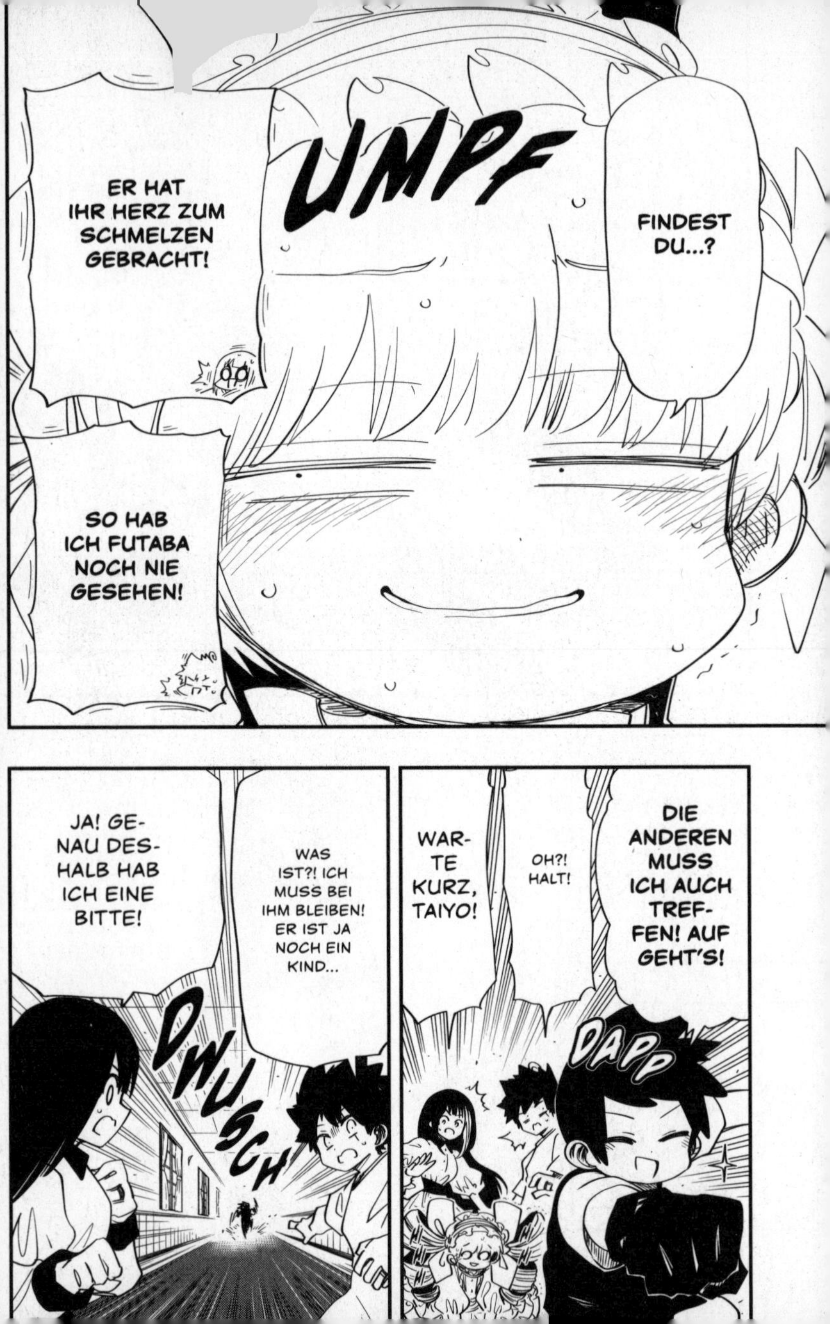
FINDEST DU...?
UMPF
ER HAT IHR HERZ ZUM SCHMELZEN GEBRACHT!
SO HAB ICH FUTABA NOCH NIE GESEHEN!
DIE ANDEREN MUSS ICH AUCH TREF-FEN! AUF GEHT'S!
OH?! HALT!
WAR-TE KURZ, TAIYO!
DAPP
WAS IST?! ICH MUSS BEI IHM BLEIBEN! ER IST JA NOCH EIN KIND...
JA! GE-NAU DES-HALB HAB ICH EINE BITTE!
DWUSCH

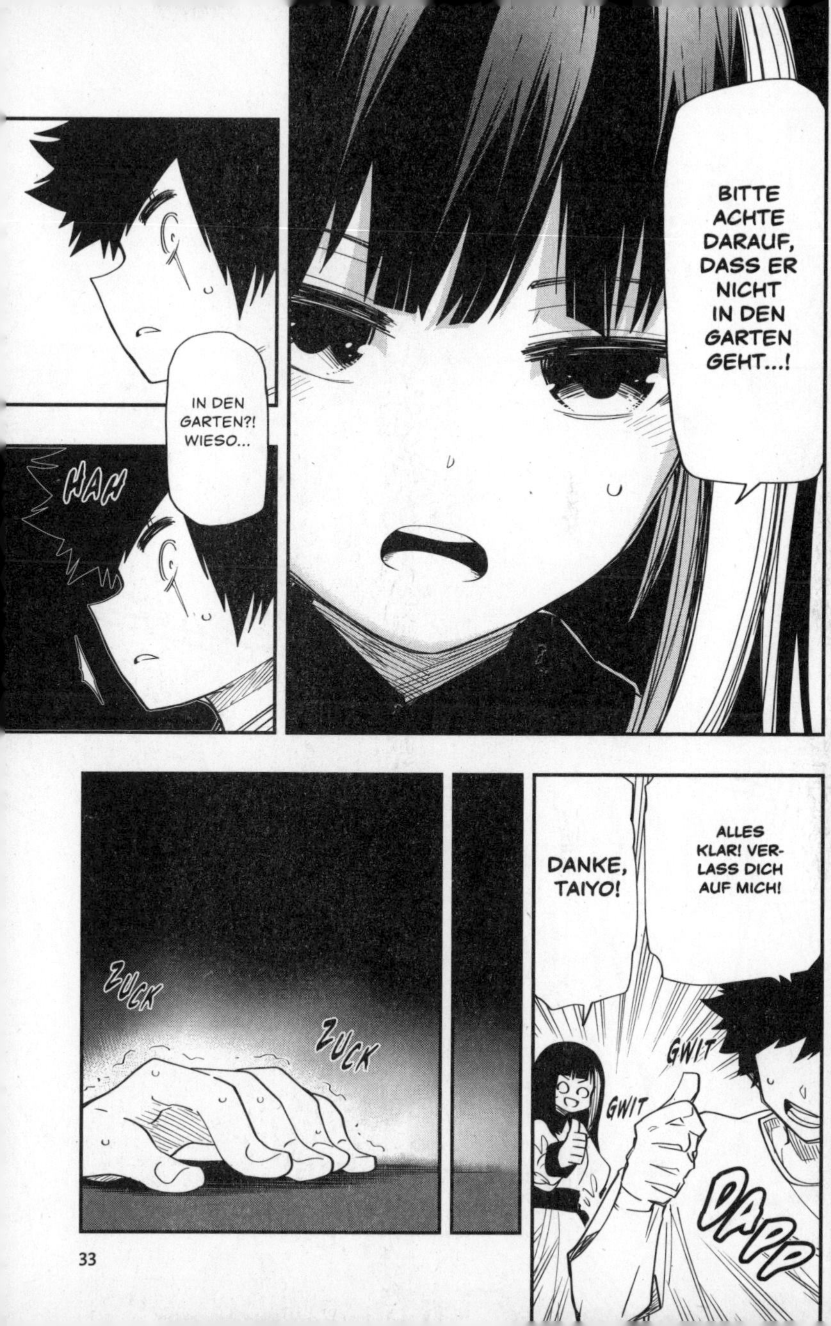

BITTE ACHTE DARAUF, DASS ER NICHT IN DEN GARTEN GEHT...!
IN DEN GARTEN?! WIESO...
HAH
ALLES KLAR! VERLASS DICH AUF MICH!
DANKE, TAIYO!
GWIT
GWIT
DAPP
ZUCK
ZUCK

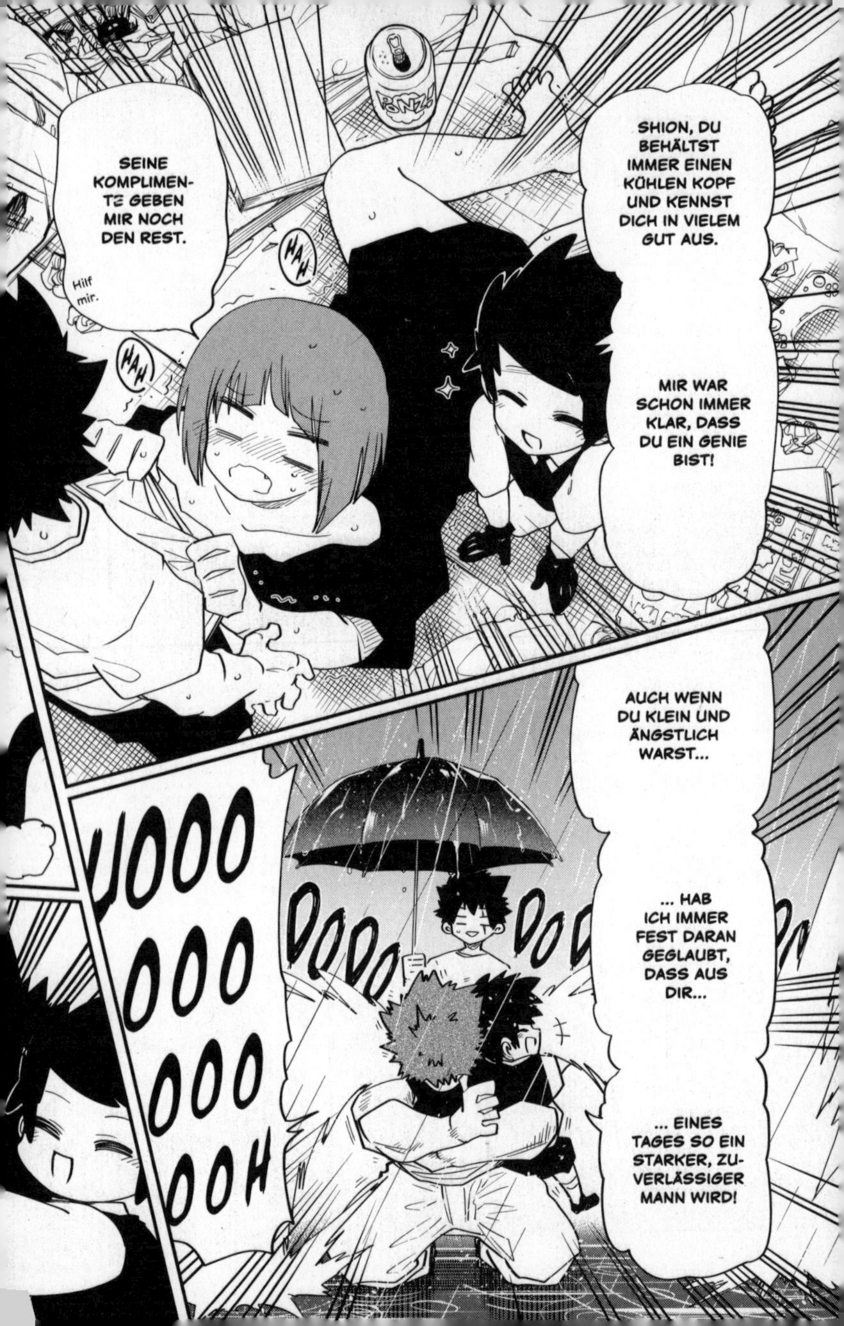
PONZ!
SHION, DU BEHÄLTST IMMER EINEN KÜHLEN KOPF UND KENNST DICH IN VIELEM GUT AUS.
MIR WAR SCHON IMMER KLAR, DASS DU EIN GENIE BIST!
HAH
SEINE KOMPLIMENTE GEBEN MIR NOCH DEN REST.
Hilf mir.
HAH
AUCH WENN DU KLEIN UND ÄNGSTLICH WARST...
... HAB ICH IMMER FEST DARAN GEGLAUBT, DASS AUS DIR...
... EINES TAGES SO EIN STARKER, ZUVERLÄSSIGER MANN WIRD!
UOOOOOOOOOOOOOOH

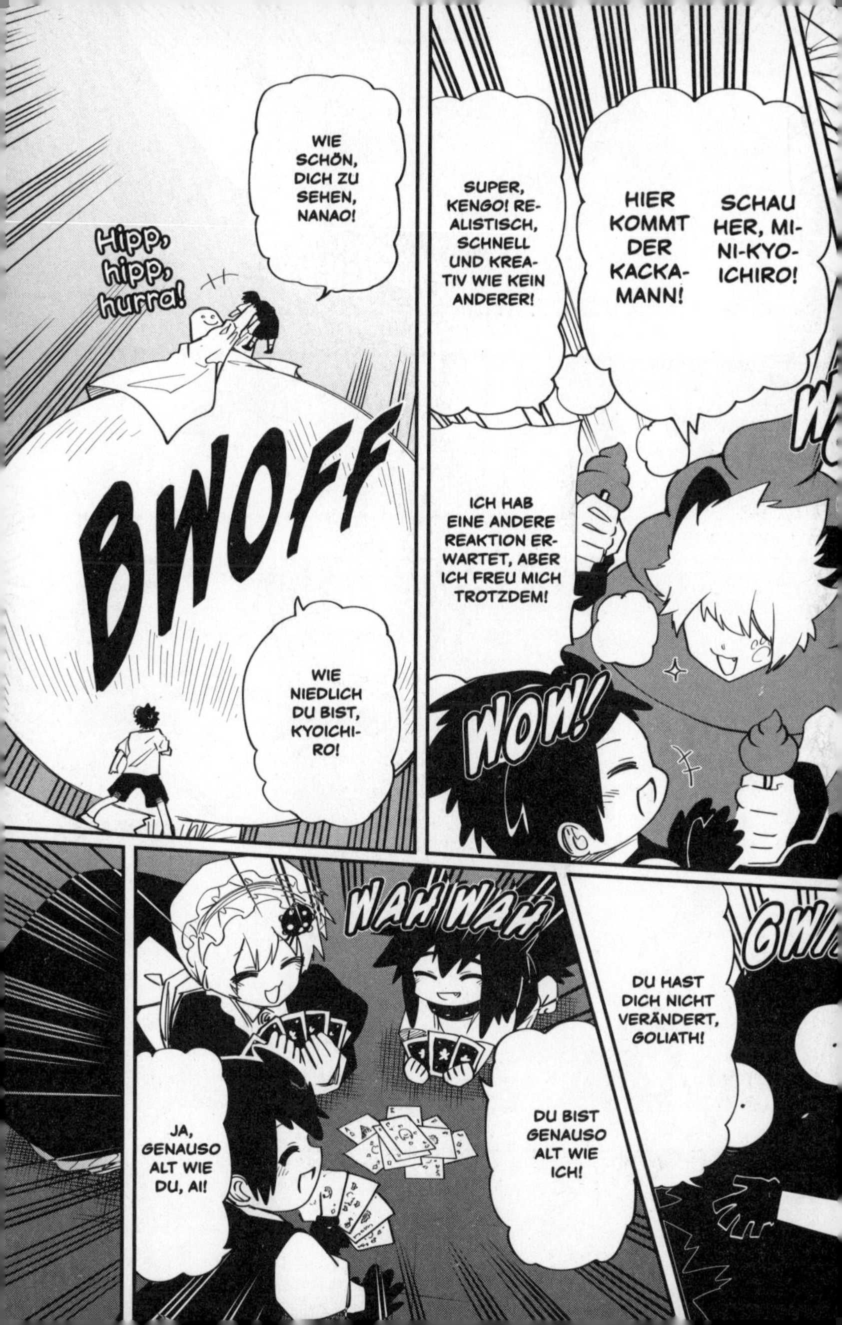
SCHAU HER, MI-NI-KYO-ICHIRO!
HIER KOMMT DER KACKA-MANN!
SUPER, KENGO! RE-ALISTISCH, SCHNELL UND KREA-TIV WIE KEIN ANDERER!
ICH HAB EINE ANDERE REAKTION ER-WARTET, ABER ICH FREU MICH TROTZDEM!
WOW!
WIE SCHÖN, DICH ZU SEHEN, NANAO!
Hipp, hipp, hurra!
BWOFF
WIE NIEDLICH DU BIST, KYOICHI-RO!
DU HAST DICH NICHT VERÄNDERT, GOLIATH!
DU BIST GENAUSO ALT WIE ICH!
WAH WAH
JA, GENAUSO ALT WIE DU, AI!

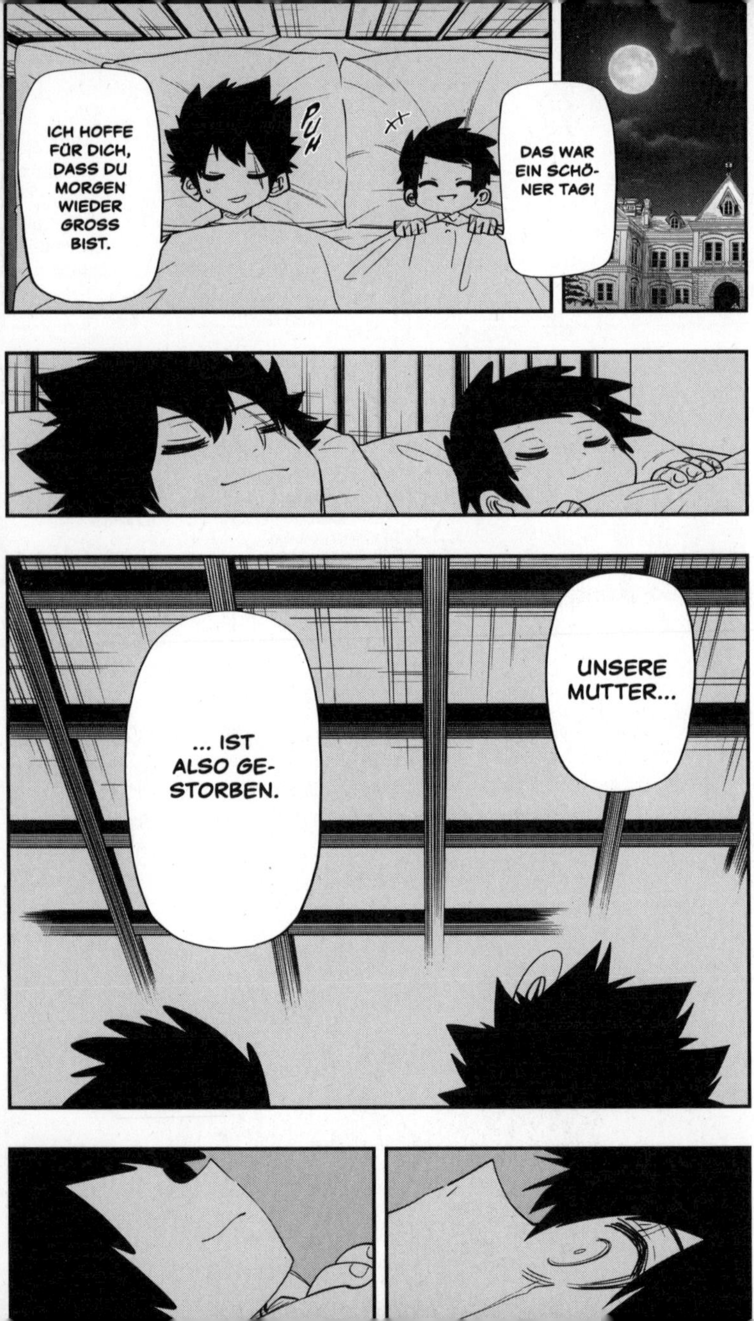
DAS WAR EIN SCHÖ-NER TAG!
PUH
ICH HOFFE FÜR DICH, DASS DU MORGEN WIEDER GROSS BIST.
UNSERE MUTTER...
... IST ALSO GE-STORBEN.

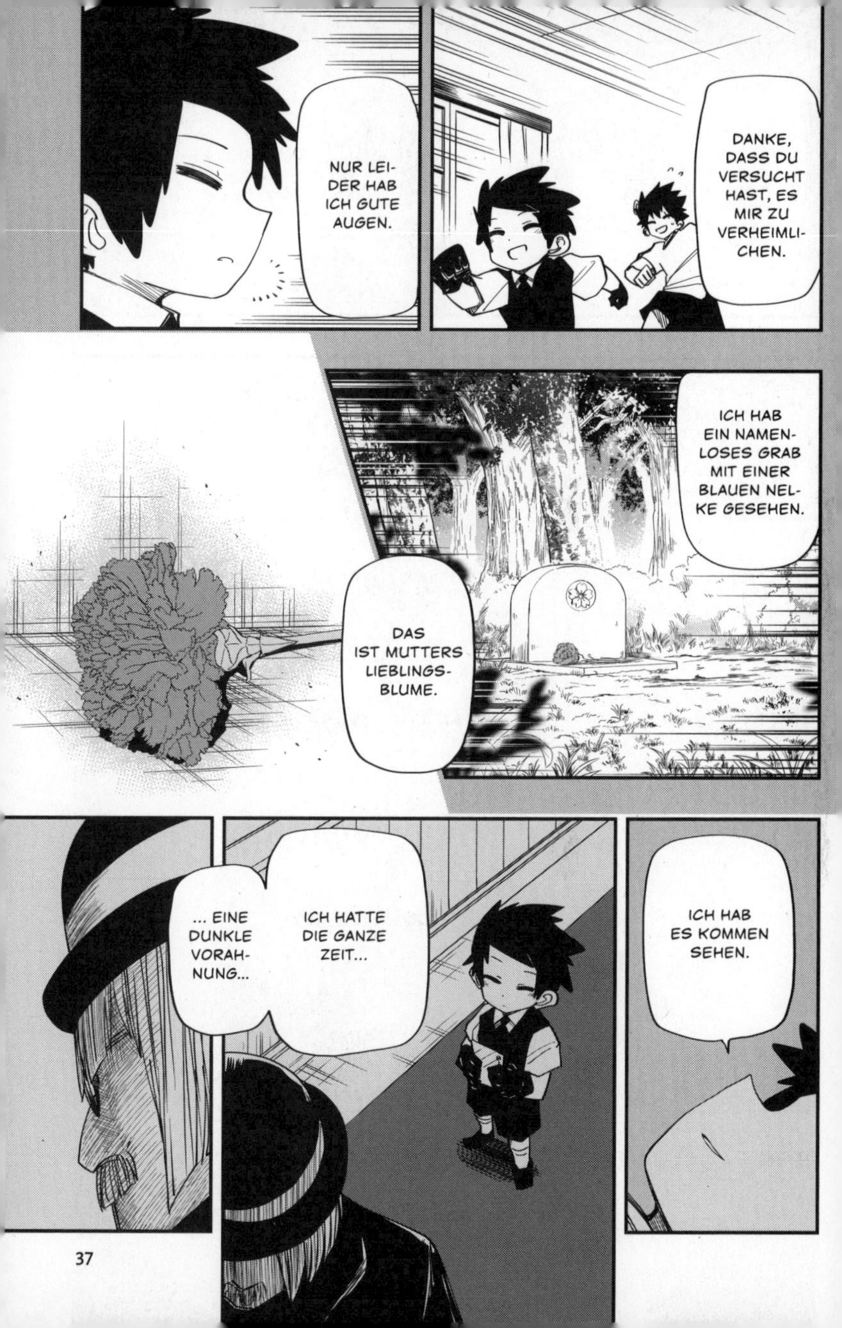

DANKE, DASS DU VERSUCHT HAST, ES MIR ZU VERHEIMLICHEN.
NUR LEIDER HAB ICH GUTE AUGEN.
ICH HAB EIN NAMENLOSES GRAB MIT EINER BLAUEN NELKE GESEHEN.
DAS IST MUTTERS LIEBLINGSBLUME.
ICH HAB ES KOMMEN SEHEN.
ICH HATTE DIE GANZE ZEIT...
... EINE DUNKLE VORAHNUNG...

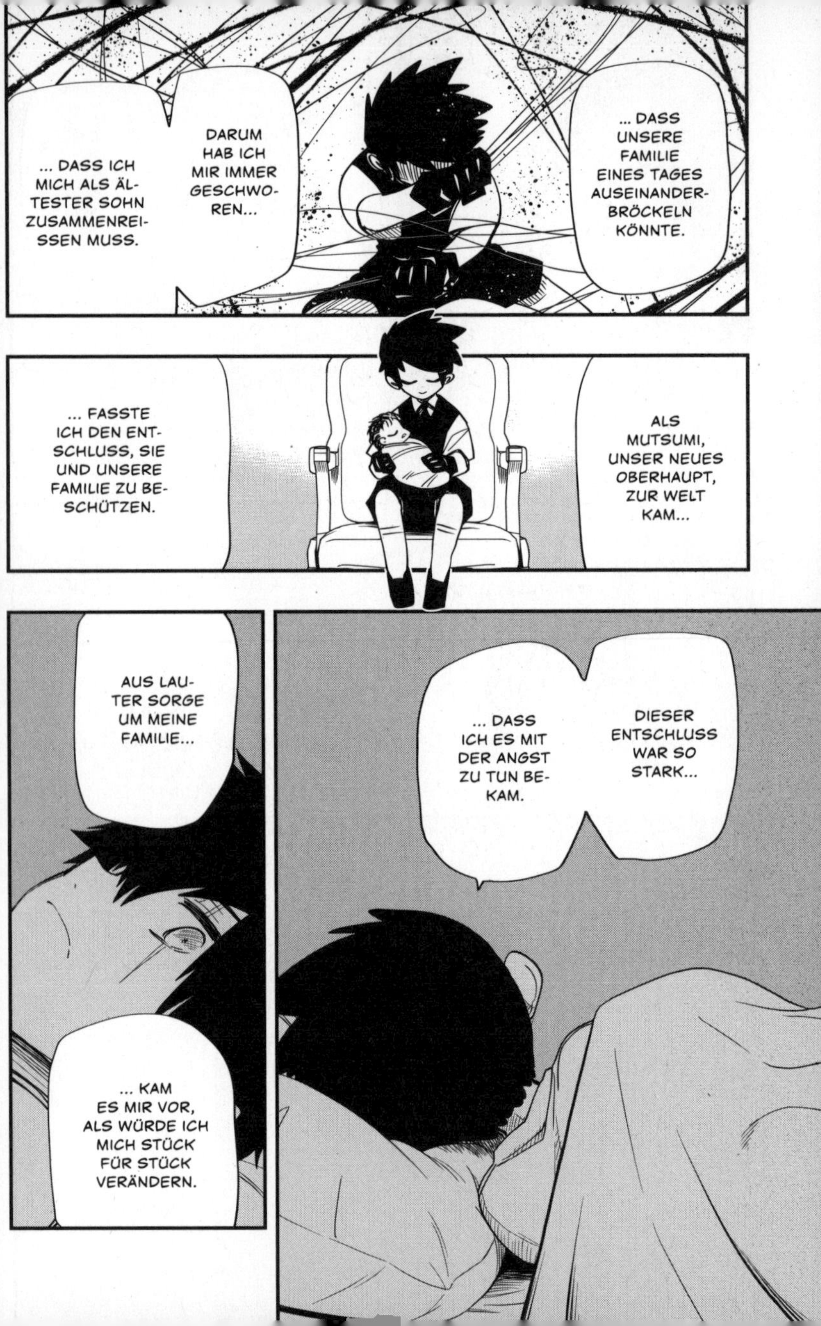
... DASS UNSERE FAMILIE EINES TAGES AUSEINANDER-BRÖCKELN KÖNNTE.
DARUM HAB ICH MIR IMMER GESCHWO-REN...
... DASS ICH MICH ALS ÄL-TESTER SOHN ZUSAMMENREI-SSEN MUSS.
ALS MUTSUMI, UNSER NEUES OBERHAUPT, ZUR WELT KAM...
... FASSTE ICH DEN ENT-SCHLUSS, SIE UND UNSERE FAMILIE ZU BE-SCHÜTZEN.
DIESER ENTSCHLUSS WAR SO STARK...
... DASS ICH ES MIT DER ANGST ZU TUN BE-KAM.
AUS LAU-TER SORGE UM MEINE FAMILIE...
... KAM ES MIR VOR, ALS WÜRDE ICH MICH STÜCK FÜR STÜCK VERÄNDERN.

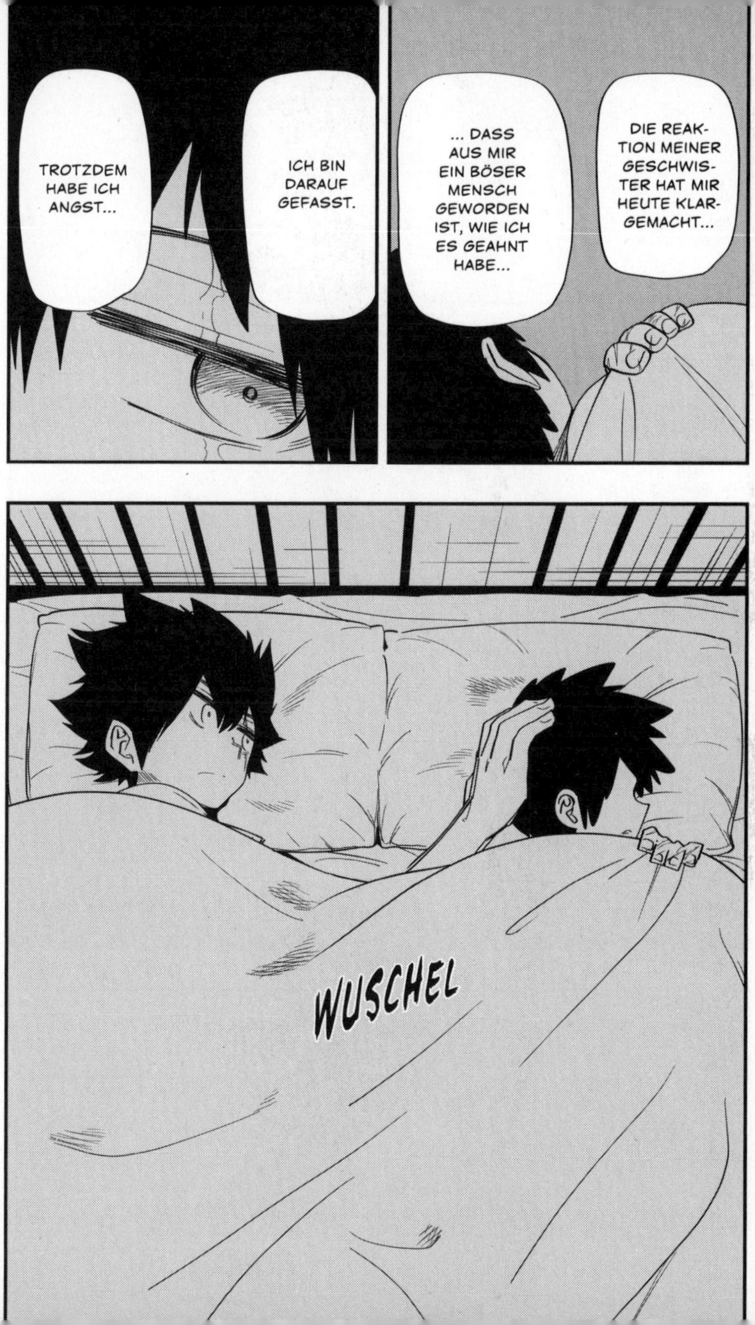
DIE REAKTION MEINER GESCHWISTER HAT MIR HEUTE KLARGEMACHT...
... DASS AUS MIR EIN BÖSER MENSCH GEWORDEN IST, WIE ICH ES GEAHNT HABE...
ICH BIN DARAUF GEFASST.
TROTZDEM HABE ICH ANGST...
WUSCHEL

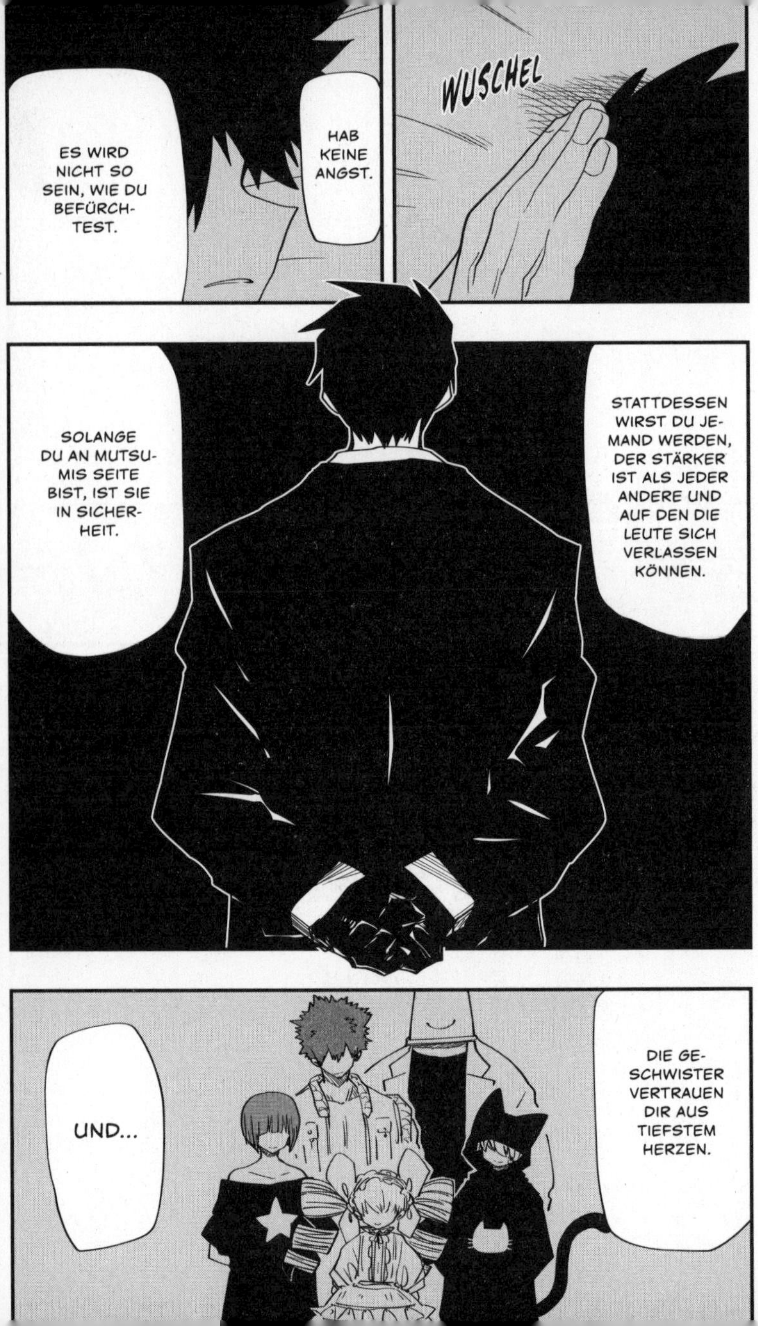
WUSCHEL
HAB KEINE ANGST.
ES WIRD NICHT SO SEIN, WIE DU BEFÜRCHTEST.
STATTDESSEN WIRST DU JEMAND WERDEN, DER STÄRKER IST ALS JEDER ANDERE UND AUF DEN DIE LEUTE SICH VERLASSEN KÖNNEN.
SOLANGE DU AN MUTSUMIS SEITE BIST, IST SIE IN SICHERHEIT.
DIE GESCHWISTER VERTRAUEN DIR AUS TIEFSTEM HERZEN.
UND...

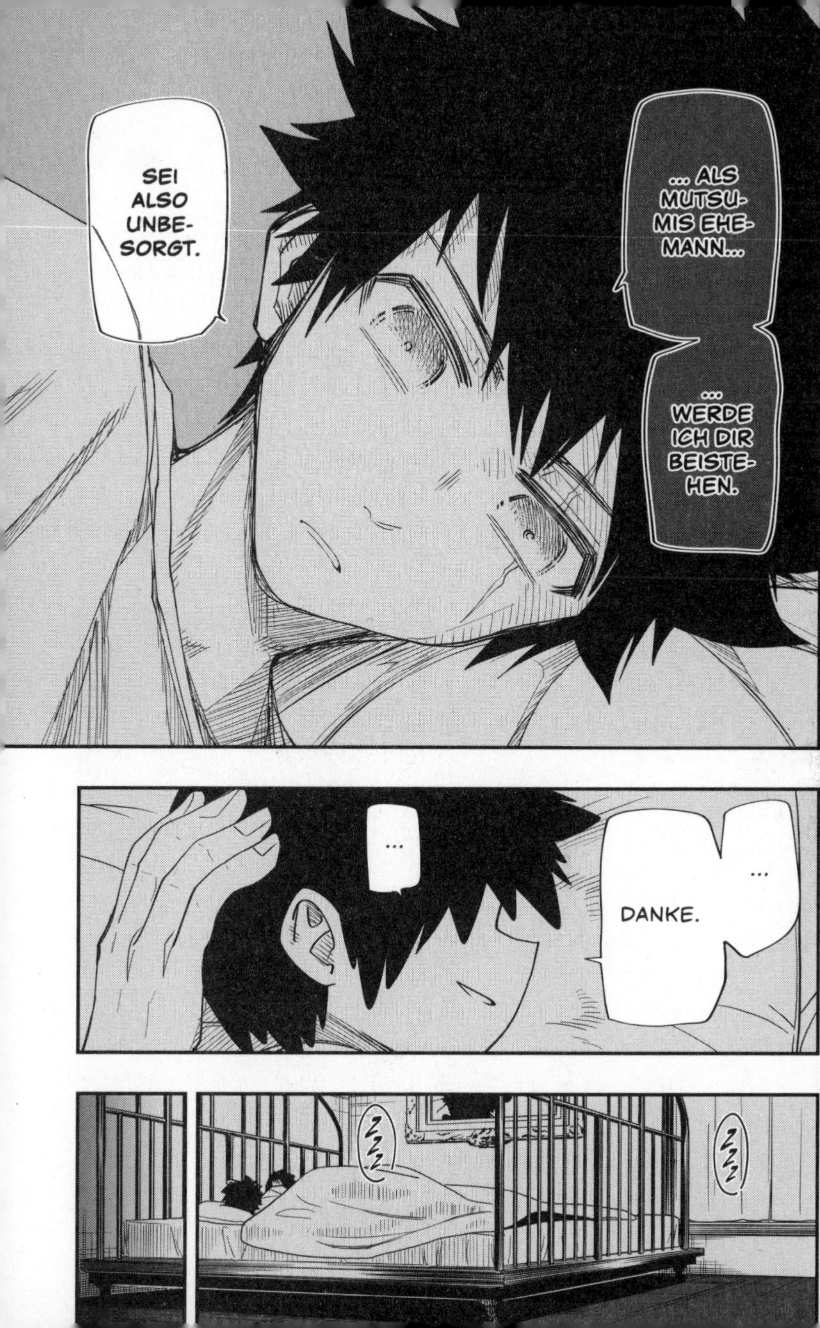
... ALS MUTSUMIS EHEMANN...
... WERDE ICH DIR BEISTEHEN.
SEI ALSO UNBESORGT.
... DANKE.
...
ZZZ
ZZZ

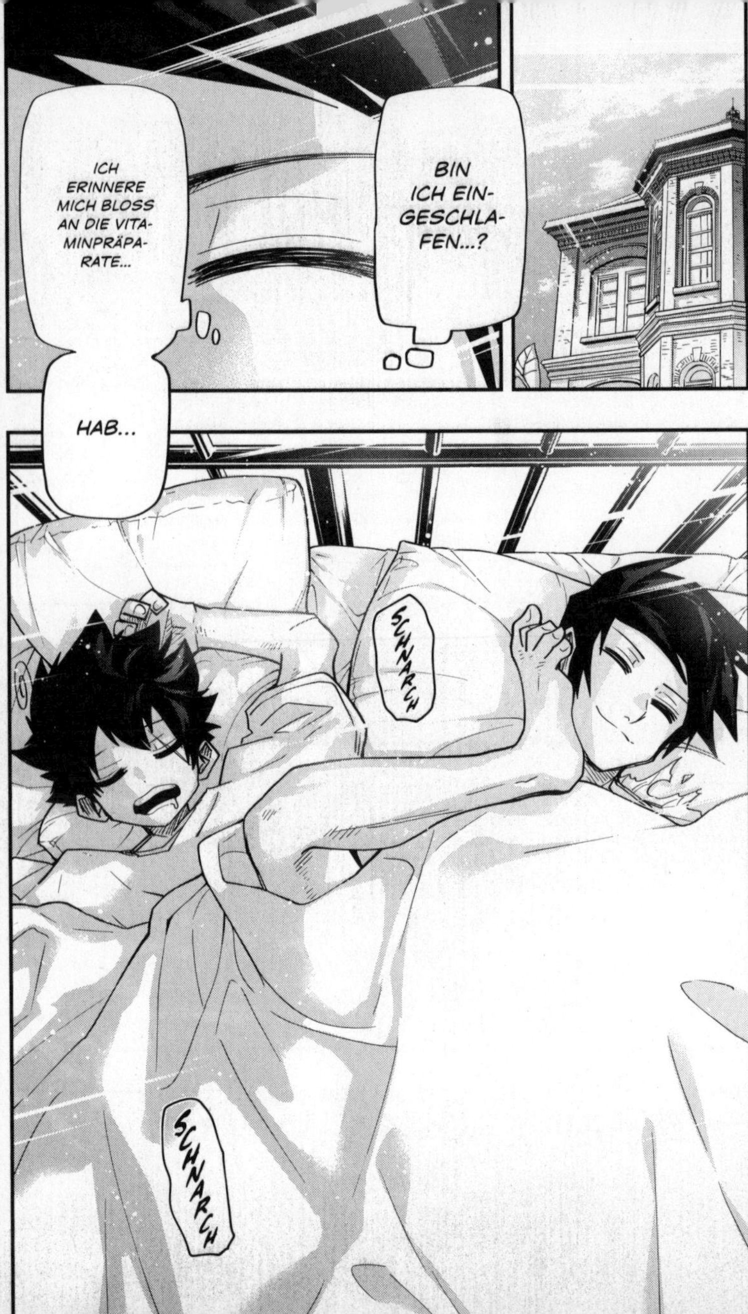
BIN ICH EIN-GESCHLA-FEN...?
ICH ERINNERE MICH BLOSS AN DIE VITA-MINPRÄPA-RATE...
HAB...
SCHNARCH
SCHNARCH

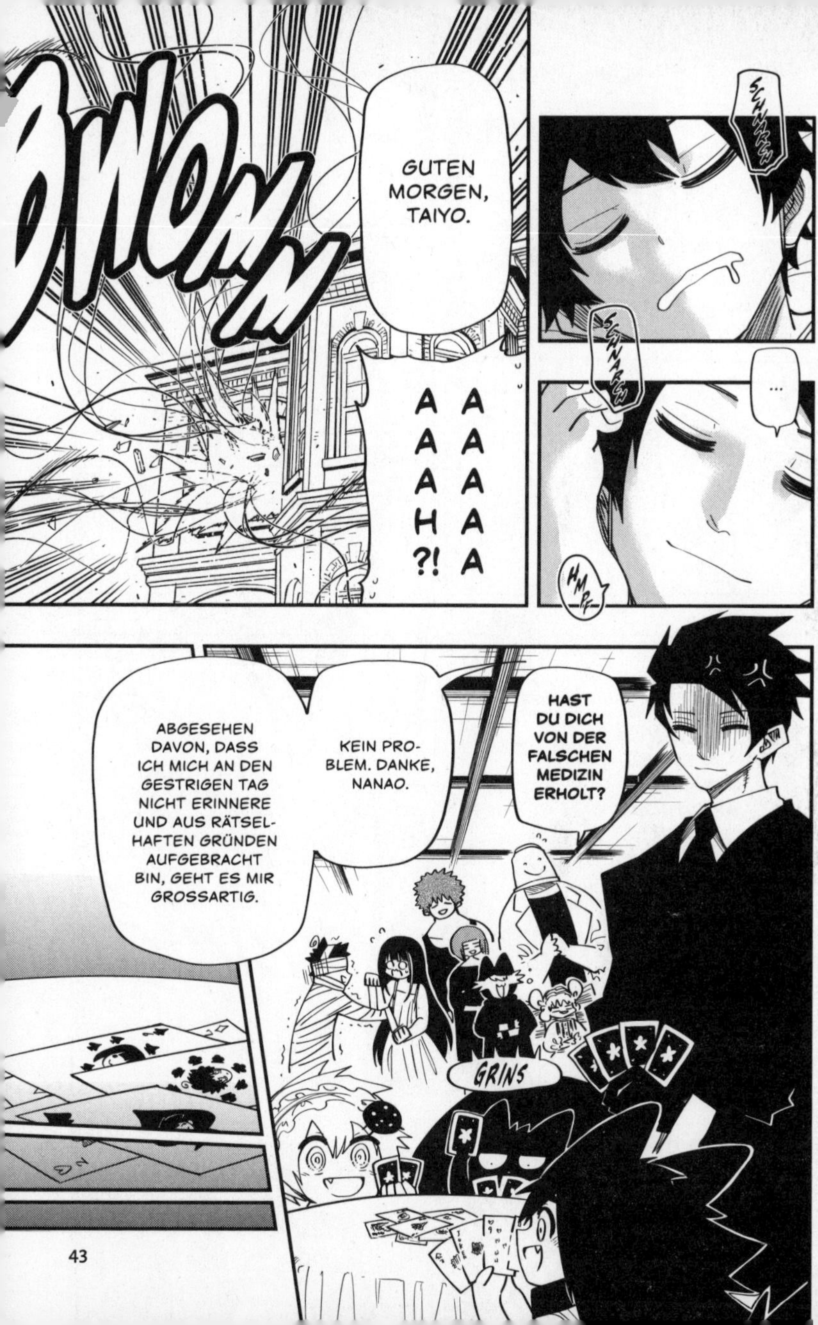
SCHNARCH
SCHNARCH
...
HMPF
GUTEN MORGEN, TAIYO.
BWOM
AAAAH?!
AAAAA
HAST DU DICH VON DER FALSCHEN MEDIZIN ERHOLT?
KEIN PRO-BLEM. DANKE, NANAO.
ABGESEHEN DAVON, DASS ICH MICH AN DEN GESTRIGEN TAG NICHT ERINNERE UND AUS RÄTSEL-HAFTEN GRÜNDEN AUFGEBRACHT BIN, GEHT ES MIR GROSSARTIG.
GRINS

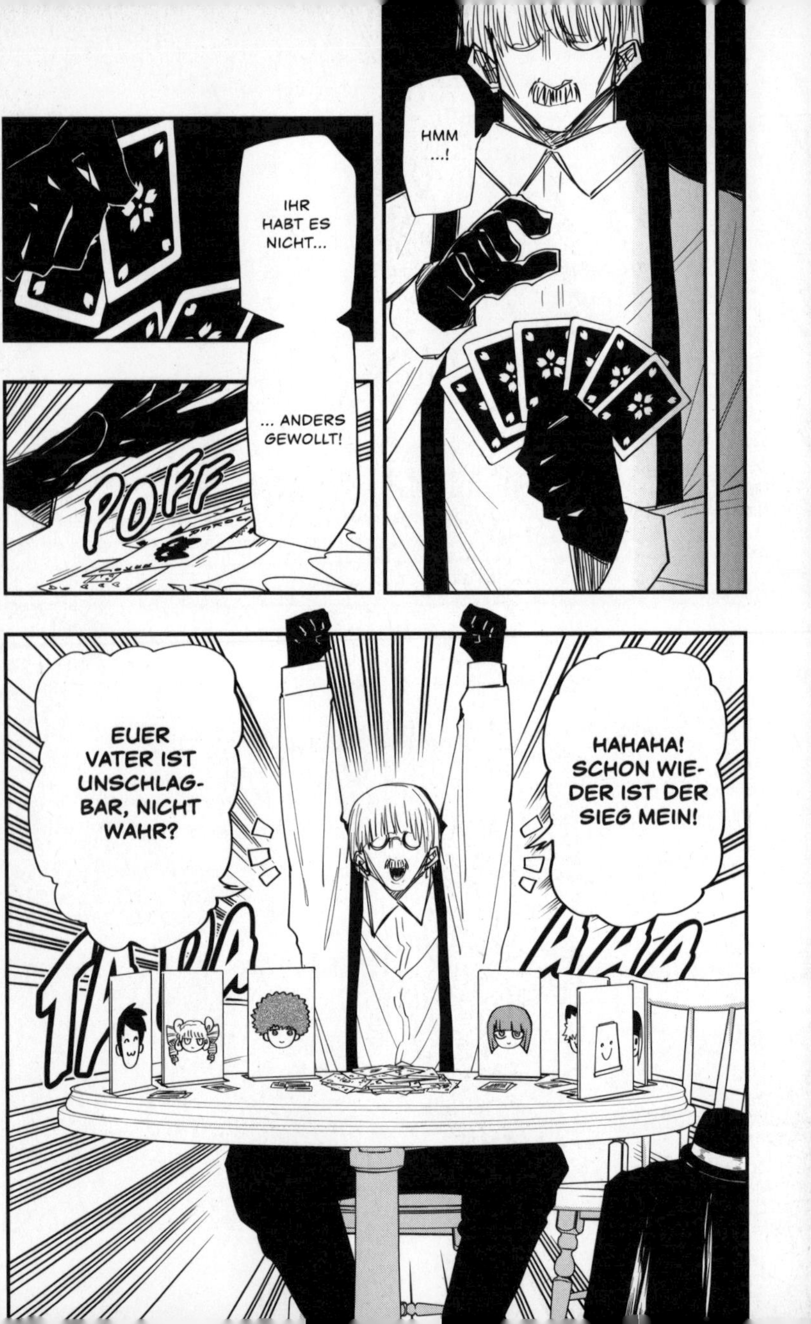
HMM ...!
IHR HABT ES NICHT...
... ANDERS GEWOLLT!
POFF
HAHAHA! SCHON WIE-DER IST DER SIEG MEIN!
EUER VATER IST UNSCHLAG-BAR, NICHT WAHR?

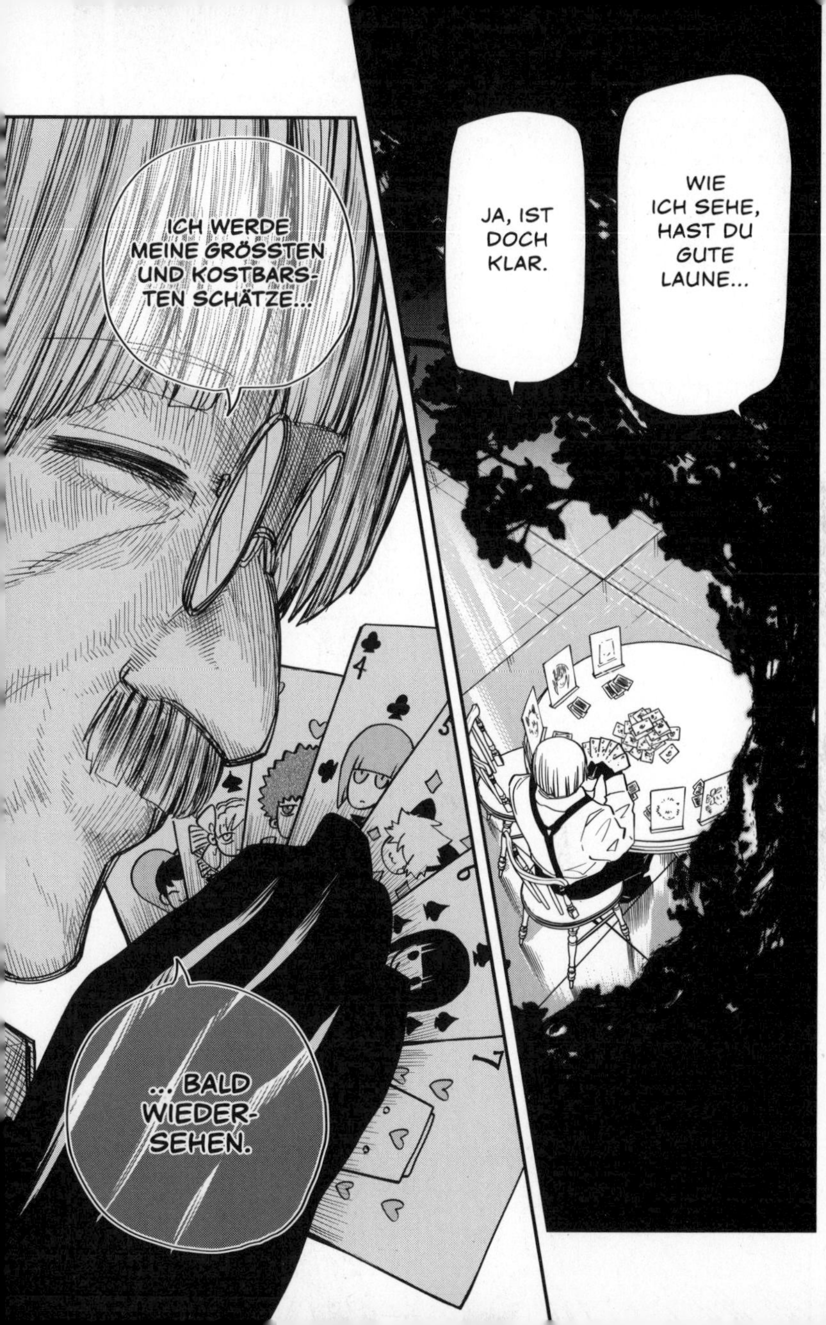
WIE ICH SEHE, HAST DU GUTE LAUNE...
JA, IST DOCH KLAR.
ICH WERDE MEINE GRÖSSTEN UND KOSTBARSTEN SCHÄTZE...
... BALD WIEDERSEHEN.

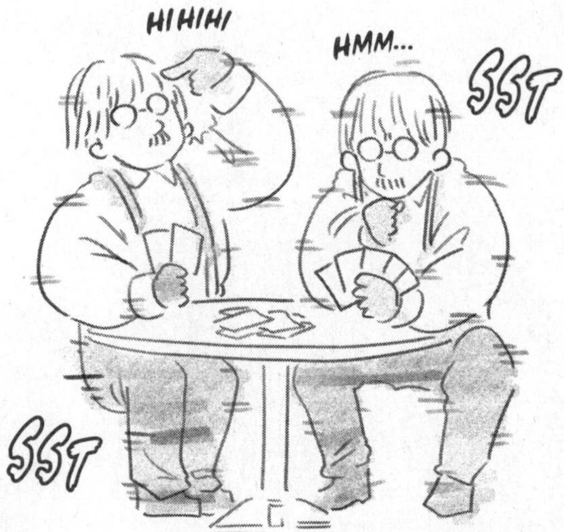
HIHIHI
HMM...
SST
SST

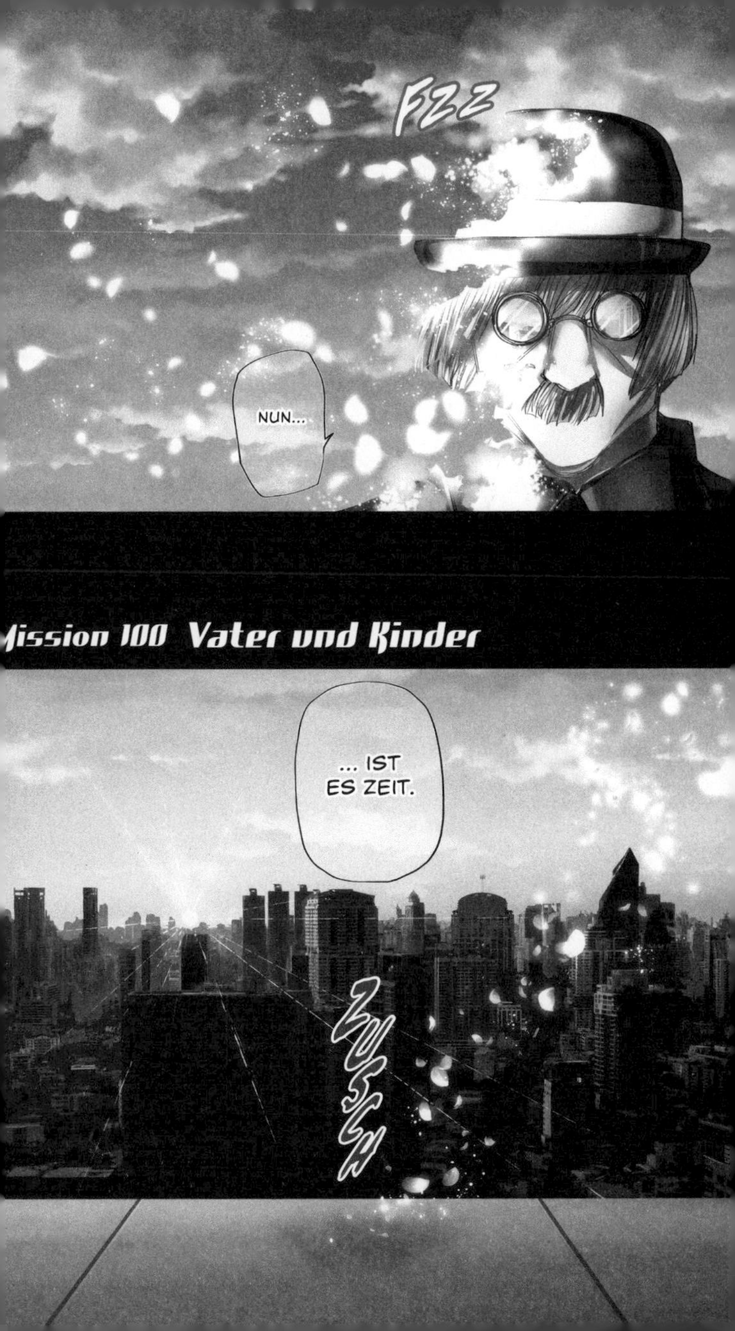
FZZ
NUN...
Mission 100 Vater und Kinder
... IST ES ZEIT.
ZUSCH

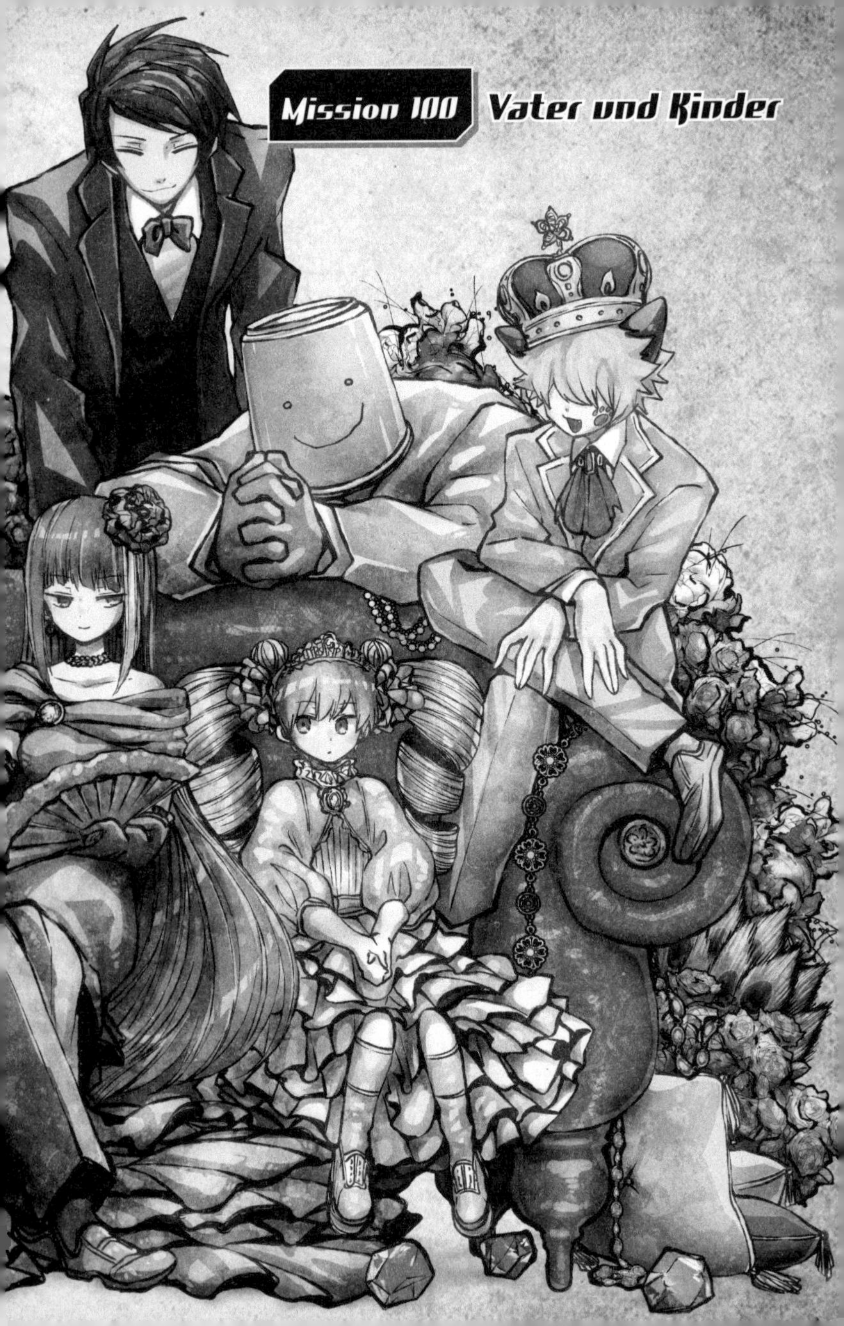
Mission 100
Vater und Kinder

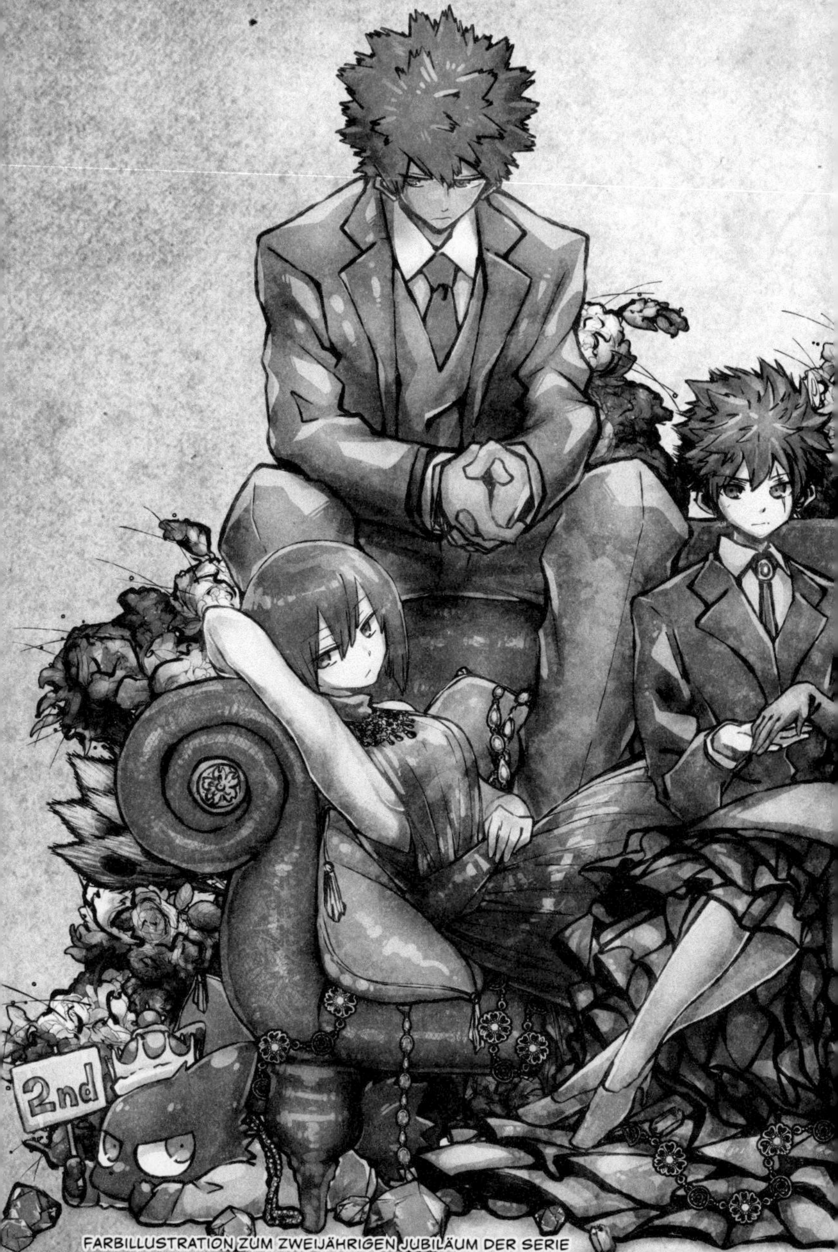

FARBILLUSTRATION ZUM ZWEIJÄHRIGEN JUBILÄUM DER SERIE

MISSION: Yozakura Family

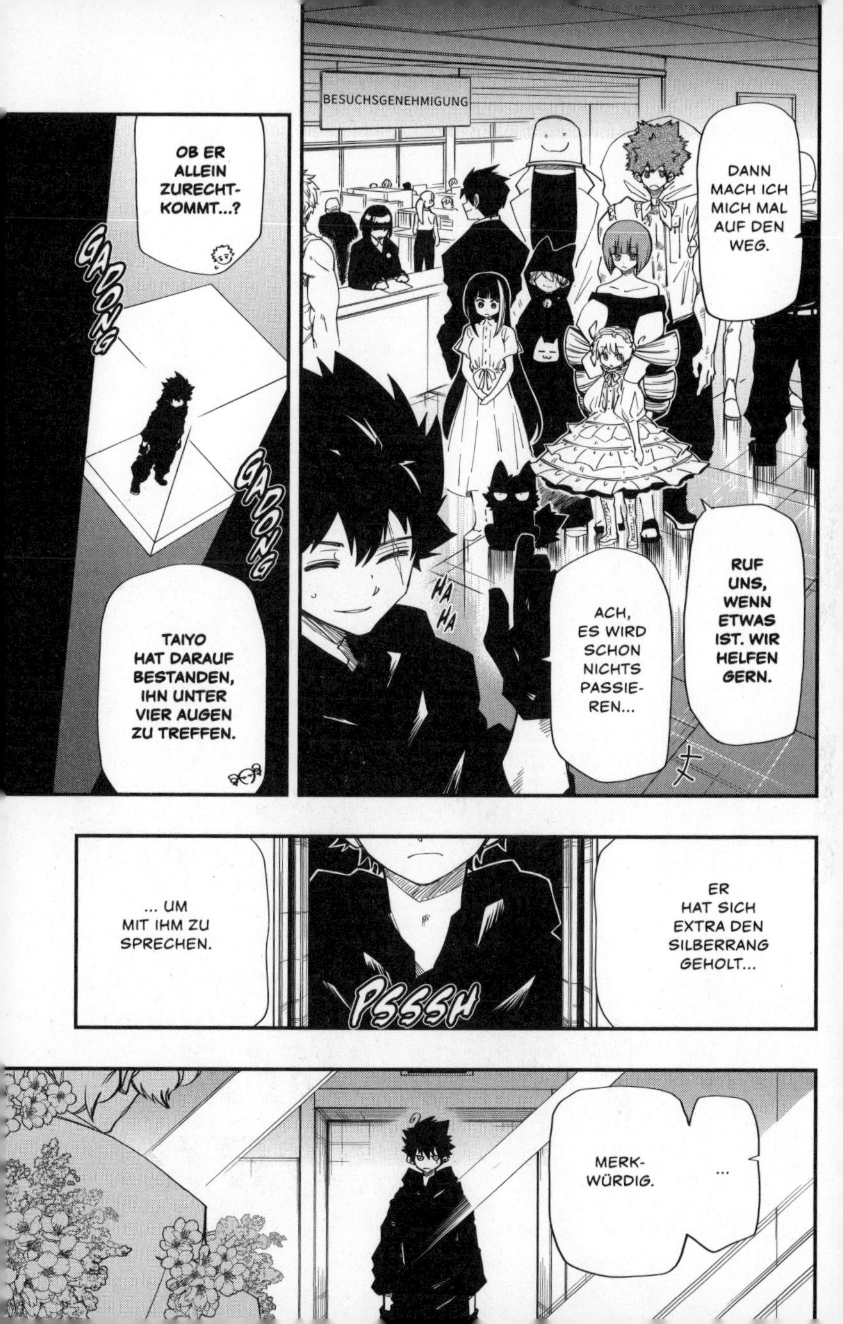
BESUCHSGENEHMIGUNG
DANN MACH ICH MICH MAL AUF DEN WEG.
RUF UNS, WENN ETWAS IST. WIR HELFEN GERN.
ACH, ES WIRD SCHON NICHTS PASSIE-REN...
HA HA
OB ER ALLEIN ZURECHT-KOMMT...?
GADONG
GADONG
TAIYO HAT DARAUF BESTANDEN, IHN UNTER VIER AUGEN ZU TREFFEN.
ER HAT SICH EXTRA DEN SILBERRANG GEHOLT...
... UM MIT IHM ZU SPRECHEN.
PSSSH
...
MERK-WÜRDIG.

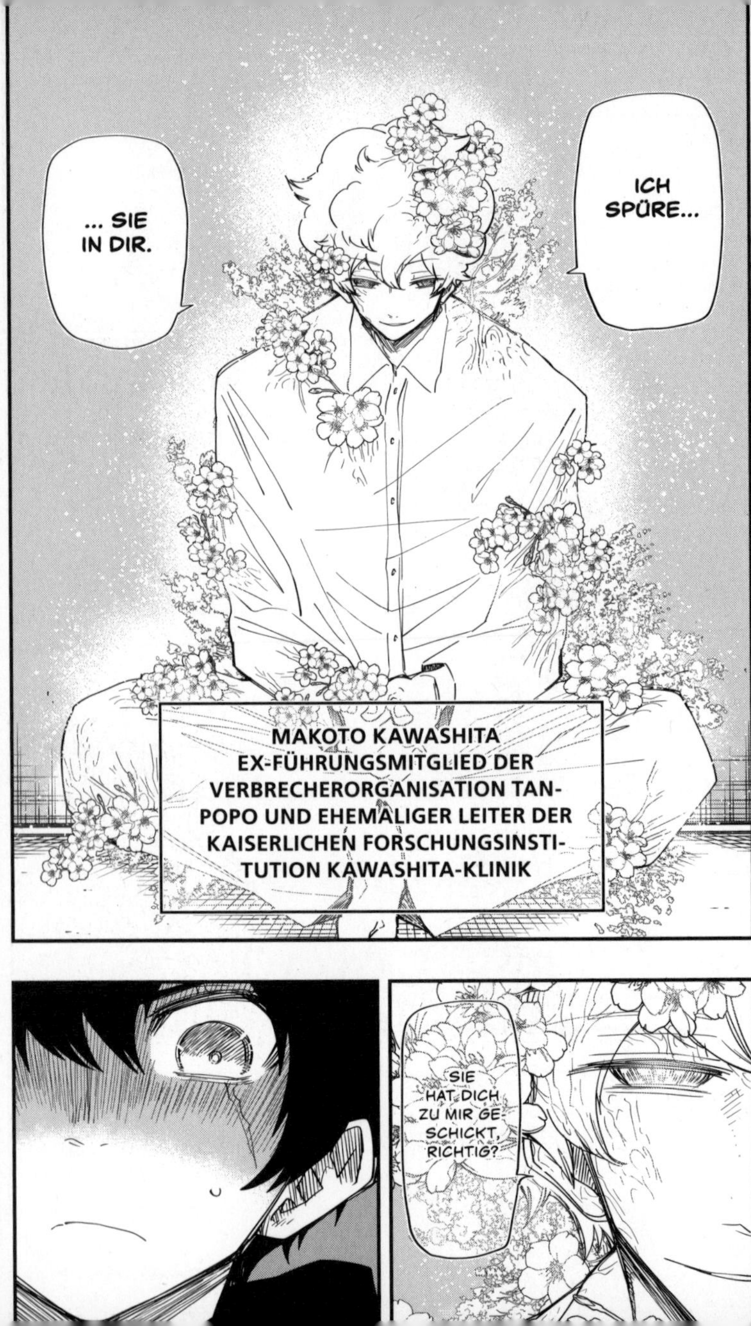
ICH SPÜRE...
... SIE IN DIR.
MAKOTO KAWASHITA EX-FÜHRUNGSMITGLIED DER VERBRECHERORGANISATION TAN-POPO UND EHEMALIGER LEITER DER KAISERLICHEN FORSCHUNGSINSTI-TUTION KAWASHITA-KLINIK
SIE HAT DICH ZU MIR GE-SCHICKT, RICHTIG?

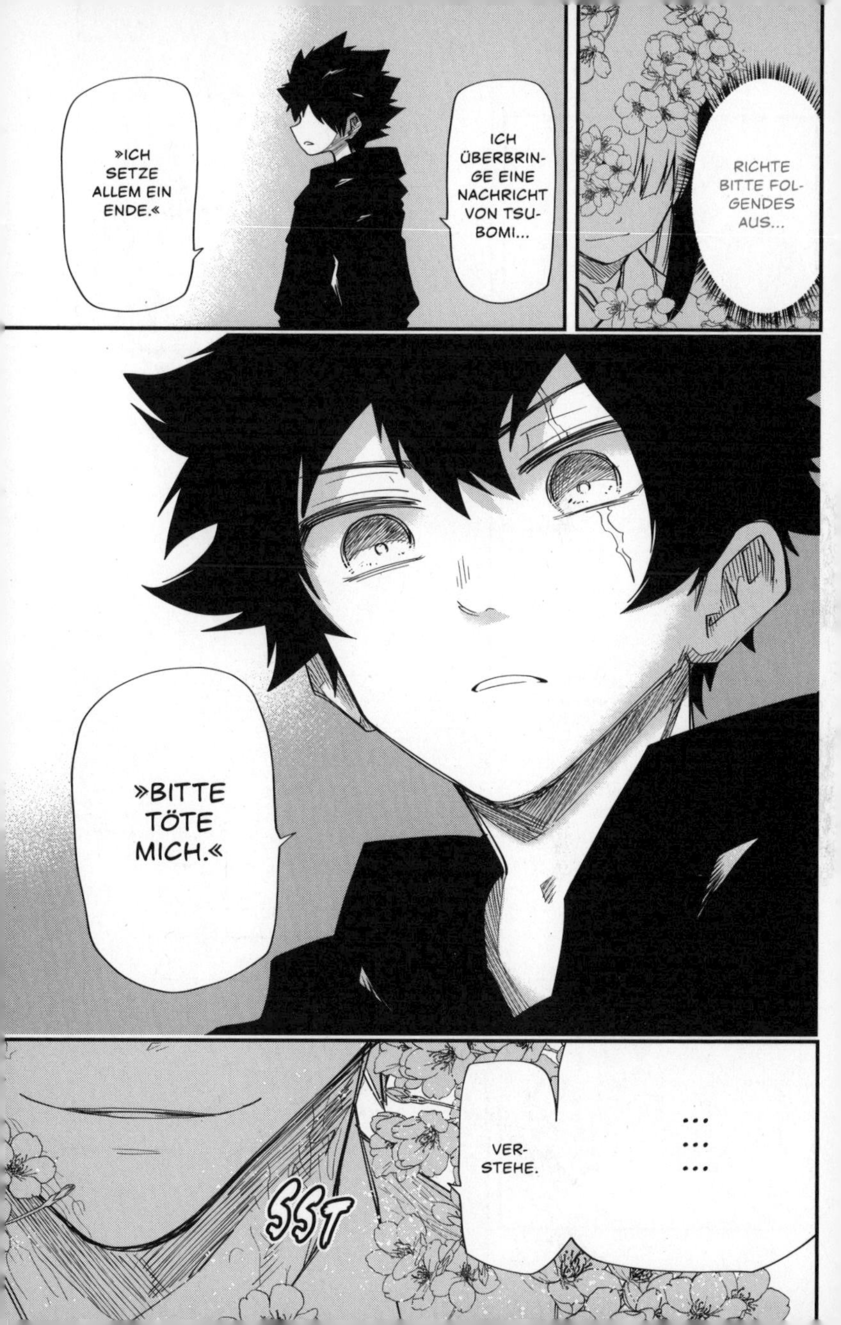
RICHTE BITTE FOLGENDES AUS...
ICH ÜBERBRINGE EINE NACHRICHT VON TSUBOMI...
»ICH SETZE ALLEM EIN ENDE.«
»BITTE TÖTE MICH.«
...
...
...
VERSTEHE.
SST

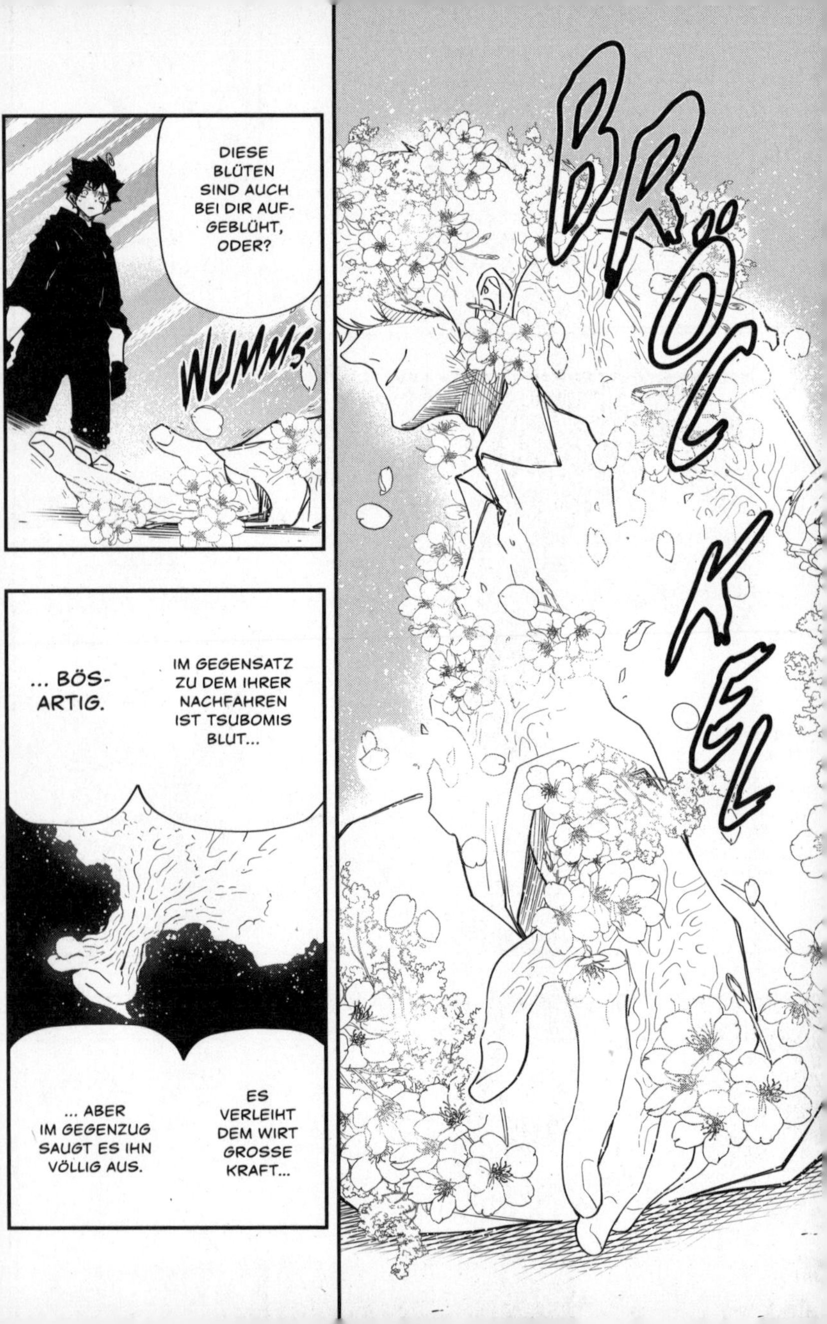
BRÖCKEL
DIESE BLÜTEN SIND AUCH BEI DIR AUF-GEBLÜHT, ODER?
WUMMS
IM GEGENSATZ ZU DEM IHRER NACHFAHREN IST TSUBOMIS BLUT...
... BÖS-ARTIG.
ES VERLEIHT DEM WIRT GROSSE KRAFT...
... ABER IM GEGENZUG SAUGT ES IHN VÖLLIG AUS.

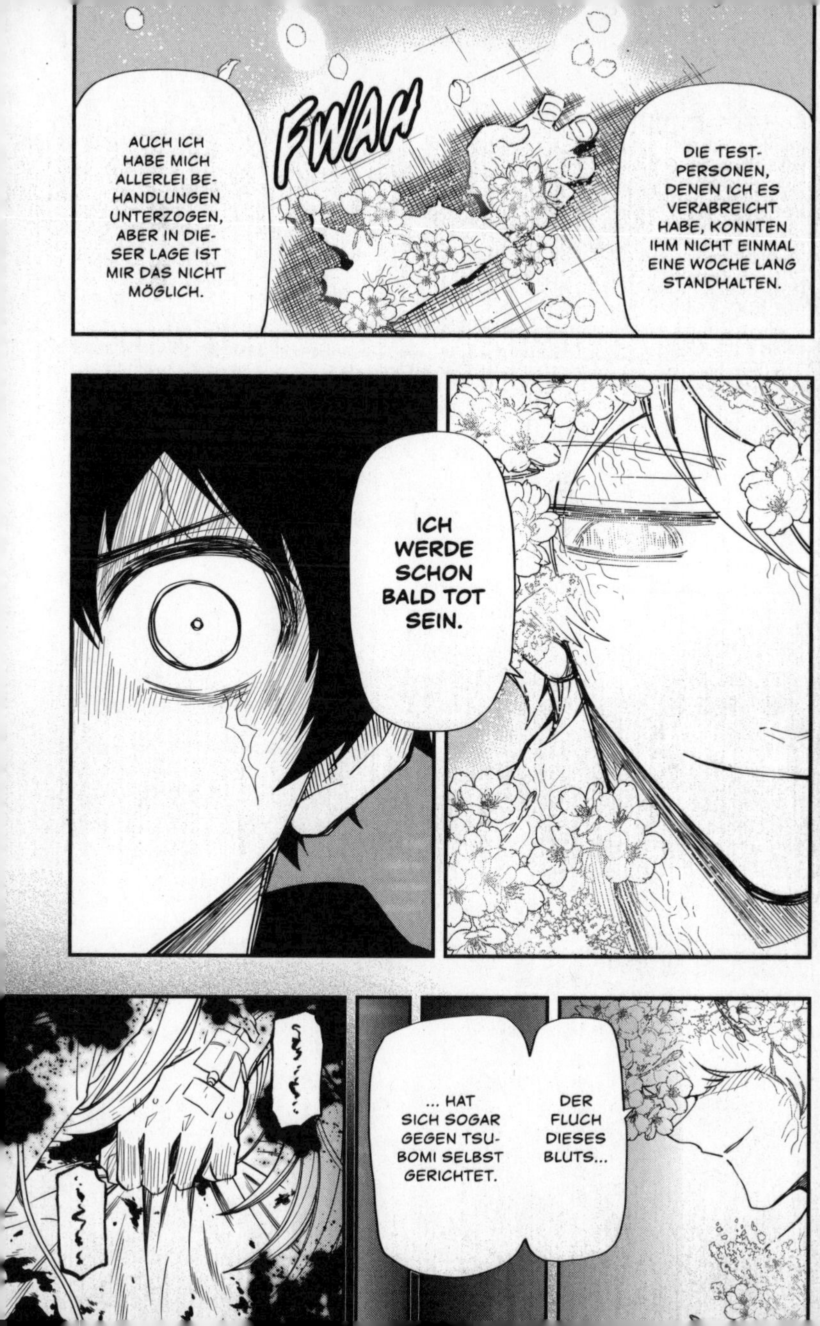
DIE TEST-PERSONEN, DENEN ICH ES VERABREICHT HABE, KONNTEN IHM NICHT EINMAL EINE WOCHE LANG STANDHALTEN.
FWAH
AUCH ICH HABE MICH ALLERLEI BEHANDLUNGEN UNTERZOGEN, ABER IN DIESER LAGE IST MIR DAS NICHT MÖGLICH.
ICH WERDE SCHON BALD TOT SEIN.
DER FLUCH DIESES BLUTS...
... HAT SICH SOGAR GEGEN TSUBOMI SELBST GERICHTET.

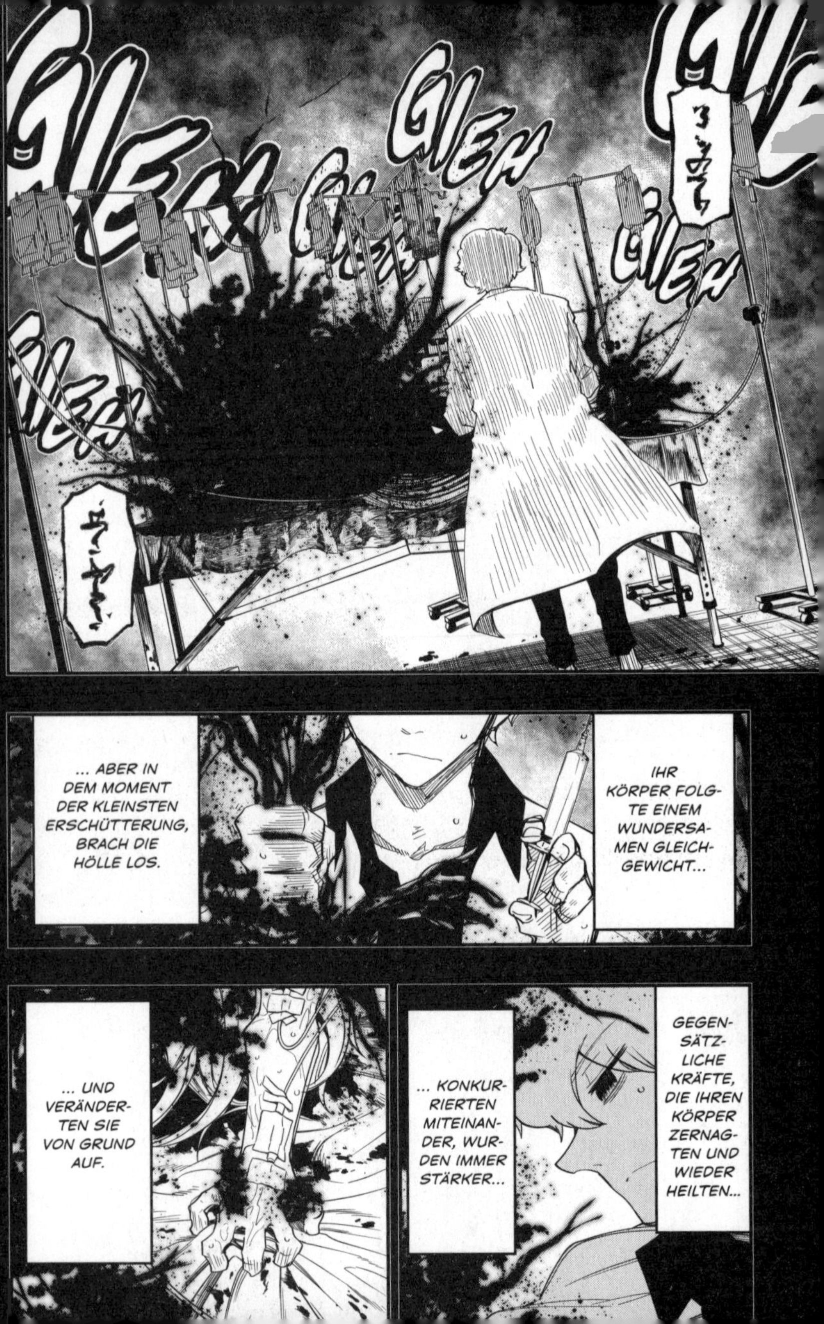
GLEH
GLEH
GLEH
IHR KÖRPER FOLGTE EINEM WUNDERSAMEN GLEICHGEWICHT...
... ABER IN DEM MOMENT DER KLEINSTEN ERSCHÜTTERUNG, BRACH DIE HÖLLE LOS.
GEGENSÄTZLICHE KRÄFTE, DIE IHREN KÖRPER ZERNAGTEN UND WIEDER HEILTEN...
... KONKURRIERTEN MITEINANDER, WURDEN IMMER STÄRKER...
... UND VERÄNDERTEN SIE VON GRUND AUF.

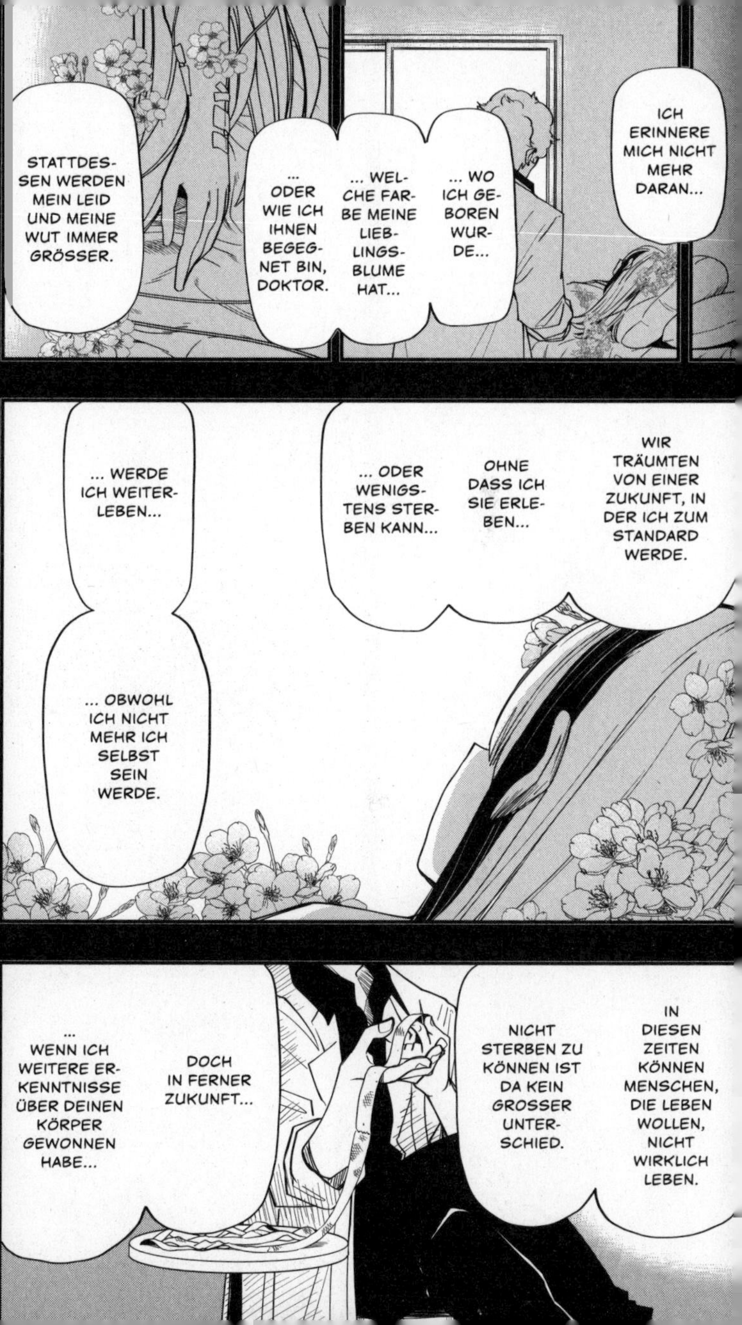
ICH ERINNERE MICH NICHT MEHR DARAN...
... WO ICH GEBOREN WURDE...
... WELCHE FARBE MEINE LIEBLINGSBLUME HAT...
... ODER WIE ICH IHNEN BEGEGNET BIN, DOKTOR.
STATTDESSEN WERDEN MEIN LEID UND MEINE WUT IMMER GRÖSSER.
WIR TRÄUMTEN VON EINER ZUKUNFT, IN DER ICH ZUM STANDARD WERDE.
OHNE DASS ICH SIE ERLEBEN...
... ODER WENIGSTENS STERBEN KANN...
... WERDE ICH WEITERLEBEN...
... OBWOHL ICH NICHT MEHR ICH SELBST SEIN WERDE.
IN DIESEN ZEITEN KÖNNEN MENSCHEN, DIE LEBEN WOLLEN, NICHT WIRKLICH LEBEN.
NICHT STERBEN ZU KÖNNEN IST DA KEIN GROSSER UNTERSCHIED.
DOCH IN FERNER ZUKUNFT...
... WENN ICH WEITERE ERKENNTNISSE ÜBER DEINEN KÖRPER GEWONNEN HABE...

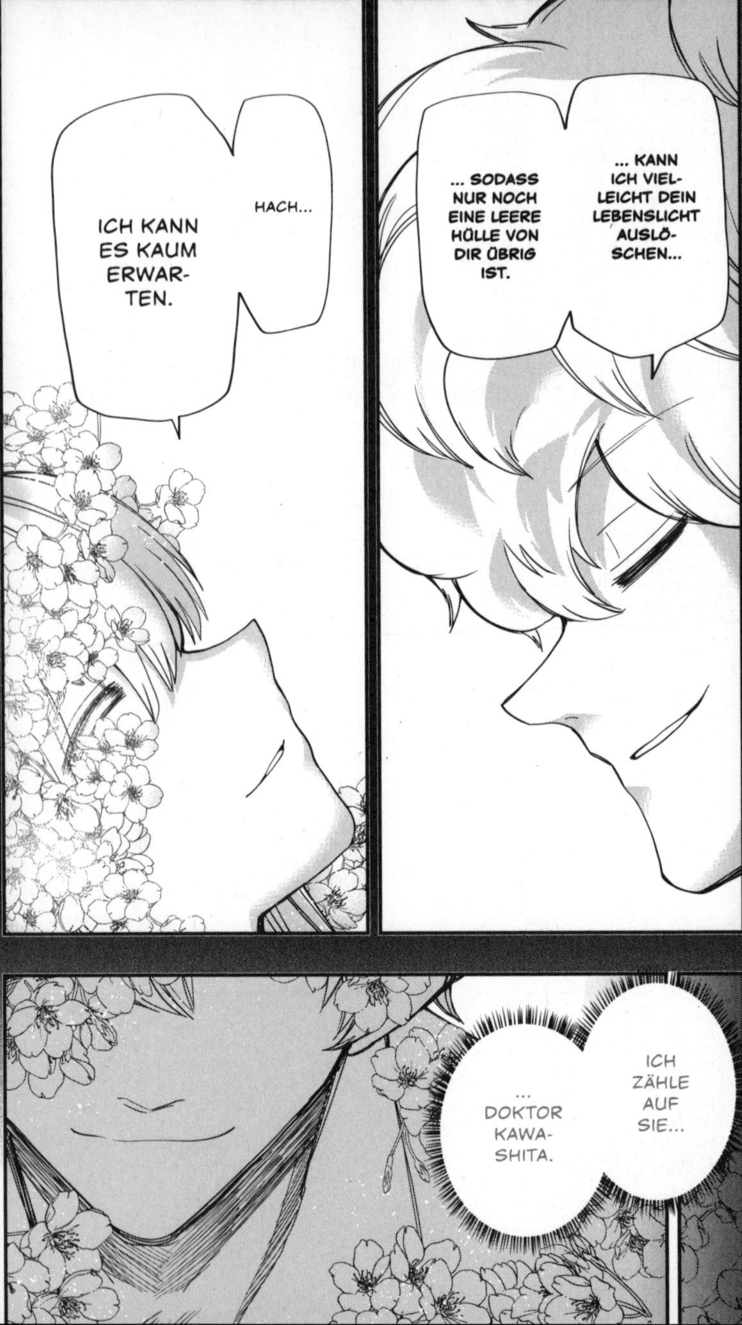
... KANN ICH VIEL-LEICHT DEIN LEBENSLICHT AUSLÖ-SCHEN...
... SODASS NUR NOCH EINE LEERE HÜLLE VON DIR ÜBRIG IST.
HACH...
ICH KANN ES KAUM ERWAR-TEN.
ICH ZÄHLE AUF SIE...
... DOKTOR KAWA-SHITA.

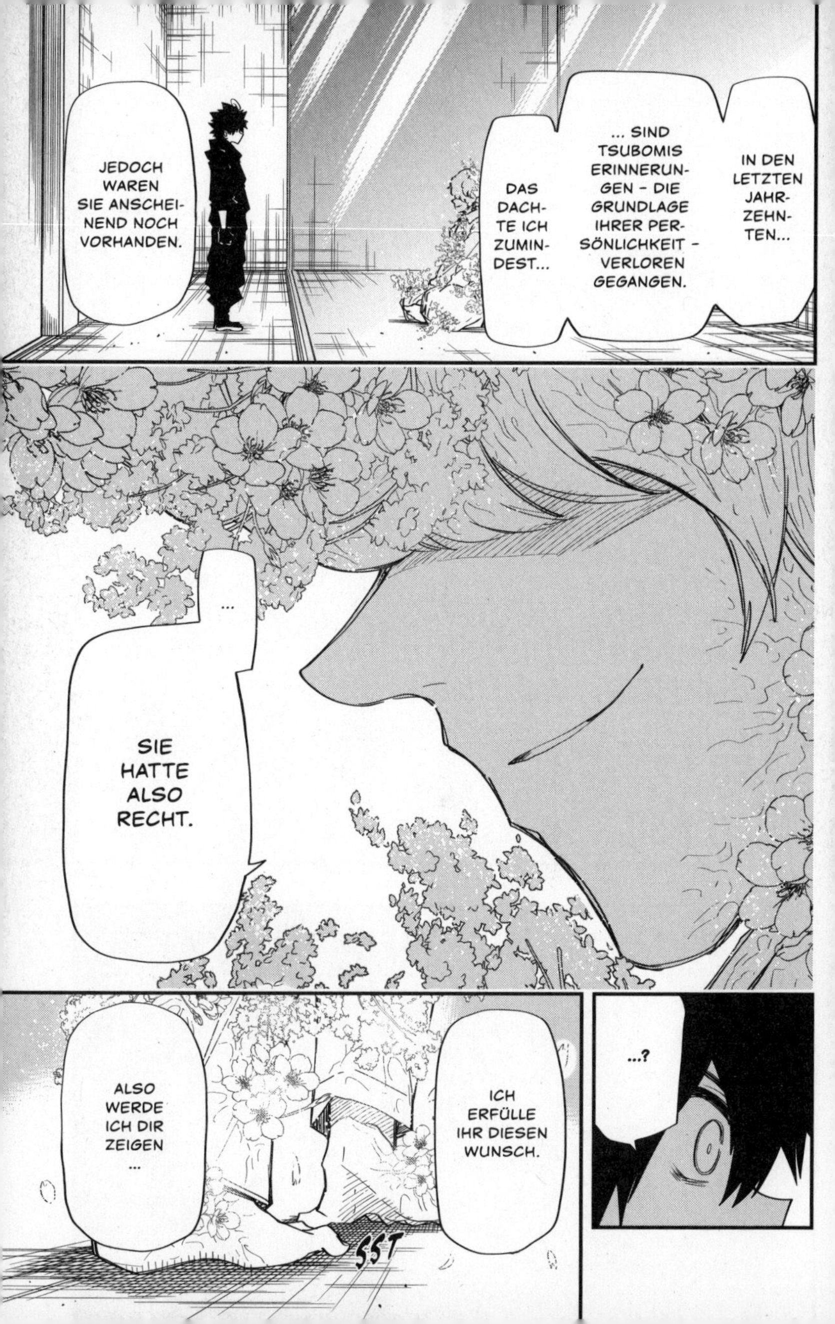

IN DEN LETZTEN JAHR-ZEHN-TEN...
... SIND TSUBOMIS ERINNERUN-GEN – DIE GRUNDLAGE IHRER PER-SÖNLICHKEIT – VERLOREN GEGANGEN.
DAS DACH-TE ICH ZUMIN-DEST...
JEDOCH WAREN SIE ANSCHEI-NEND NOCH VORHANDEN.
...
SIE HATTE ALSO RECHT.
...?
ICH ERFÜLLE IHR DIESEN WUNSCH.
ALSO WERDE ICH DIR ZEIGEN ...
SST

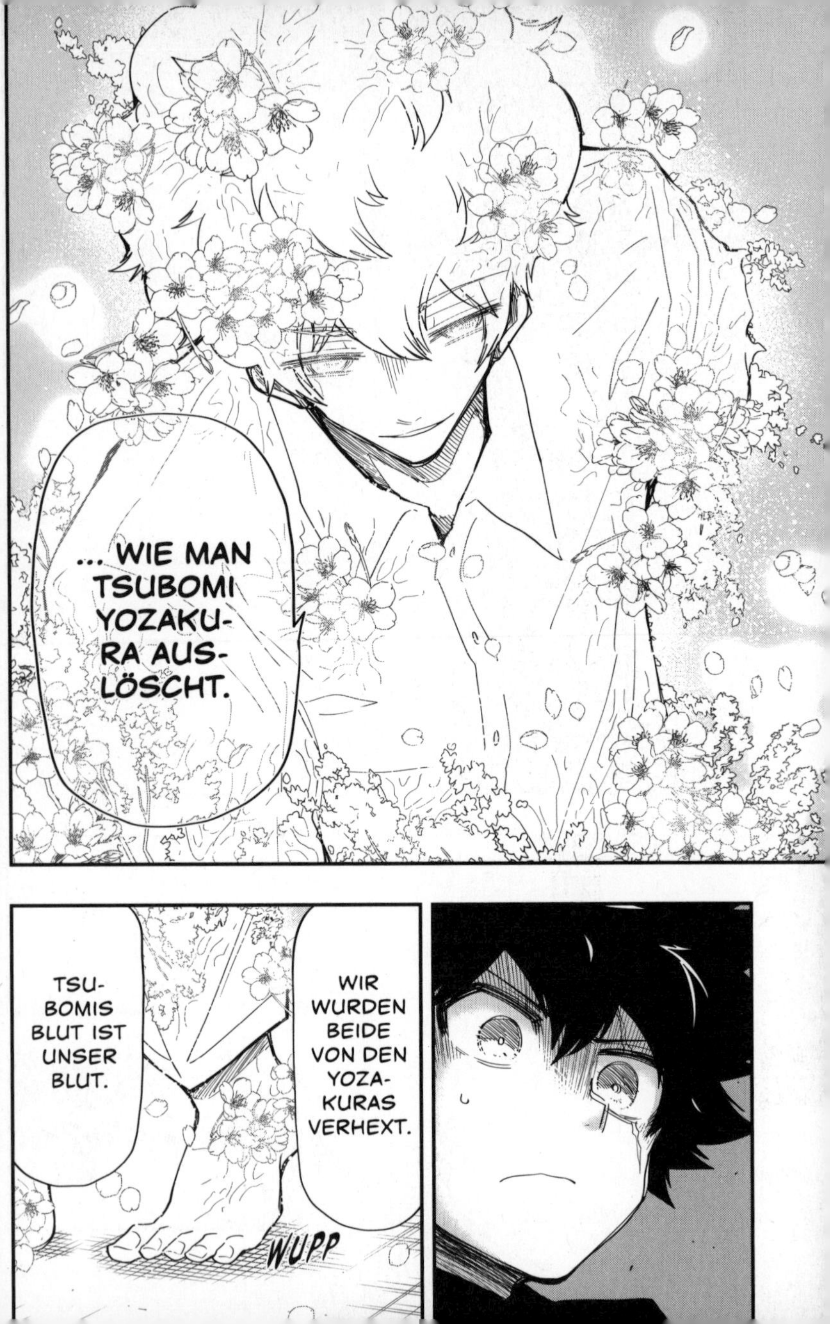
... WIE MAN TSUBOMI YOZAKU-RA AUS-LÖSCHT.
WIR WURDEN BEIDE VON DEN YOZA-KURAS VERHEXT.
TSU-BOMIS BLUT IST UNSER BLUT.
WUPP

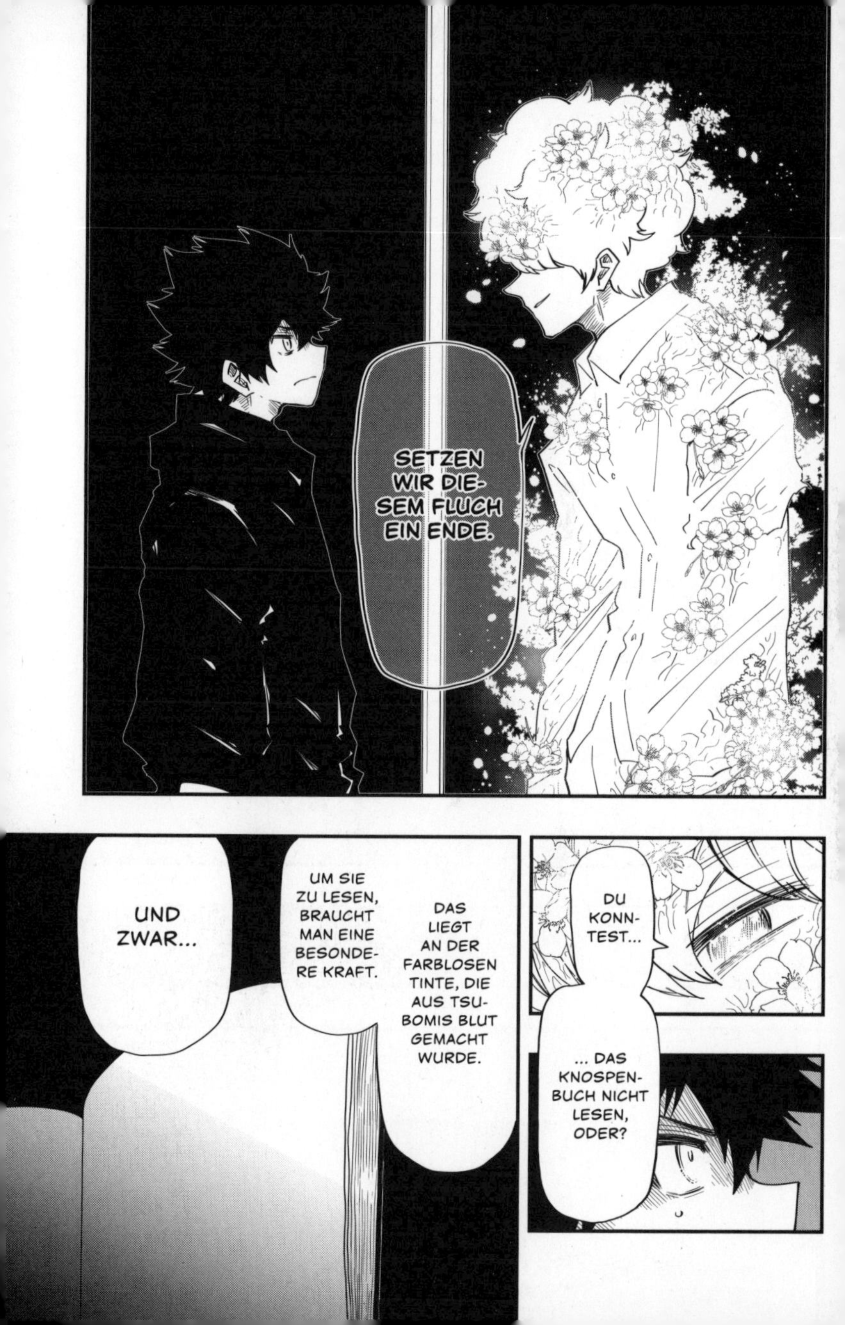
SETZEN WIR DIESEM FLUCH EIN ENDE.
DU KONNTEST...
... DAS KNOSPENBUCH NICHT LESEN, ODER?
DAS LIEGT AN DER FARBLOSEN TINTE, DIE AUS TSUBOMIS BLUT GEMACHT WURDE.
UM SIE ZU LESEN, BRAUCHT MAN EINE BESONDERE KRAFT.
UND ZWAR...

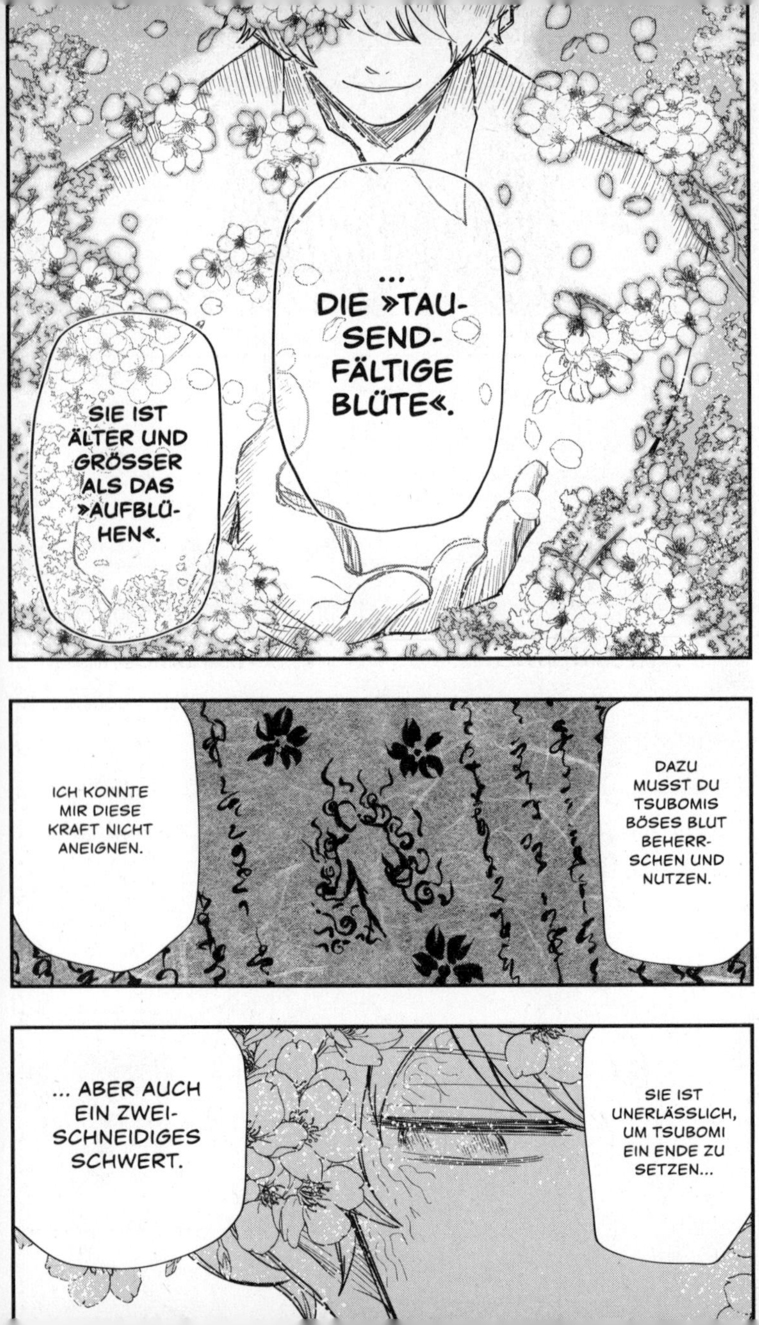
... DIE »TAUSENDFÄLTIGE BLÜTE«.
SIE IST ÄLTER UND GRÖSSER ALS DAS »AUFBLÜHEN«.
DAZU MUSST DU TSUBOMIS BÖSES BLUT BEHERRSCHEN UND NUTZEN.
ICH KONNTE MIR DIESE KRAFT NICHT ANEIGNEN.
SIE IST UNERLÄSSLICH, UM TSUBOMI EIN ENDE ZU SETZEN...
... ABER AUCH EIN ZWEISCHNEIDIGES SCHWERT.

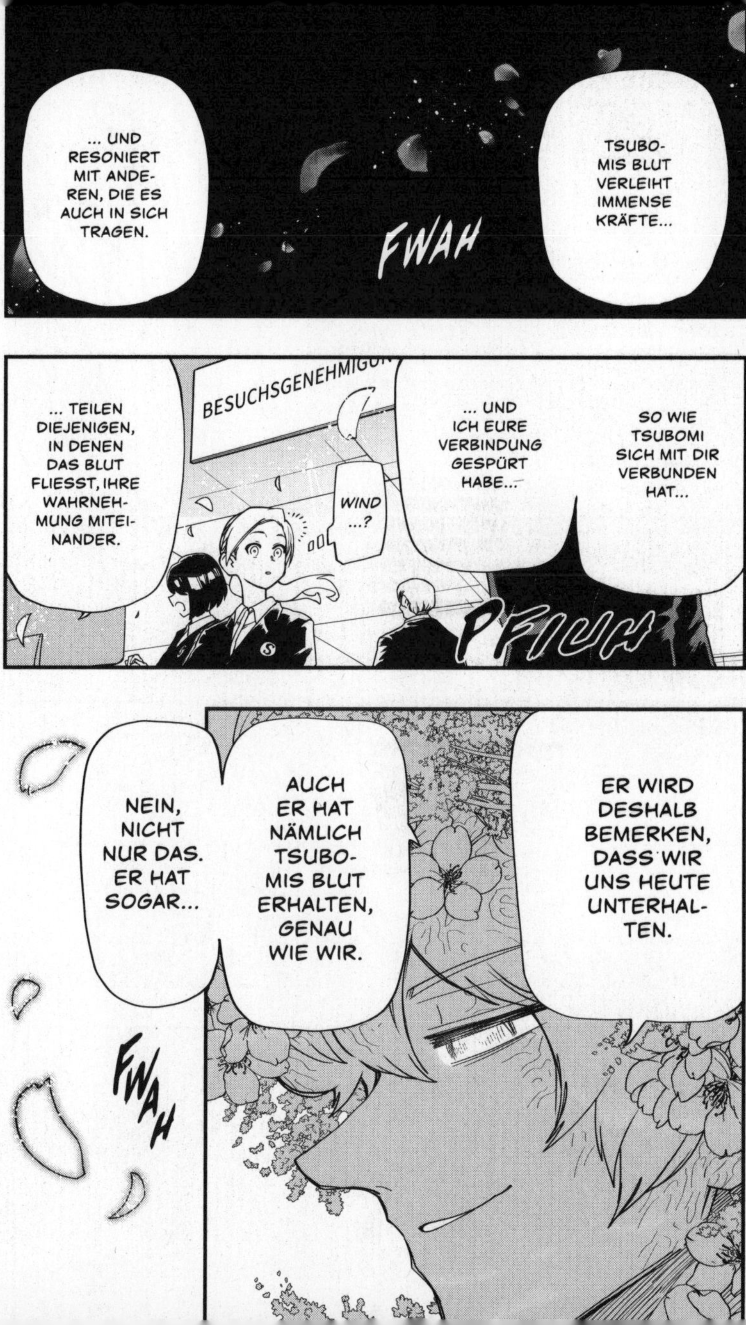
TSUBO-MIS BLUT VERLEIHT IMMENSE KRÄFTE...
FWAH
... UND RESONIERT MIT ANDE-REN, DIE ES AUCH IN SICH TRAGEN.
SO WIE TSUBOMI SICH MIT DIR VERBUNDEN HAT...
... UND ICH EURE VERBINDUNG GESPÜRT HABE...
PFIUH
WIND ...?
BESUCHSGENEHMIGUN
... TEILEN DIEJENIGEN, IN DENEN DAS BLUT FLIESST, IHRE WAHRNEH-MUNG MITEI-NANDER.
ER WIRD DESHALB BEMERKEN, DASS WIR UNS HEUTE UNTERHAL-TEN.
AUCH ER HAT NÄMLICH TSUBO-MIS BLUT ERHALTEN, GENAU WIE WIR.
NEIN, NICHT NUR DAS. ER HAT SOGAR...
FWAH

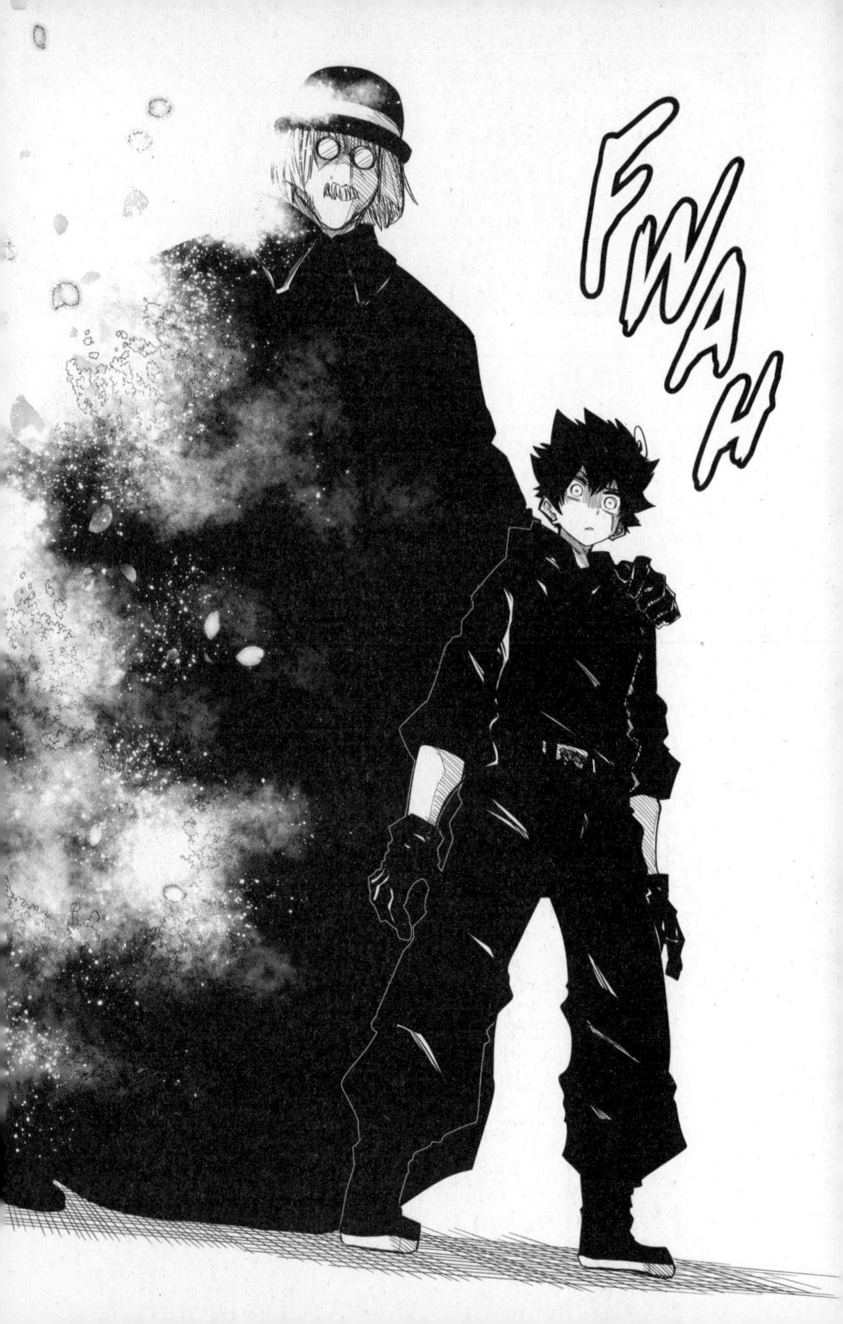
FWAH

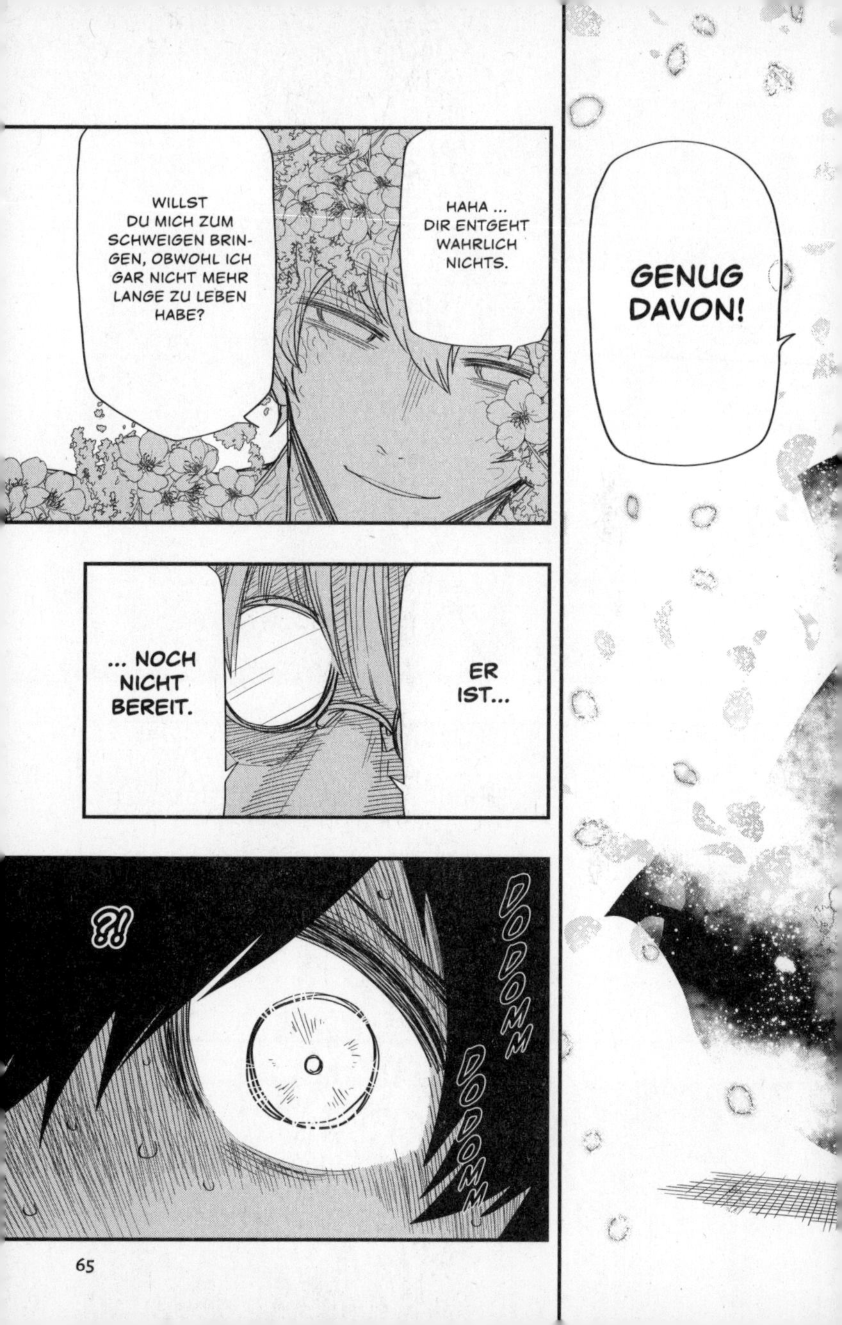
GENUG DAVON!
HAHA ... DIR ENTGEHT WAHRLICH NICHTS.
WILLST DU MICH ZUM SCHWEIGEN BRINGEN, OBWOHL ICH GAR NICHT MEHR LANGE ZU LEBEN HABE?
ER IST...
... NOCH NICHT BEREIT.
?!
DODOMM
DODOMM

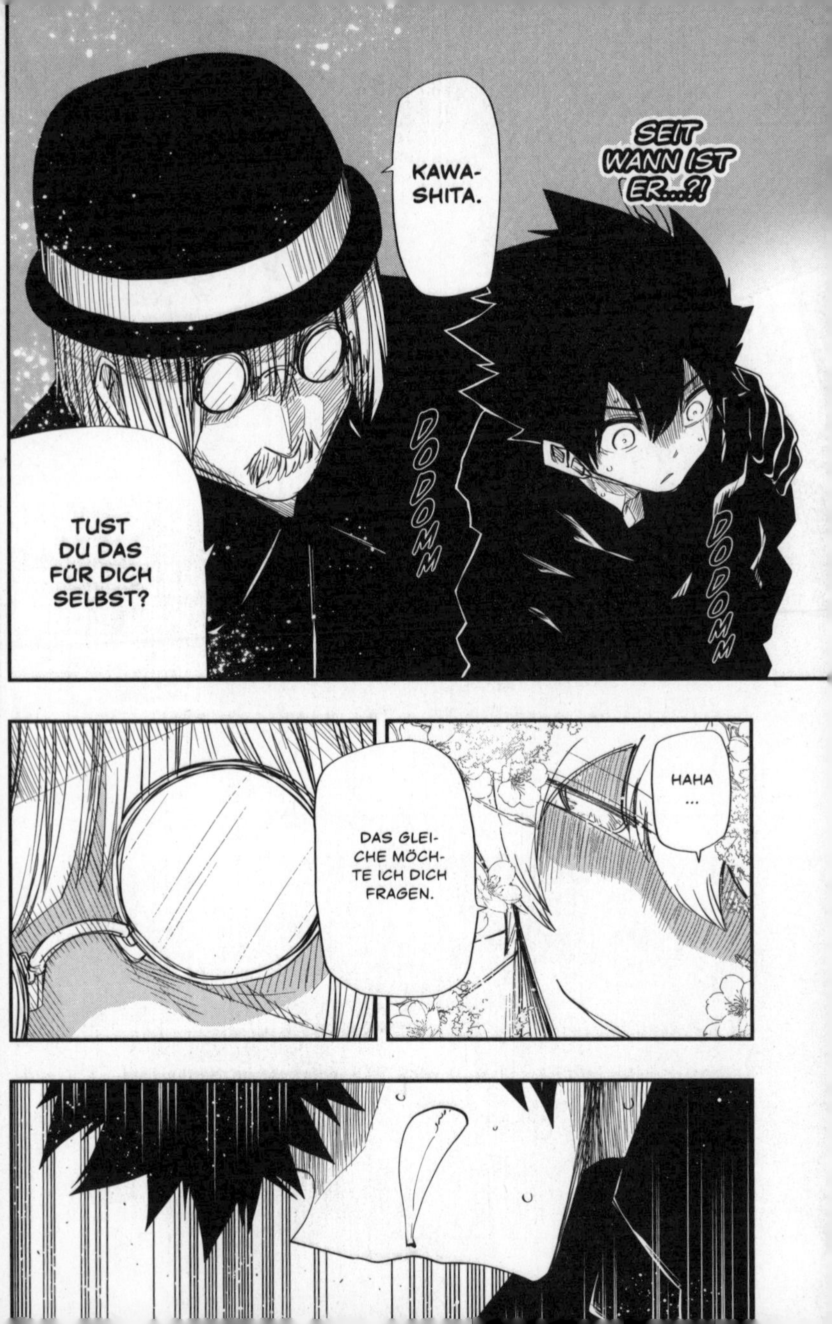
SEIT WANN IST ER...?!
KAWA-SHITA.
DODOMM
DODOMM
TUST DU DAS FÜR DICH SELBST?
HAHA ...
DAS GLEI-CHE MÖCH-TE ICH DICH FRAGEN.

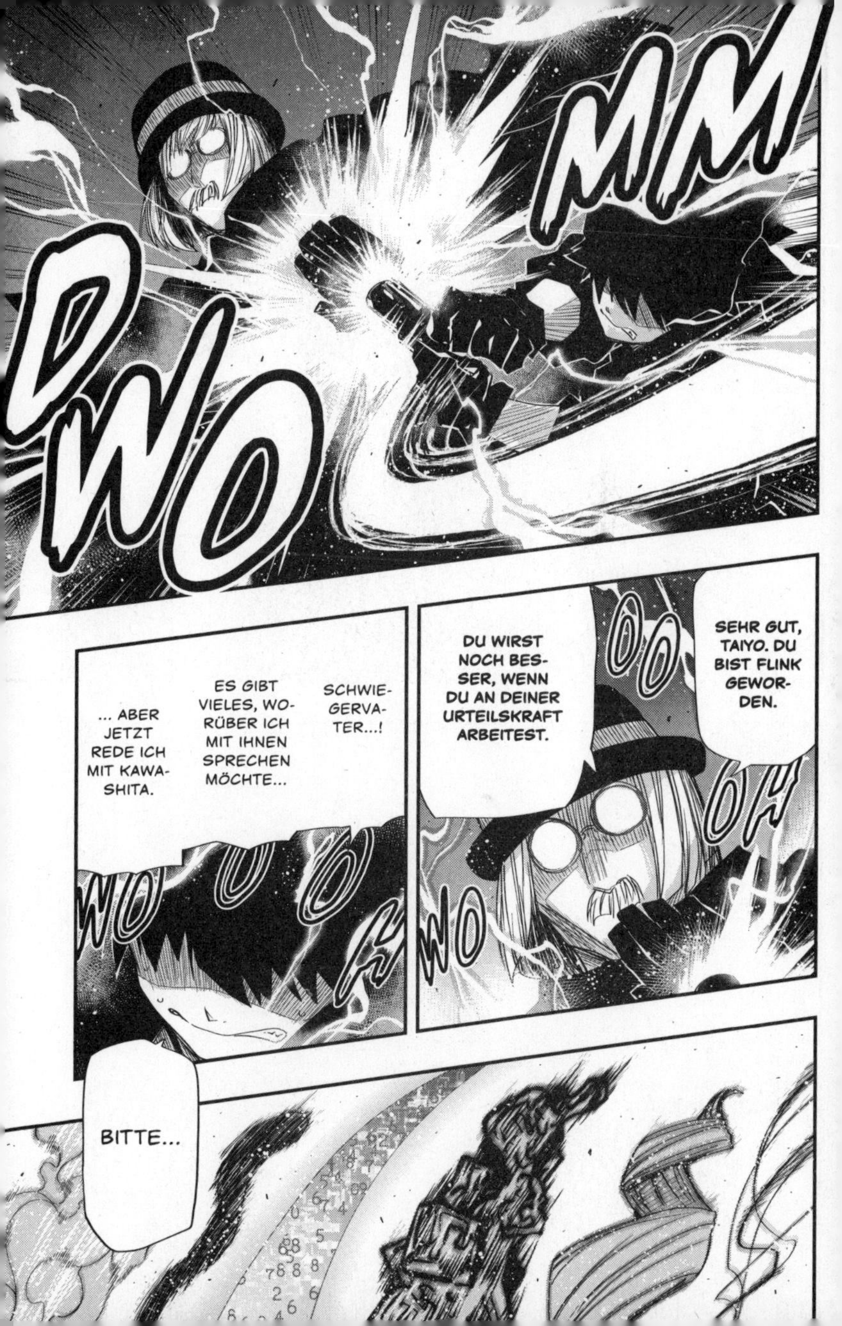
DWO
MM
SEHR GUT, TAIYO. DU BIST FLINK GEWORDEN.
DU WIRST NOCH BESSER, WENN DU AN DEINER URTEILSKRAFT ARBEITEST.
SCHWIEGERVATER...!
ES GIBT VIELES, WORÜBER ICH MIT IHNEN SPRECHEN MÖCHTE...
... ABER JETZT REDE ICH MIT KAWASHITA.
BITTE...

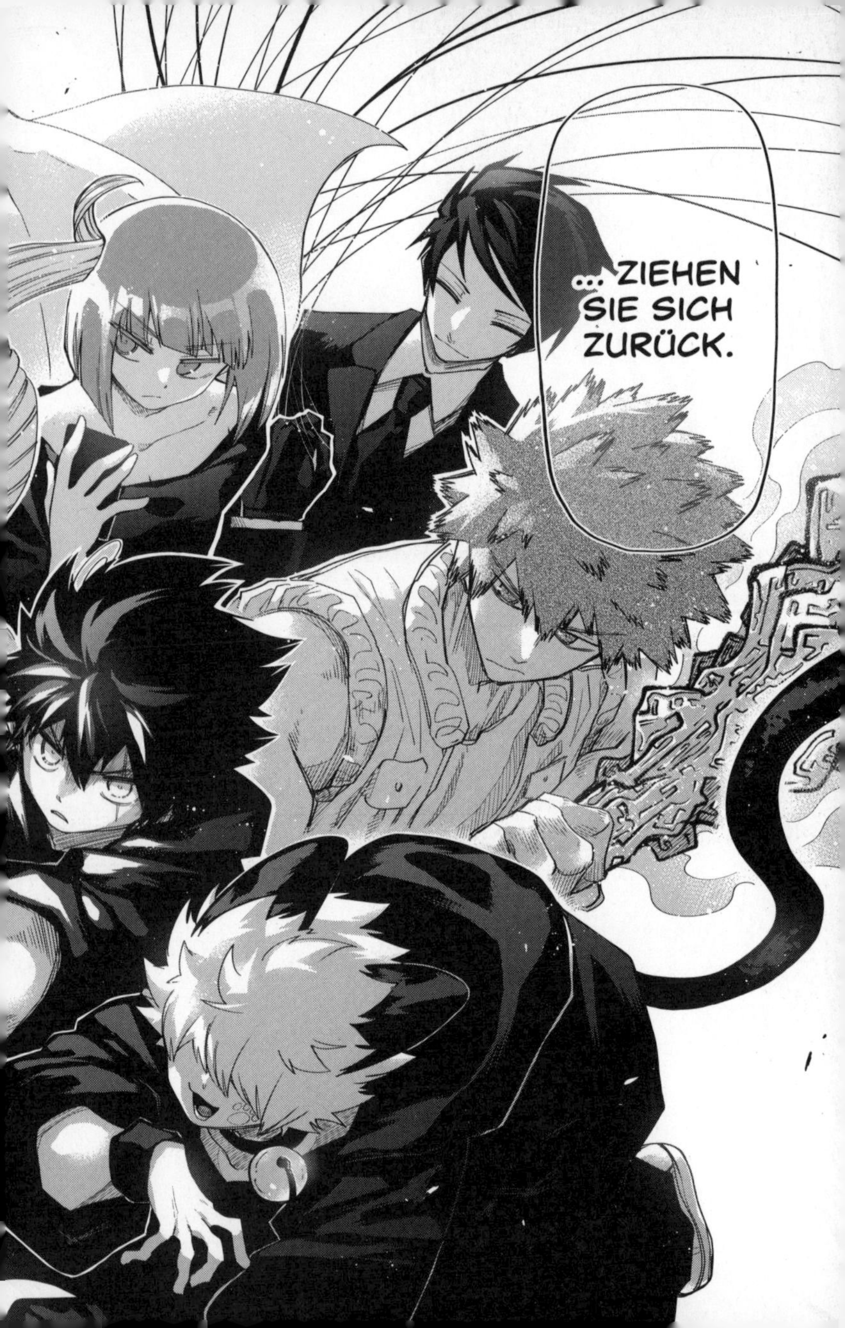
... ZIEHEN SIE SICH ZURÜCK.

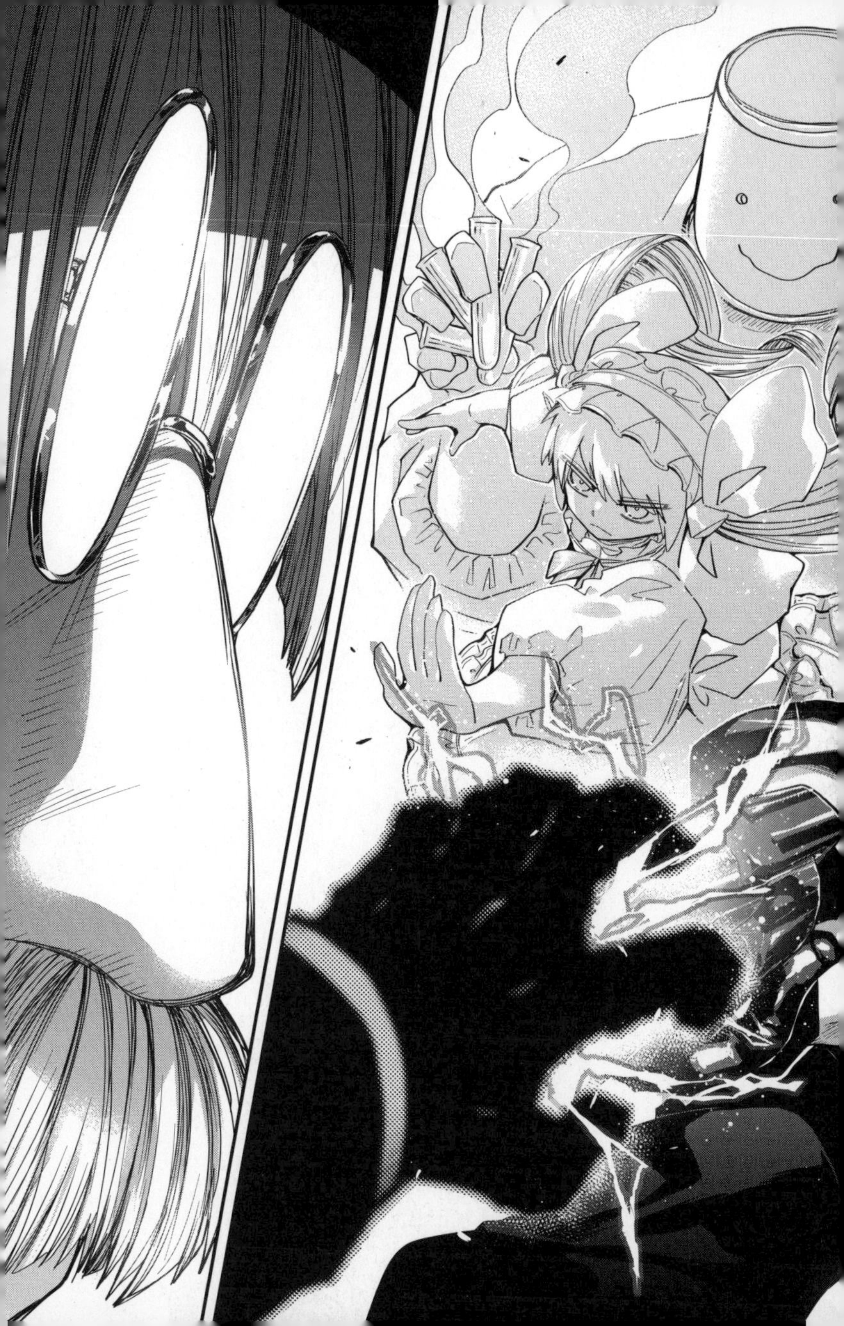

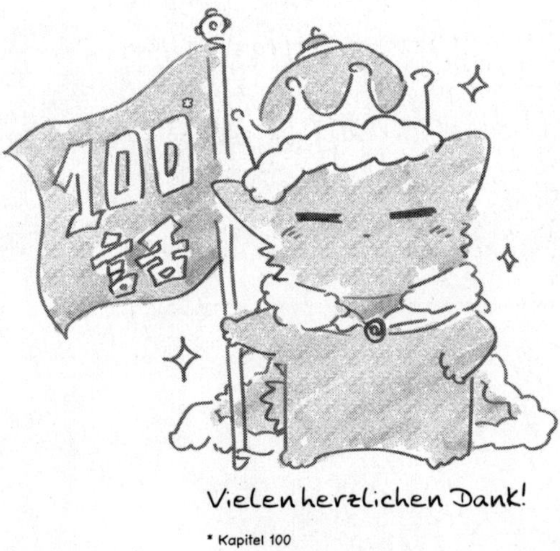

Vielen herzlichen Dank!

* Kapitel 100

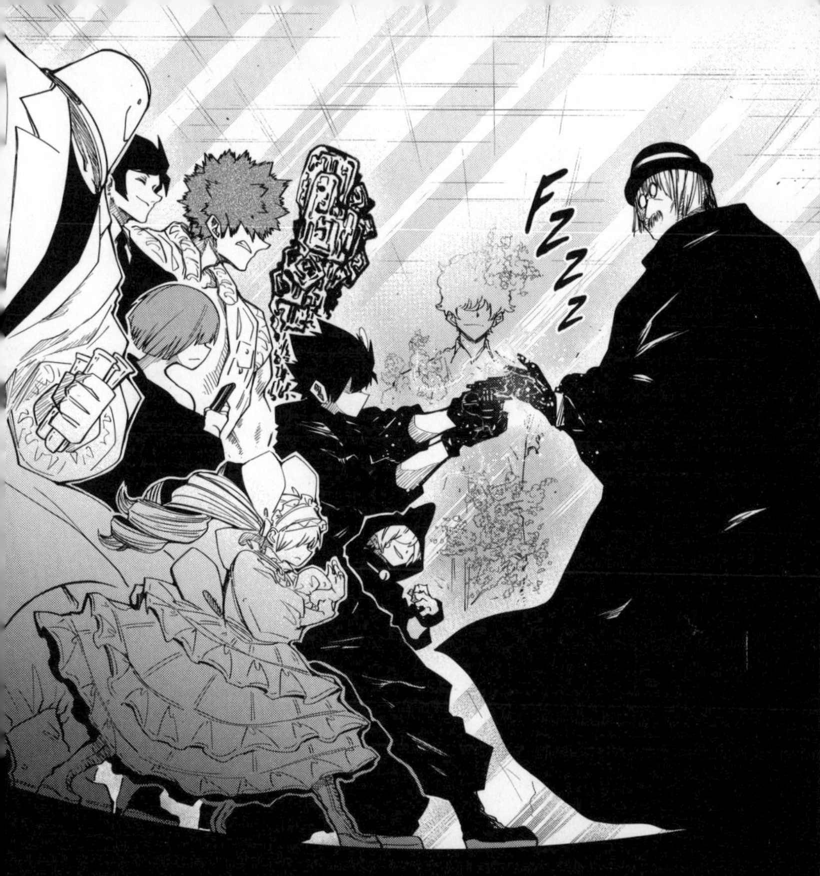

Mission 101 Tsubomi und Momo

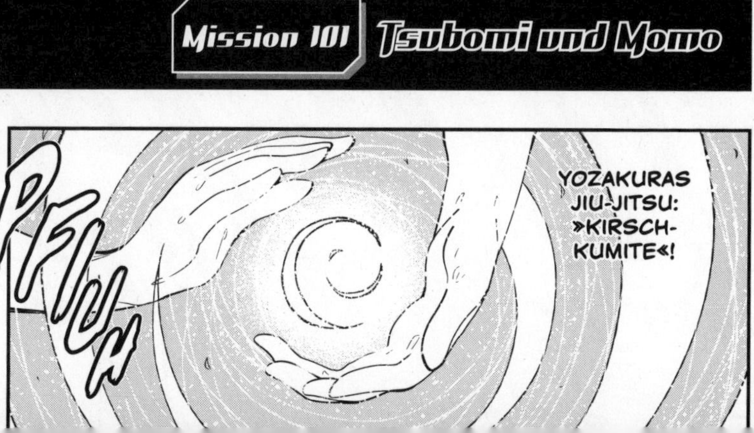

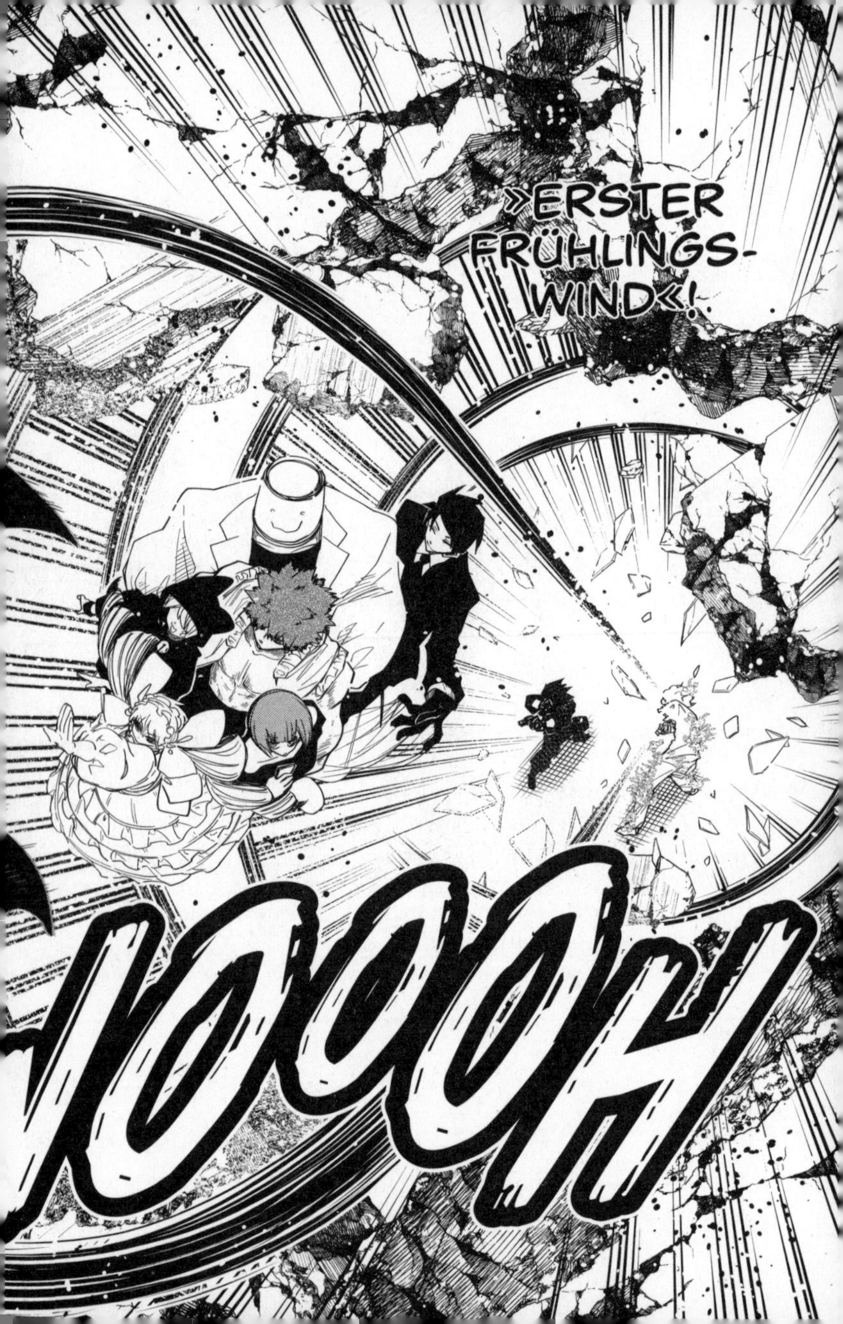
»ERSTER FRÜHLINGS-WIND«!

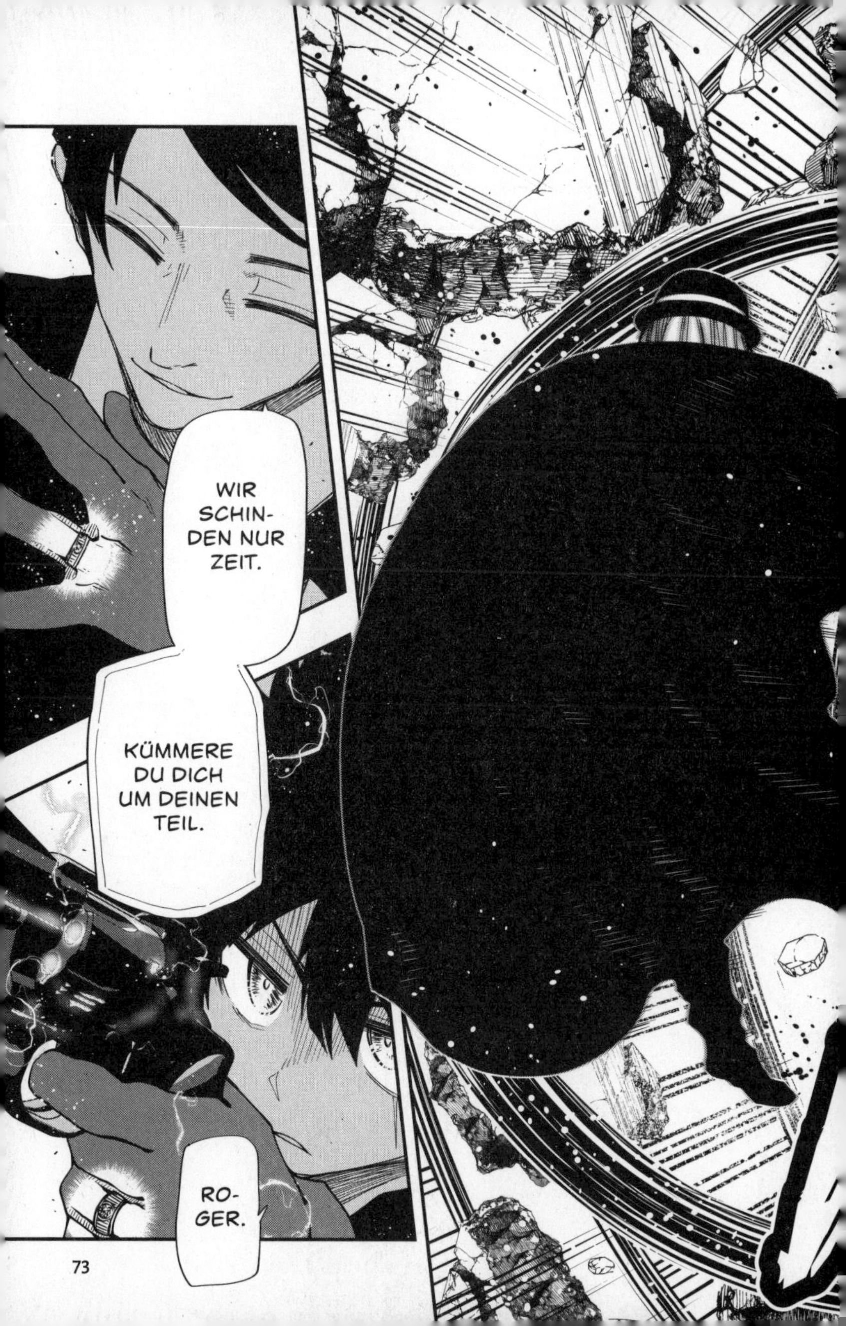
WIR SCHIN-DEN NUR ZEIT.
KÜMMERE DU DICH UM DEINEN TEIL.
RO-GER.

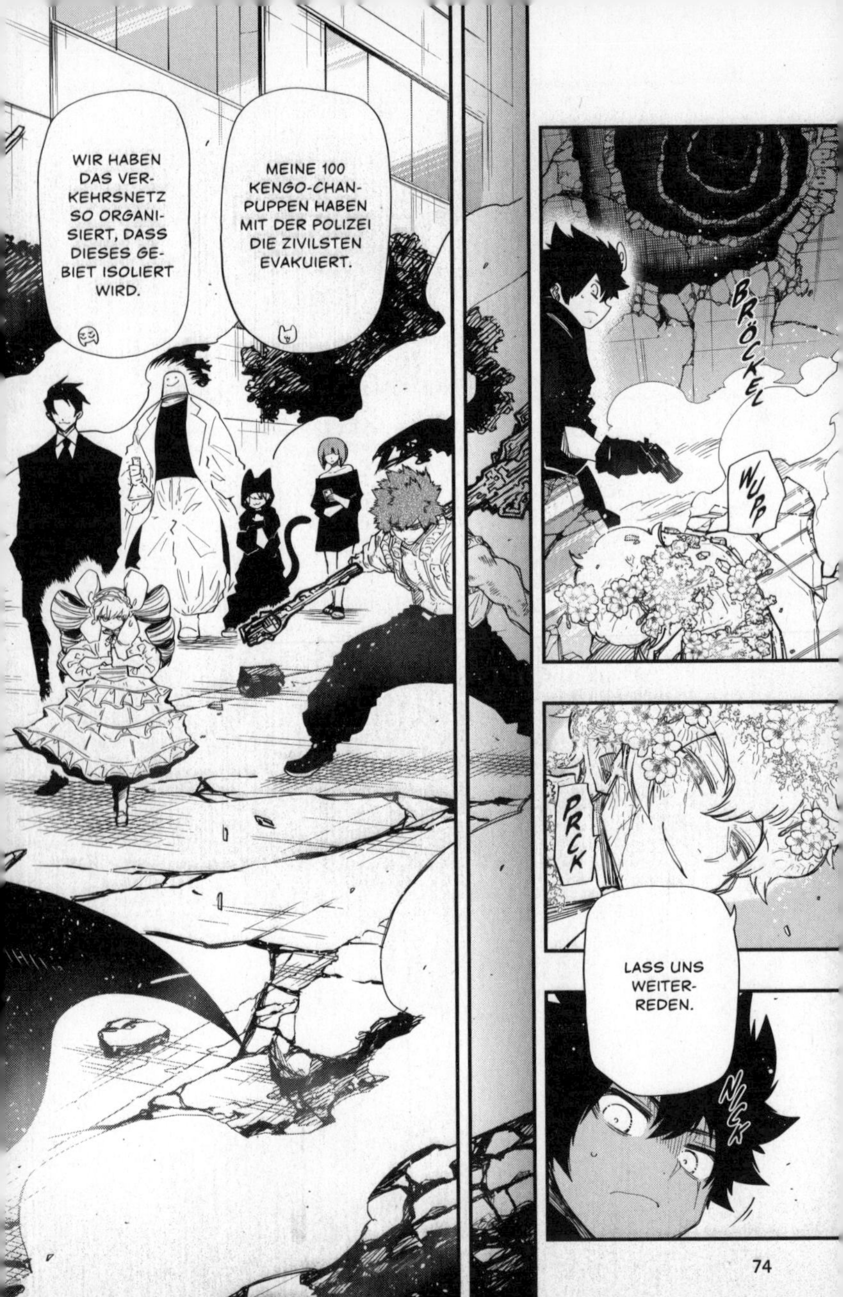
MEINE 100 KENGO-CHAN-PUPPEN HABEN MIT DER POLIZEI DIE ZIVILSTEN EVAKUIERT.
WIR HABEN DAS VERKEHRSNETZ SO ORGANISIERT, DASS DIESES GEBIET ISOLIERT WIRD.
BRÖCKEL
WUPP
PRCK
LASS UNS WEITERREDEN.
NICK

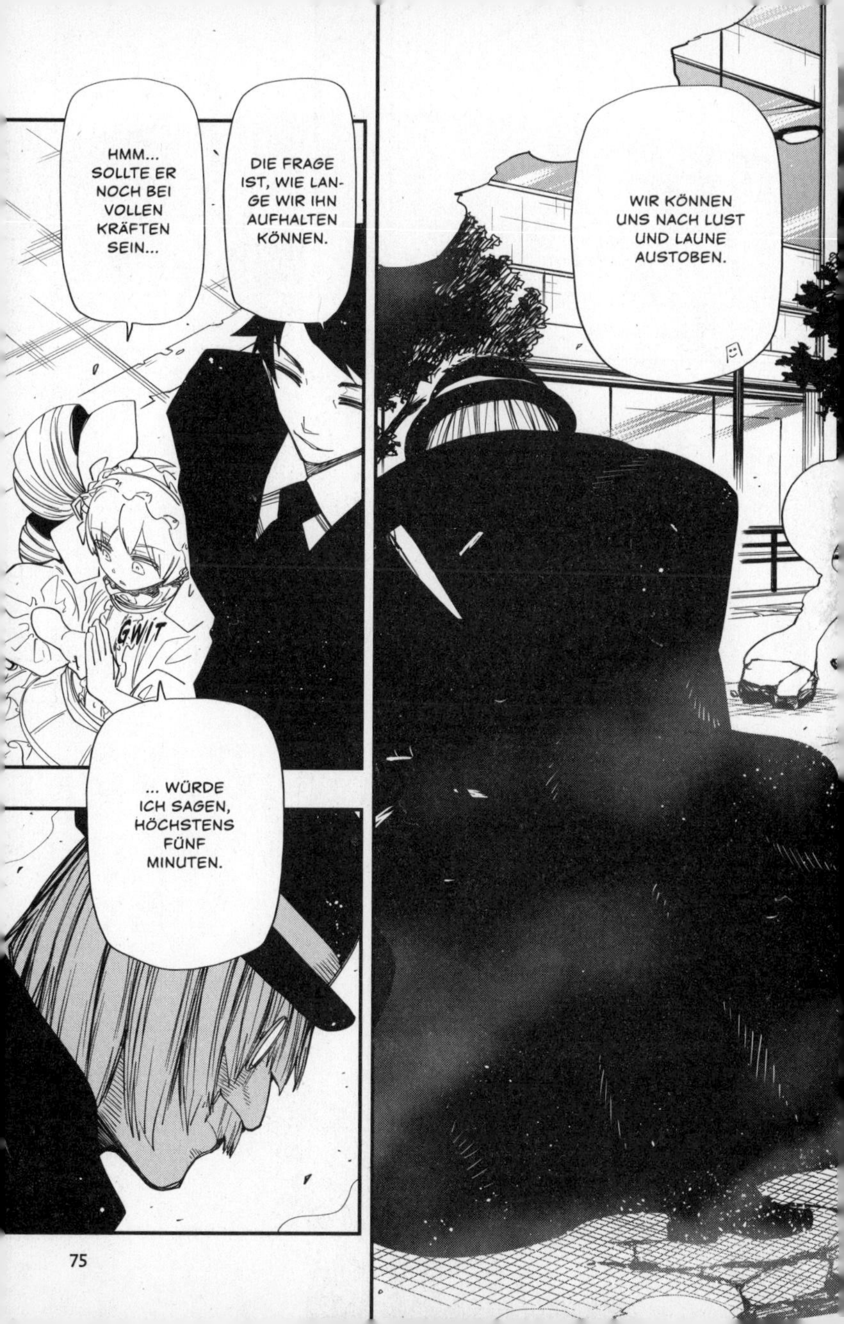
WIR KÖNNEN UNS NACH LUST UND LAUNE AUSTOBEN.
DIE FRAGE IST, WIE LANGE WIR IHN AUFHALTEN KÖNNEN.
HMM... SOLLTE ER NOCH BEI VOLLEN KRÄFTEN SEIN...
GWIT
... WÜRDE ICH SAGEN, HÖCHSTENS FÜNF MINUTEN.

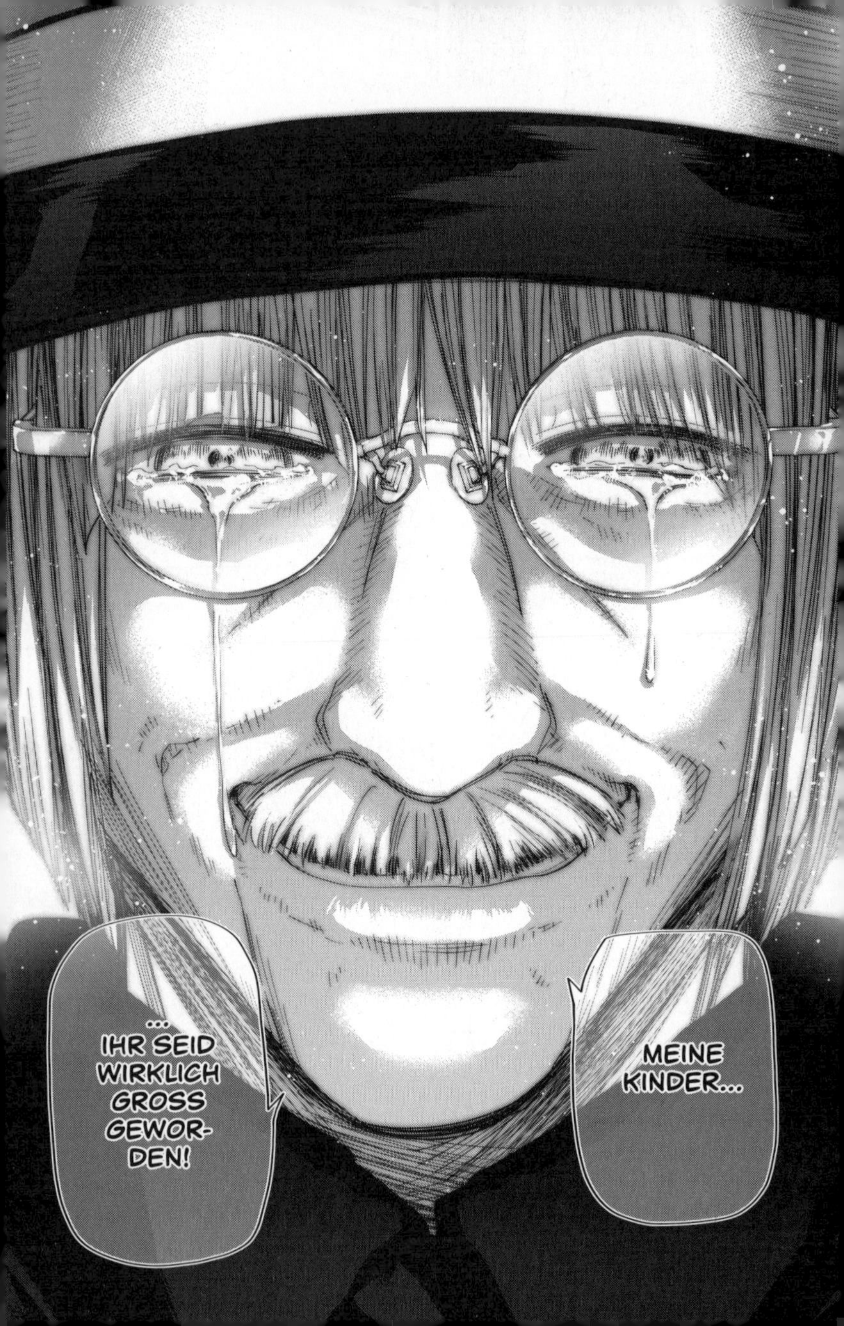
MEINE KINDER...
... IHR SEID WIRKLICH GROSS GEWOR-DEN!

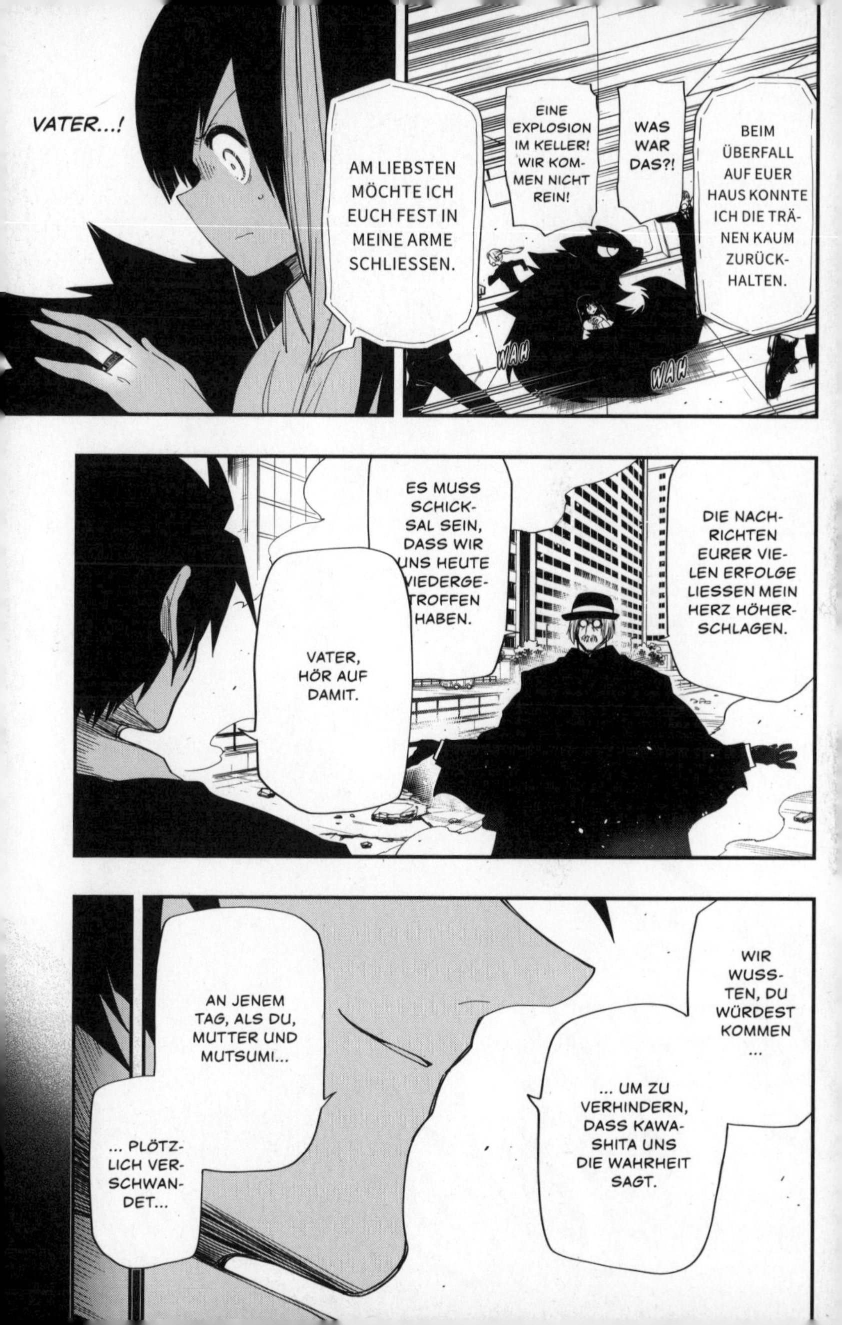
BEIM ÜBERFALL AUF EUER HAUS KONNTE ICH DIE TRÄNEN KAUM ZURÜCKHALTEN.
WAS WAR DAS?!
EINE EXPLOSION IM KELLER! WIR KOMMEN NICHT REIN!
WAH
WAH
AM LIEBSTEN MÖCHTE ICH EUCH FEST IN MEINE ARME SCHLIESSEN.
VATER...!
DIE NACHRICHTEN EURER VIELEN ERFOLGE LIESSEN MEIN HERZ HÖHERSCHLAGEN.
ES MUSS SCHICKSAL SEIN, DASS WIR UNS HEUTE WIEDERGETROFFEN HABEN.
VATER, HÖR AUF DAMIT.
WIR WUSSTEN, DU WÜRDEST KOMMEN ...
... UM ZU VERHINDERN, DASS KAWASHITA UNS DIE WAHRHEIT SAGT.
AN JENEM TAG, ALS DU, MUTTER UND MUTSUMI...
... PLÖTZLICH VERSCHWANDET...

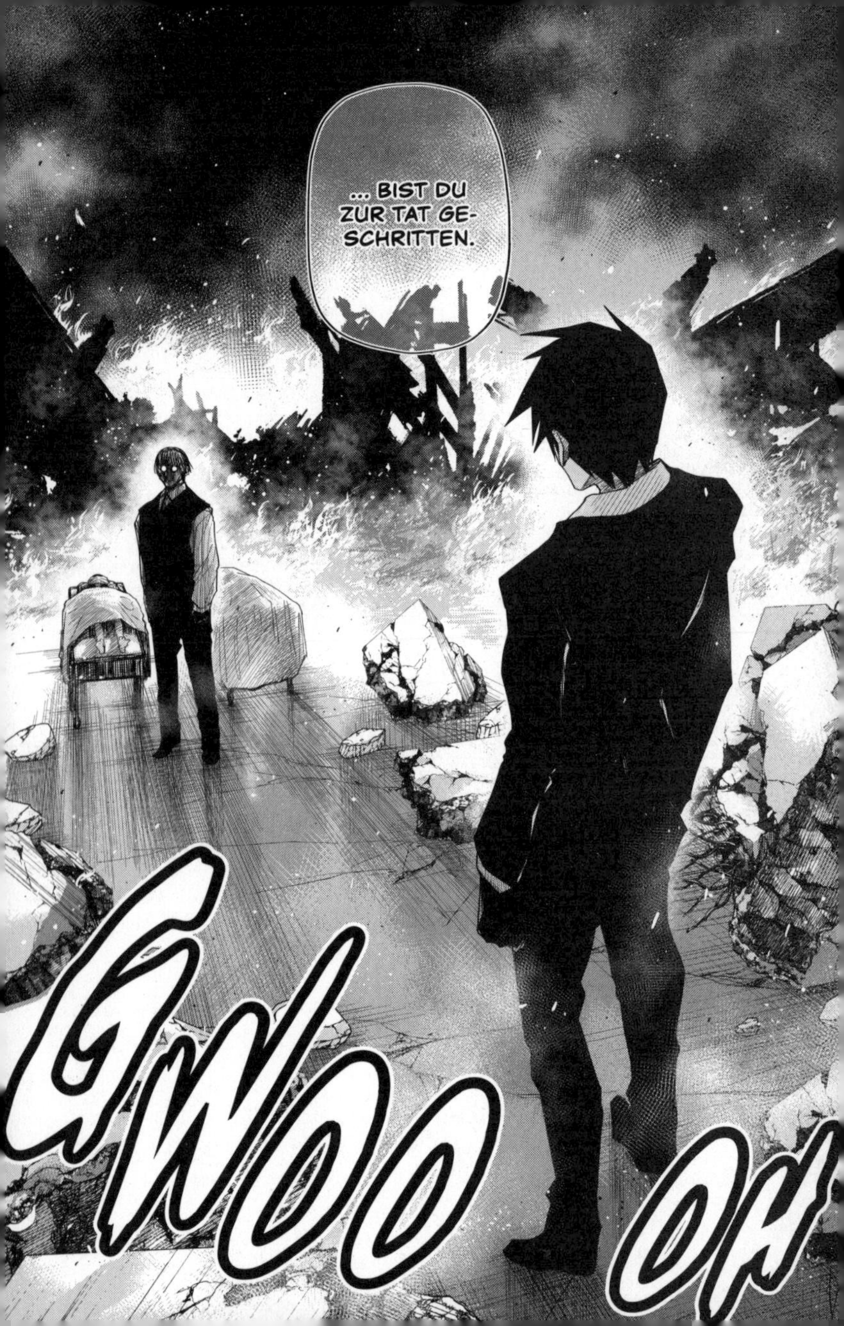
... BIST DU ZUR TAT GE- SCHRITTEN.

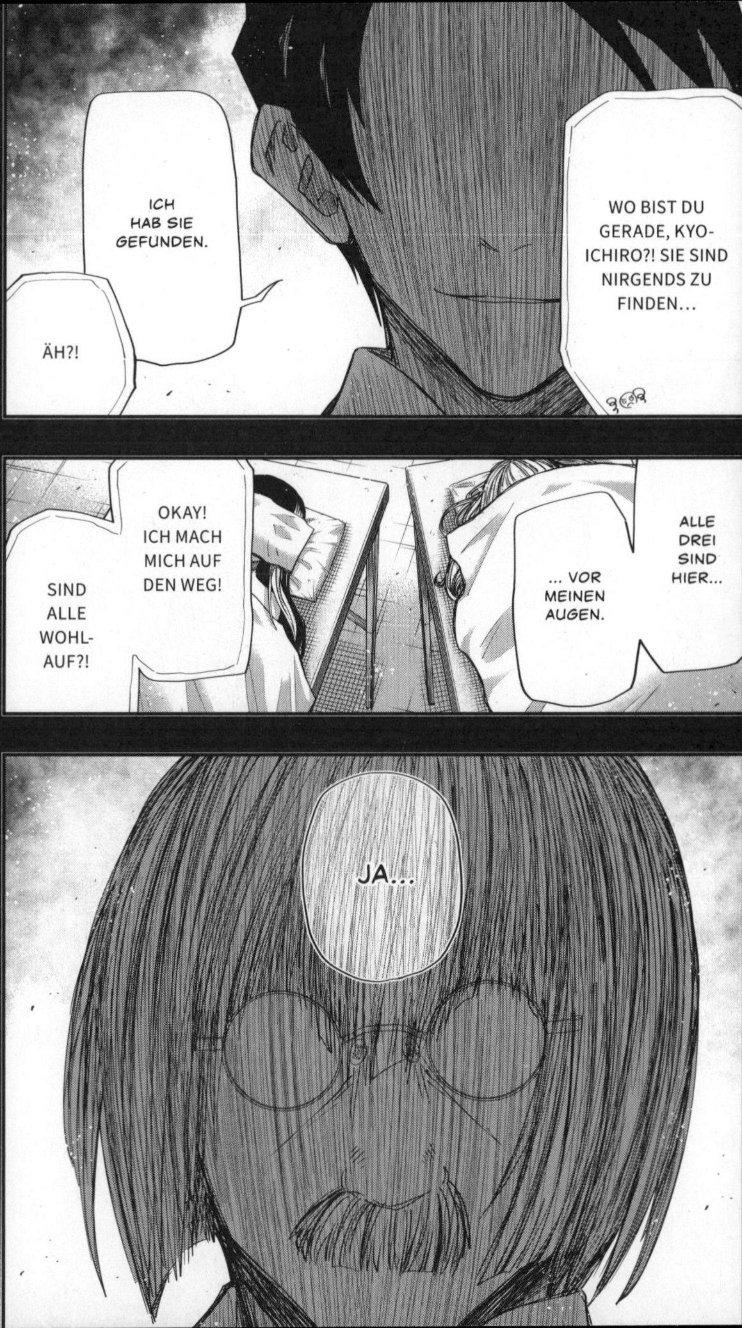
WO BIST DU GERADE, KYO-ICHIRO?! SIE SIND NIRGENDS ZU FINDEN…
ICH HAB SIE GEFUNDEN.
ÄH?!
ALLE DREI SIND HIER...
... VOR MEINEN AUGEN.
OKAY! ICH MACH MICH AUF DEN WEG!
SIND ALLE WOHL-AUF?!
JA...

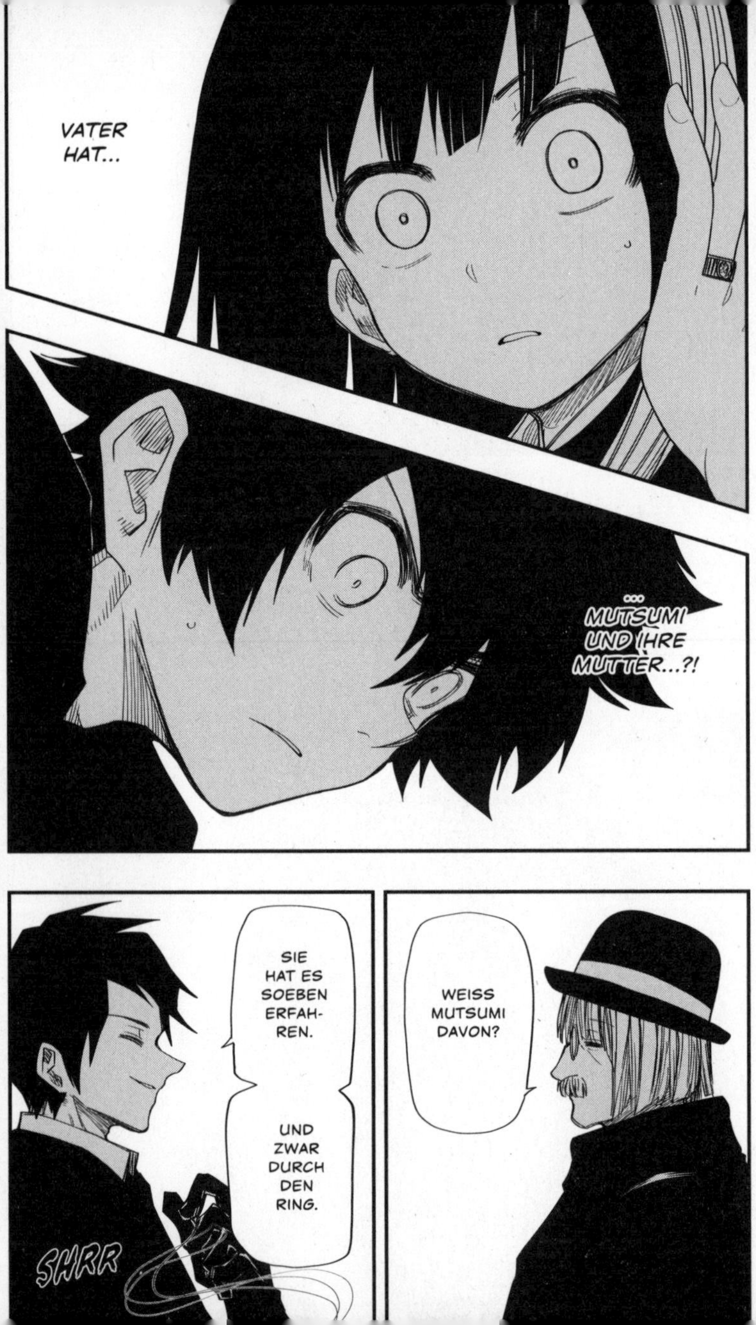
VATER HAT...
... MUTSUMI UND IHRE MUTTER...?!
WEISS MUTSUMI DAVON?
SIE HAT ES SOEBEN ERFAH-REN.
UND ZWAR DURCH DEN RING.
SHRR

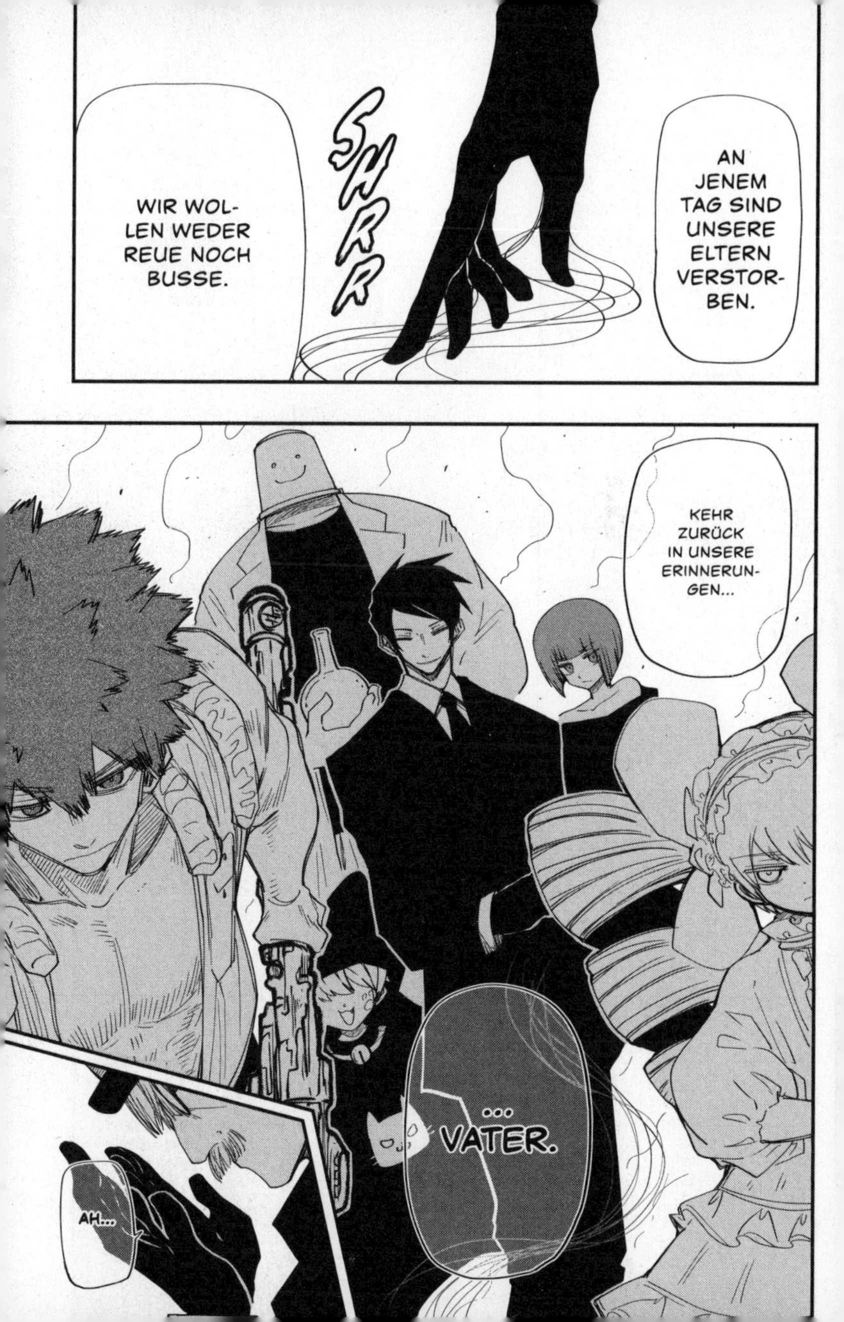
AN JENEM TAG SIND UNSERE ELTERN VERSTORBEN.
SHRR
WIR WOLLEN WEDER REUE NOCH BUSSE.
KEHR ZURÜCK IN UNSERE ERINNERUNGEN...
... VATER.
AH...

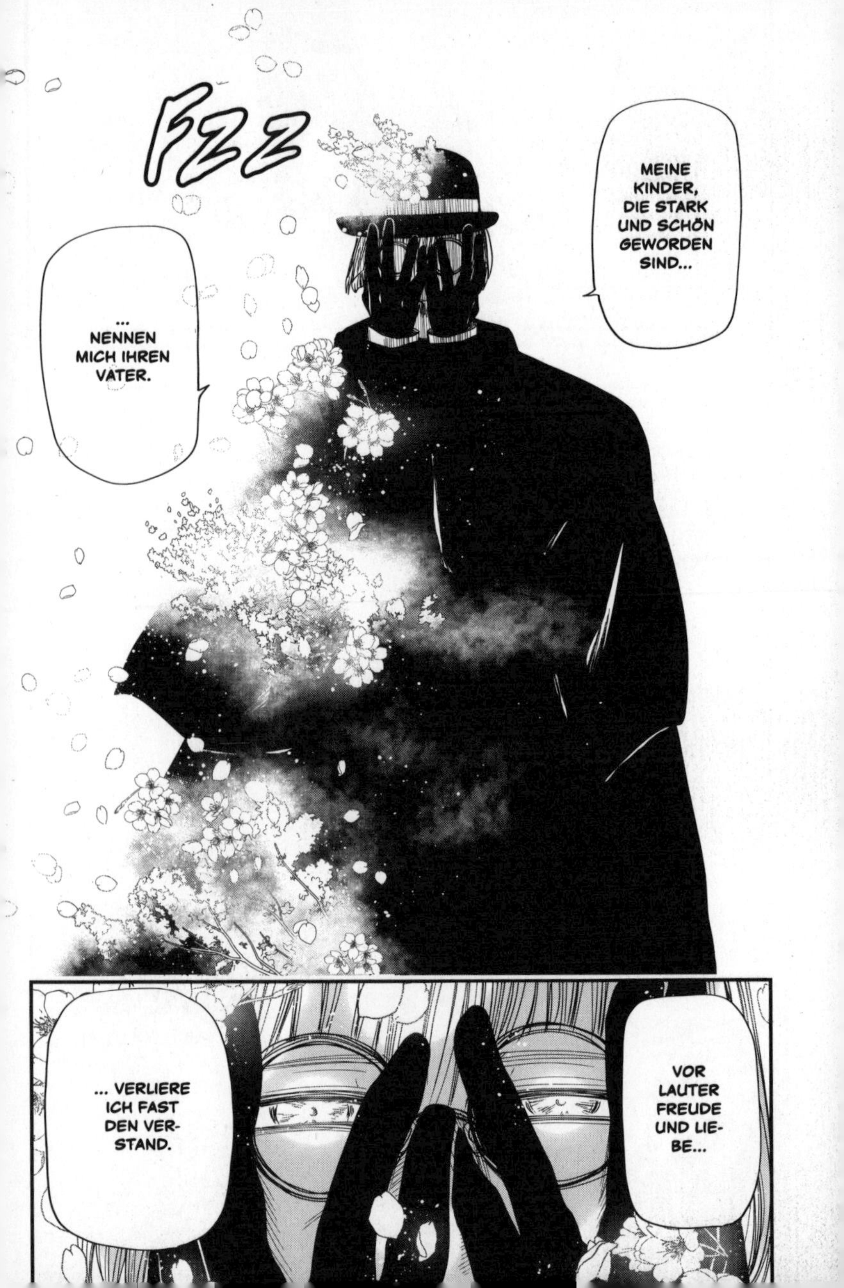
FZZ
MEINE KINDER, DIE STARK UND SCHÖN GEWORDEN SIND...
... NENNEN MICH IHREN VATER.
VOR LAUTER FREUDE UND LIE-BE...
... VERLIERE ICH FAST DEN VER-STAND.

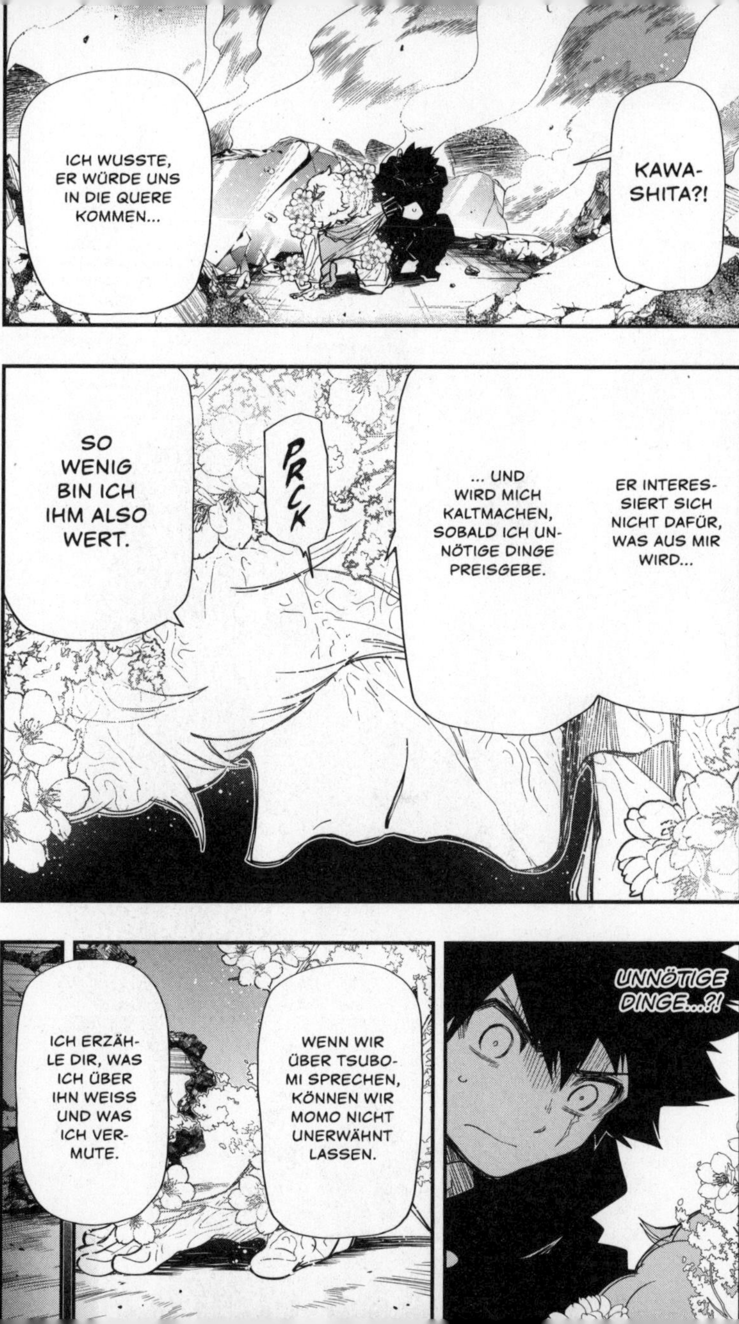
KAWA-SHITA?!
ICH WUSSTE, ER WÜRDE UNS IN DIE QUERE KOMMEN...
ER INTERES-SIERT SICH NICHT DAFÜR, WAS AUS MIR WIRD...
... UND WIRD MICH KALTMACHEN, SOBALD ICH UN-NÖTIGE DINGE PREISGEBE.
PRCK
SO WENIG BIN ICH IHM ALSO WERT.
UNNÖTIGE DINGE...?!
WENN WIR ÜBER TSUBO-MI SPRECHEN, KÖNNEN WIR MOMO NICHT UNERWÄHNT LASSEN.
ICH ERZÄH-LE DIR, WAS ICH ÜBER IHN WEISS UND WAS ICH VER-MUTE.

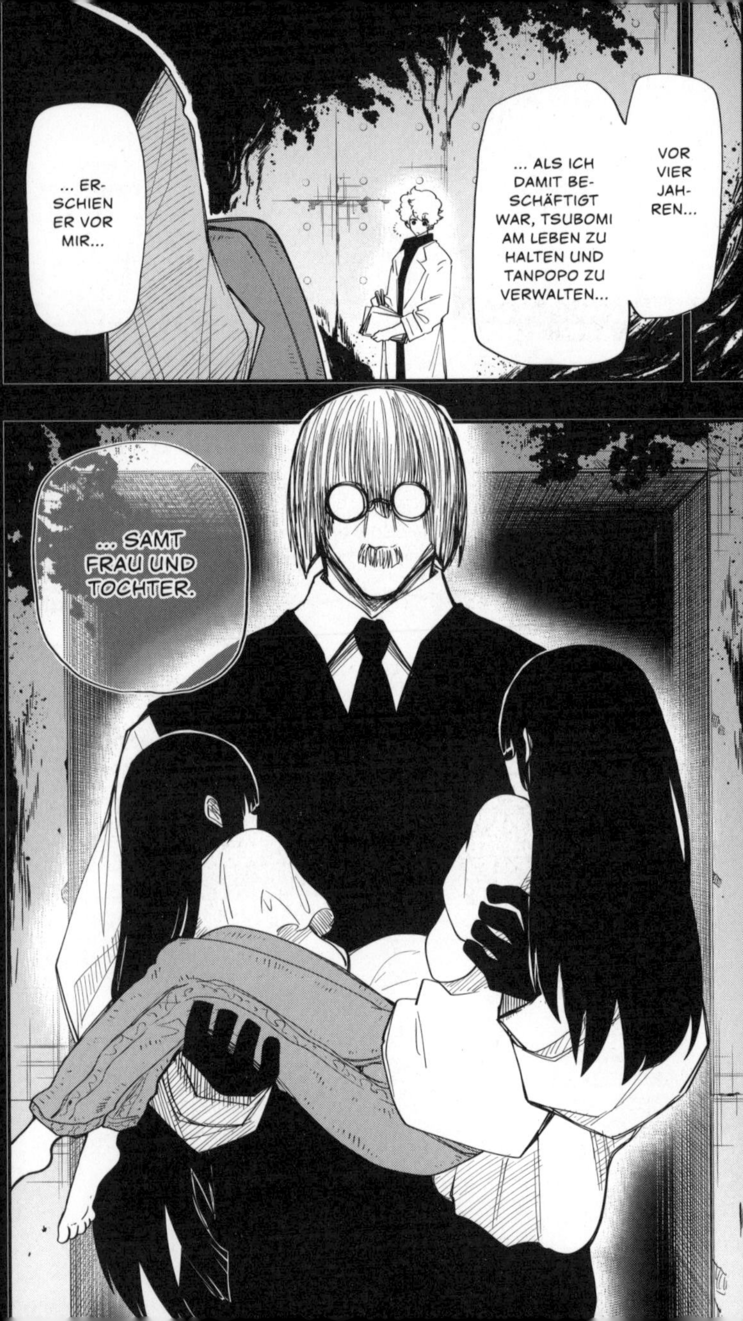
VOR VIER JAHREN...
... ALS ICH DAMIT BESCHÄFTIGT WAR, TSUBOMI AM LEBEN ZU HALTEN UND TANPOPO ZU VERWALTEN...
... ERSCHIEN ER VOR MIR...
... SAMT FRAU UND TOCHTER.

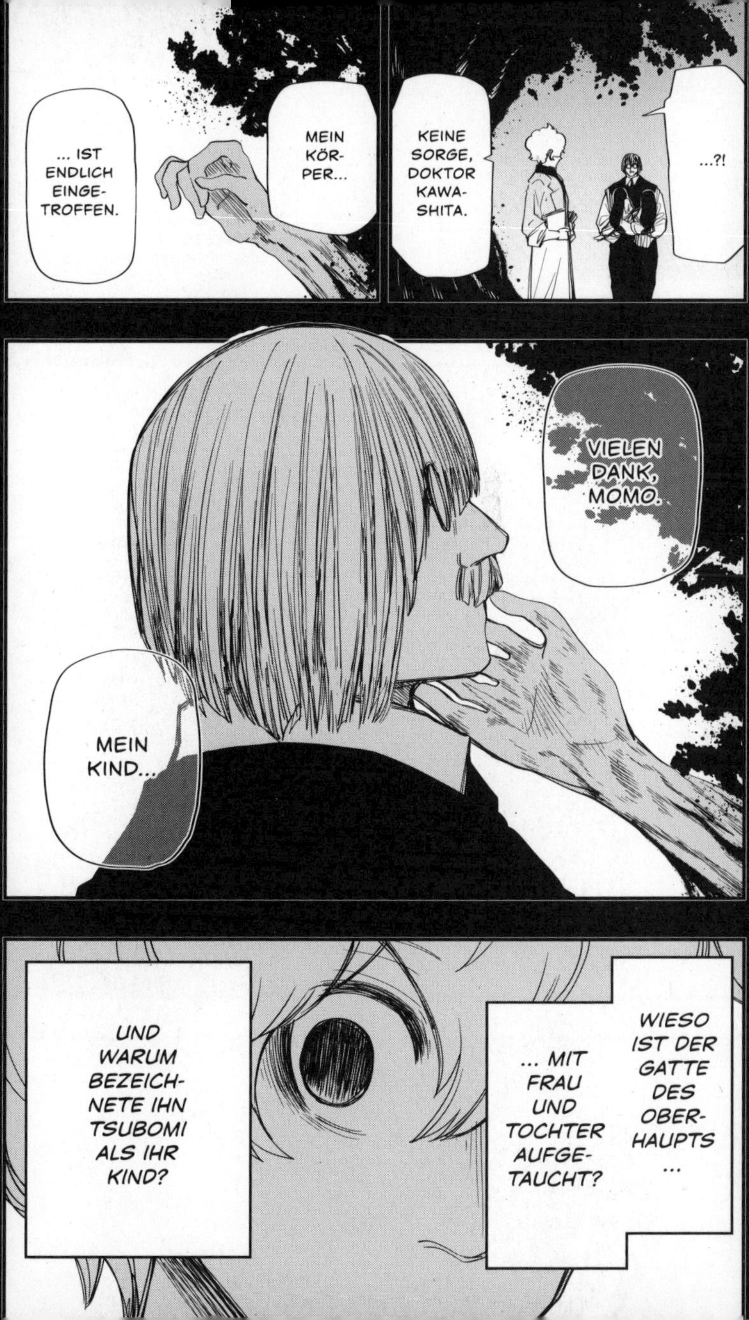
...?!
KEINE SORGE, DOKTOR KAWASHITA.
MEIN KÖRPER...
... IST ENDLICH EINGETROFFEN.
VIELEN DANK, MOMO.
MEIN KIND...
WIESO IST DER GATTE DES OBERHAUPTS ...
... MIT FRAU UND TOCHTER AUFGETAUCHT?
UND WARUM BEZEICHNETE IHN TSUBOMI ALS IHR KIND?

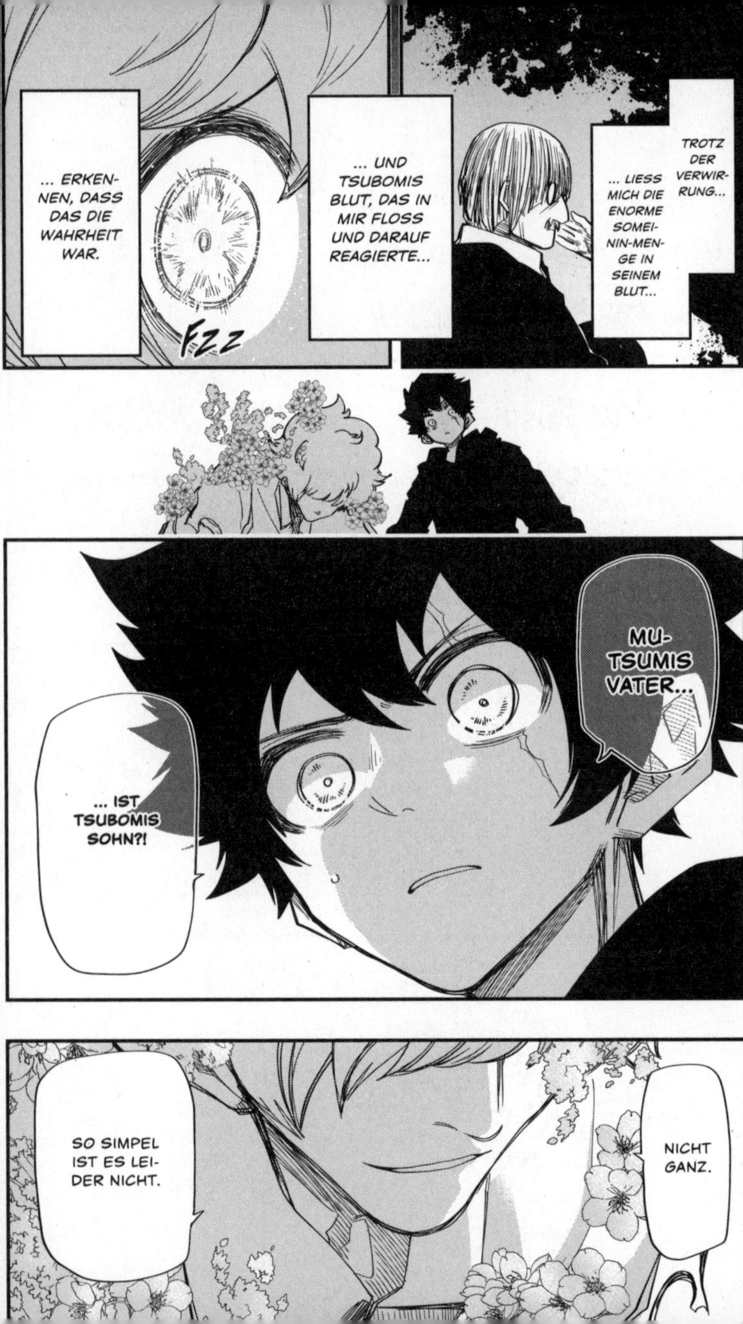
TROTZ DER VERWIRRUNG...
... LIESS MICH DIE ENORME SOMEININ-MENGE IN SEINEM BLUT...
... UND TSUBOMIS BLUT, DAS IN MIR FLOSS UND DARAUF REAGIERTE...
... ERKENNEN, DASS DAS DIE WAHRHEIT WAR.
FZZ
MUTSUMIS VATER...
... IST TSUBOMIS SOHN?!
NICHT GANZ.
SO SIMPEL IST ES LEIDER NICHT.

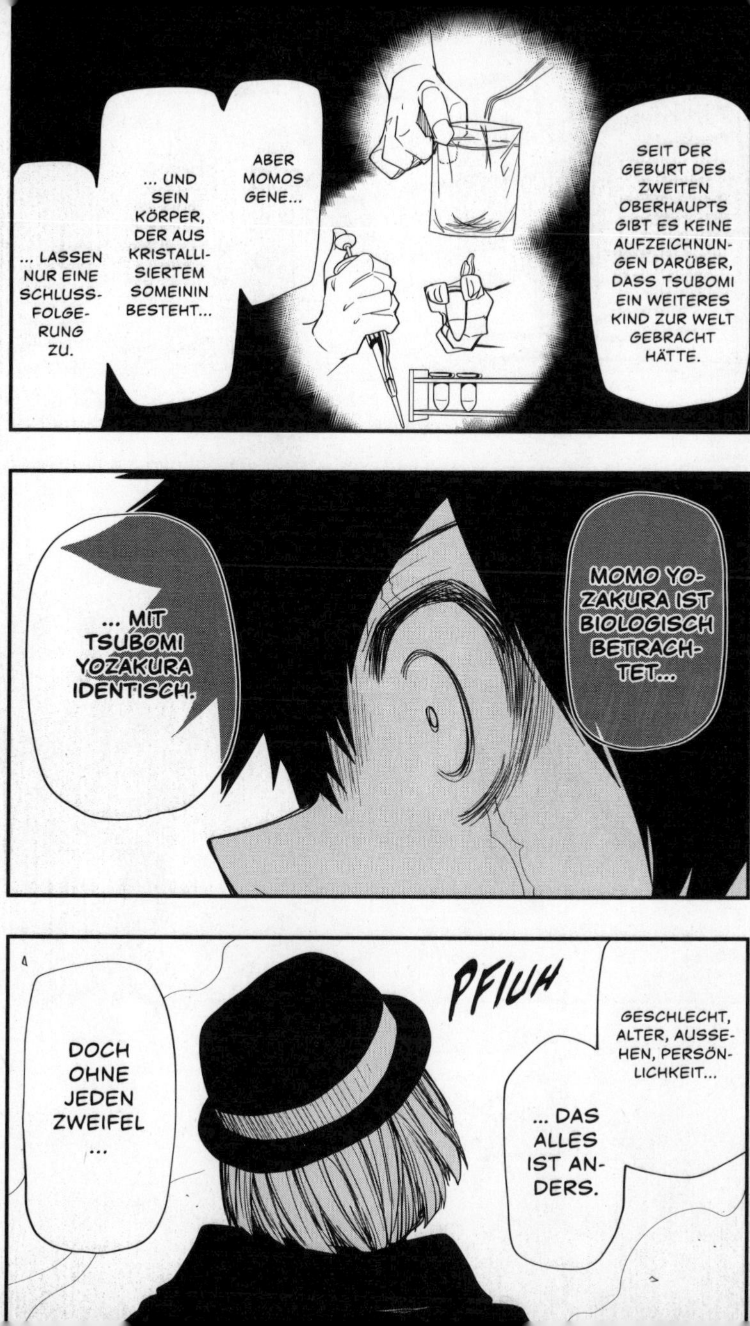
SEIT DER GEBURT DES ZWEITEN OBERHAUPTS GIBT ES KEINE AUFZEICHNUNGEN DARÜBER, DASS TSUBOMI EIN WEITERES KIND ZUR WELT GEBRACHT HÄTTE.
ABER MOMOS GENE...
... UND SEIN KÖRPER, DER AUS KRISTALLISIERTEM SOMEININ BESTEHT...
... LASSEN NUR EINE SCHLUSSFOLGERUNG ZU.
MOMO YOZAKURA IST BIOLOGISCH BETRACHTET...
... MIT TSUBOMI YOZAKURA IDENTISCH.
GESCHLECHT, ALTER, AUSSEHEN, PERSÖNLICHKEIT...
... DAS ALLES IST ANDERS.
PFIUH
DOCH OHNE JEDEN ZWEIFEL ...

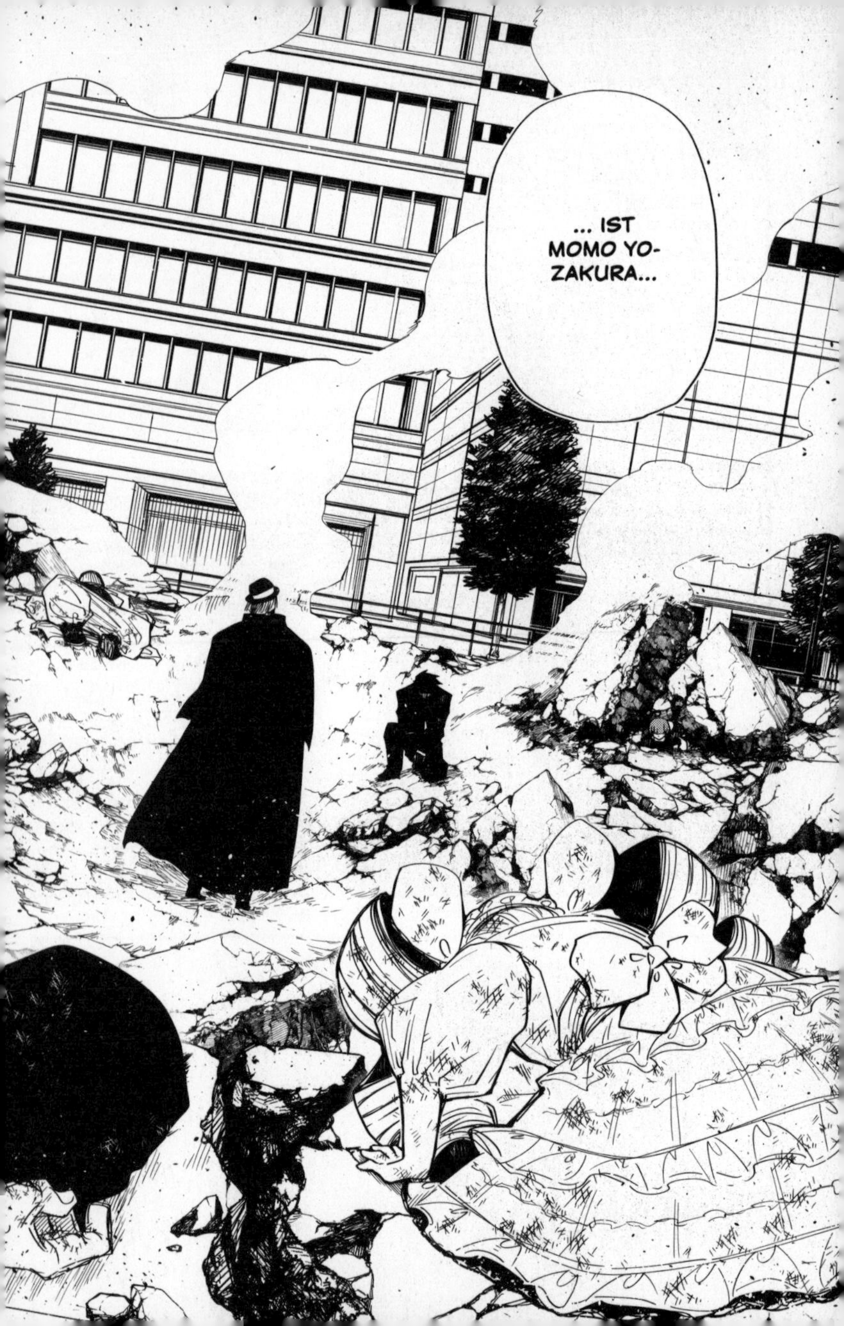
... IST
MOMO YO-
ZAKURA...

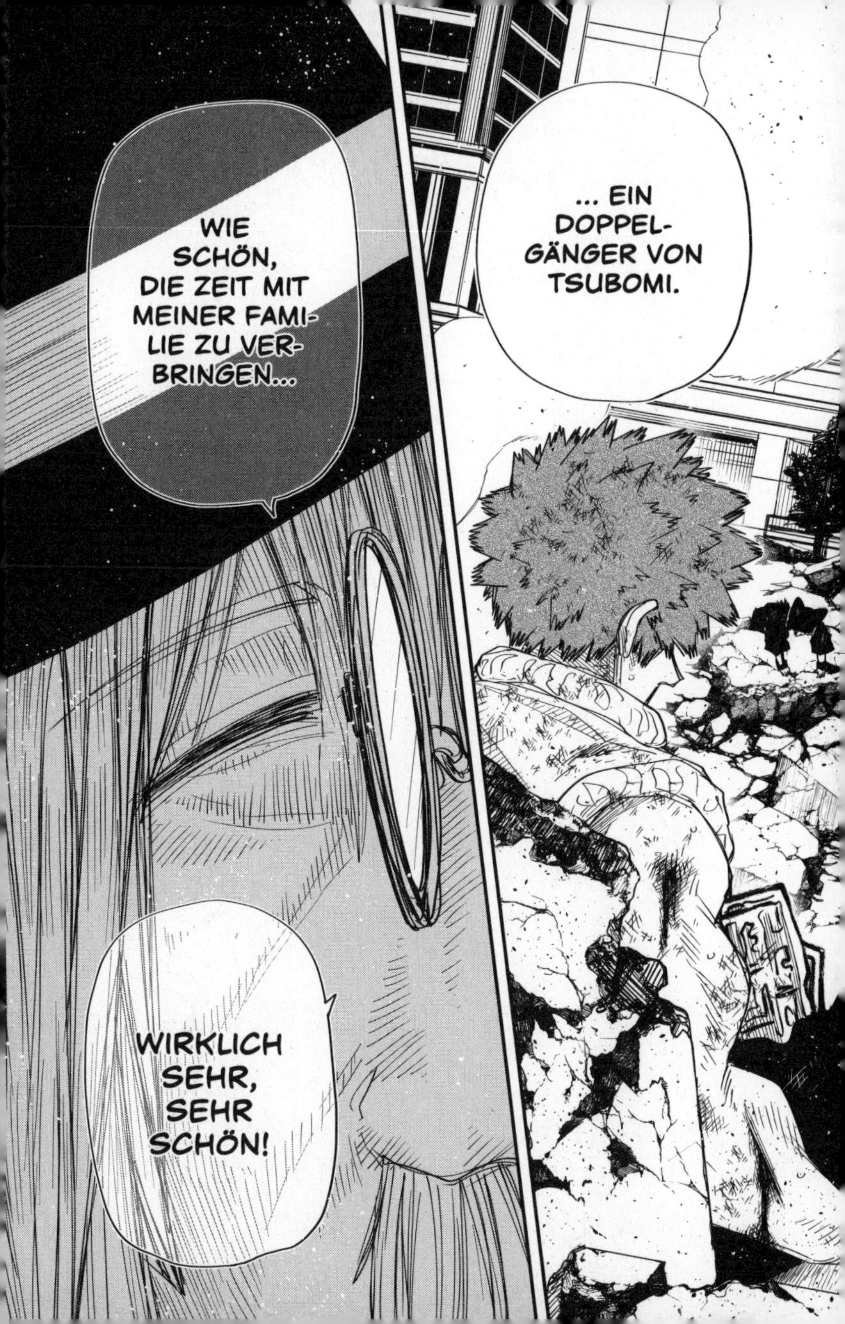
... EIN DOPPEL-GÄNGER VON TSUBOMI.
WIE SCHÖN, DIE ZEIT MIT MEINER FAMI-LIE ZU VER-BRINGEN...
WIRKLICH SEHR, SEHR SCHÖN!

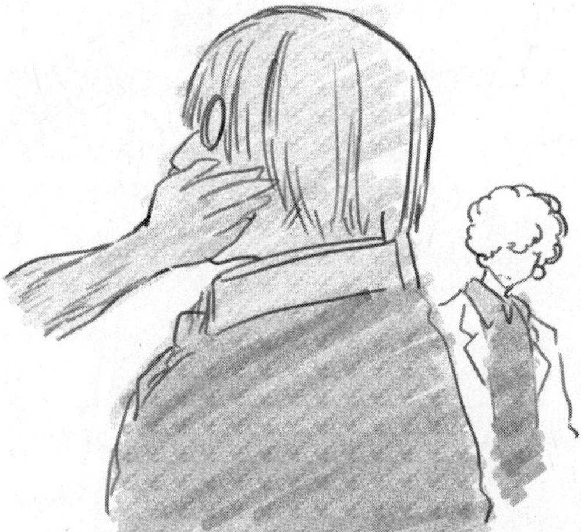

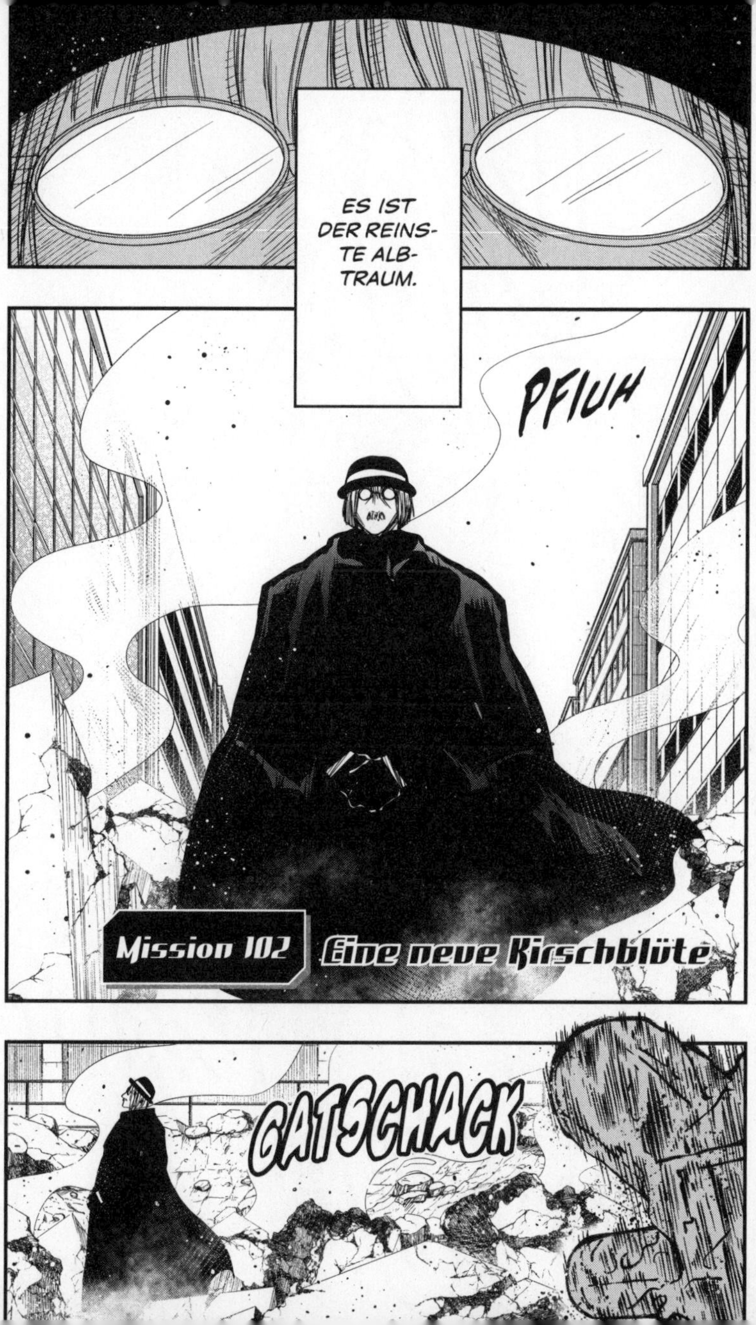
ES IST DER REINS- TE ALB- TRAUM.
PFIUH
Mission 102
Eine neue Kirschblüte
GATSCHACK

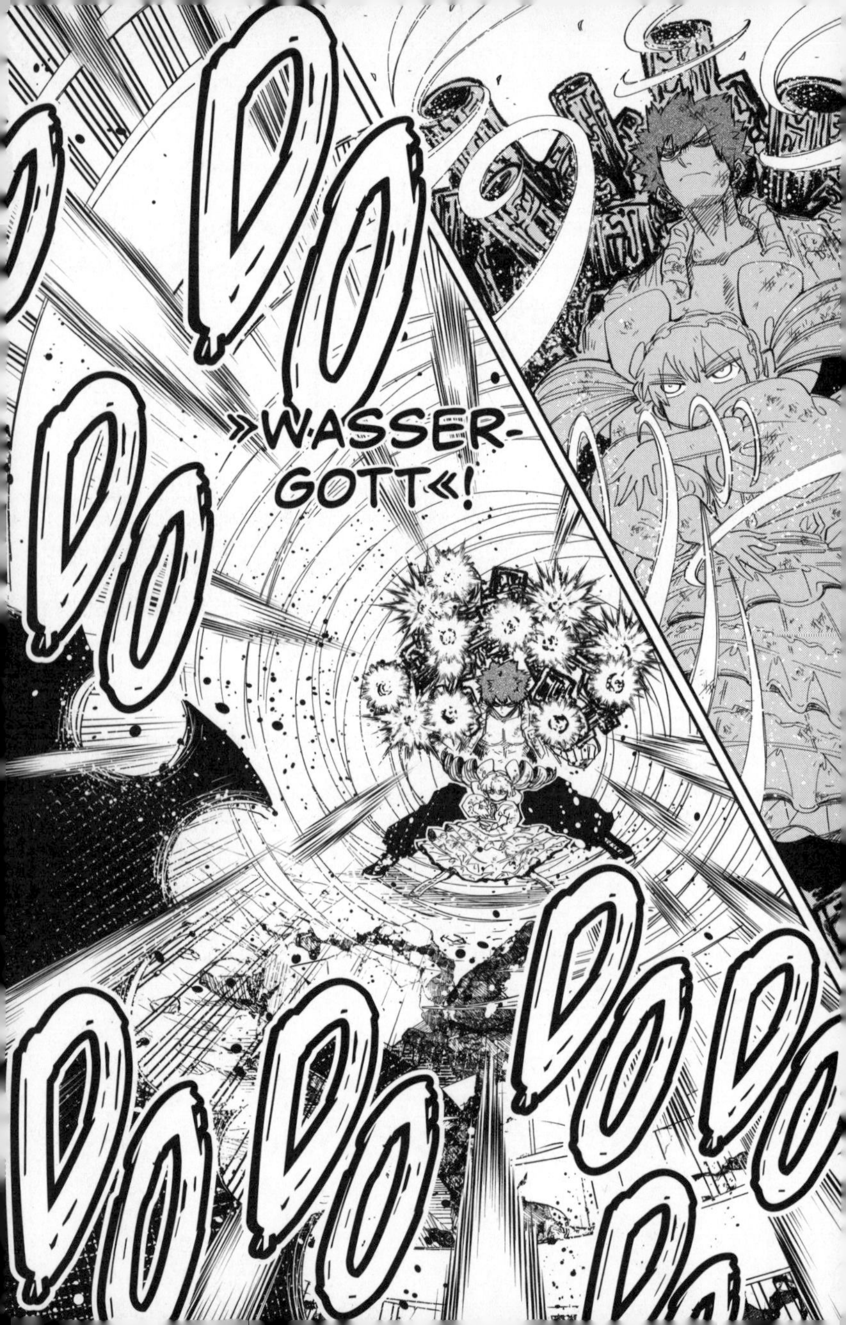
»WASSER-
GOTT«!

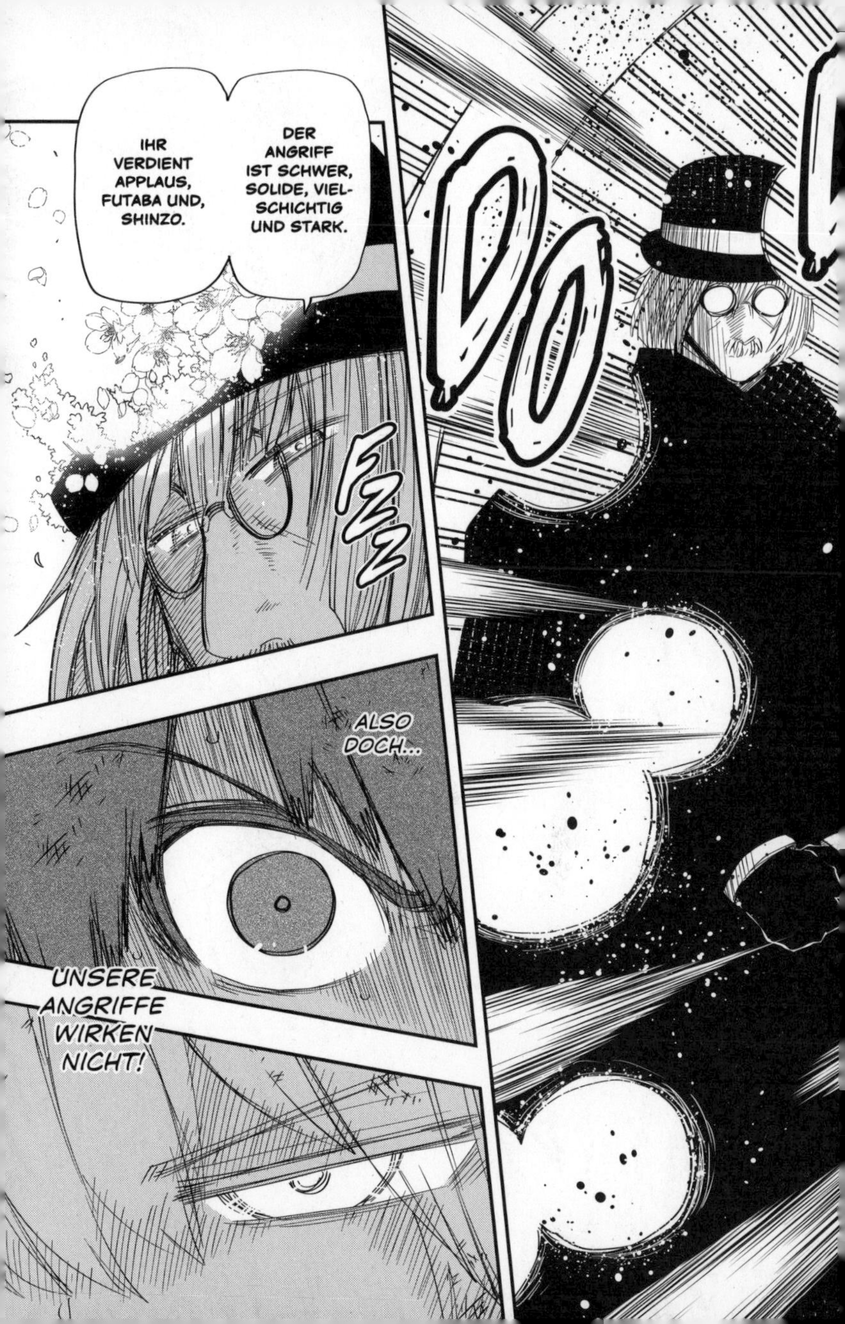
DOO
DER ANGRIFF IST SCHWER, SOLIDE, VIEL- SCHICHTIG UND STARK.
IHR VERDIENT APPLAUS, FUTABA UND, SHINZO.
FZZ
ALSO DOCH...
UNSERE ANGRIFFE WIRKEN NICHT!

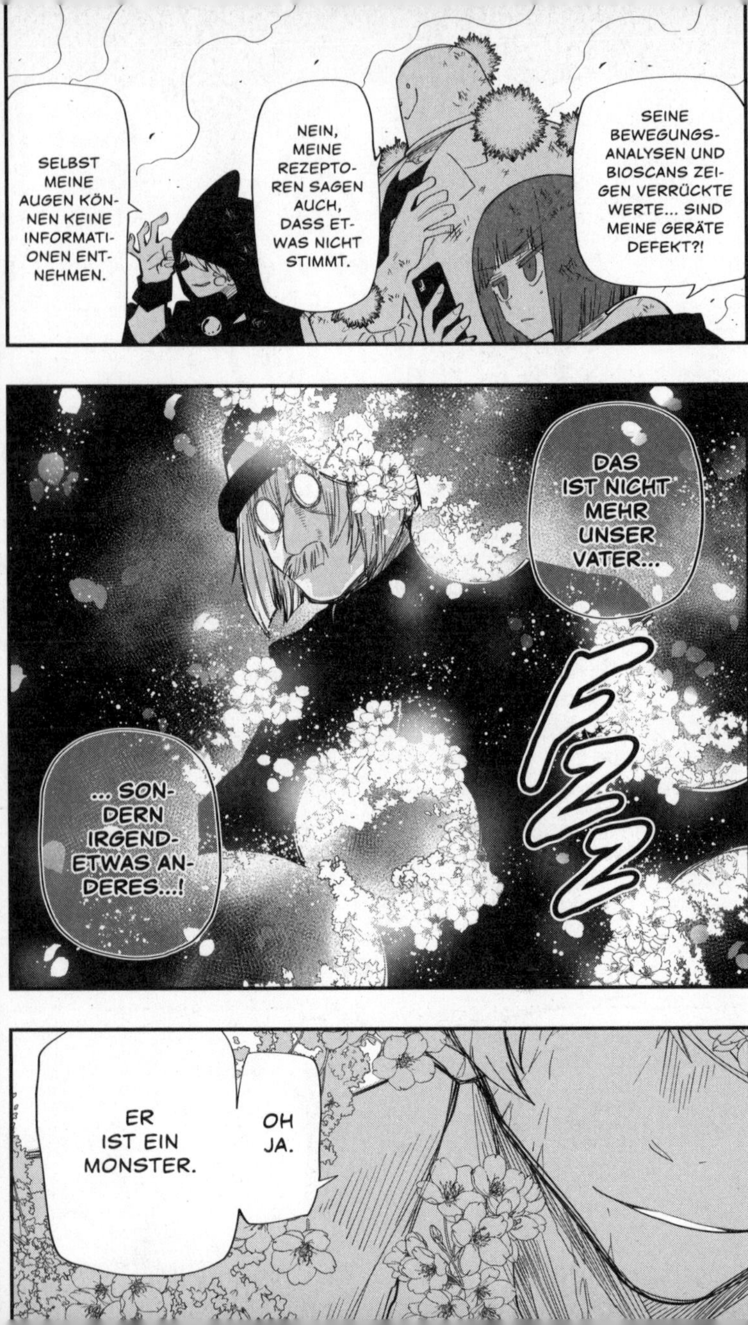
SEINE BEWEGUNGS-ANALYSEN UND BIOSCANS ZEIGEN VERRÜCKTE WERTE... SIND MEINE GERÄTE DEFEKT?!
NEIN, MEINE REZEPTOREN SAGEN AUCH, DASS ETWAS NICHT STIMMT.
SELBST MEINE AUGEN KÖNNEN KEINE INFORMATIONEN ENTNEHMEN.
DAS IST NICHT MEHR UNSER VATER...
FZZ
... SONDERN IRGENDETWAS ANDERES...!
OH JA.
ER IST EIN MONSTER.

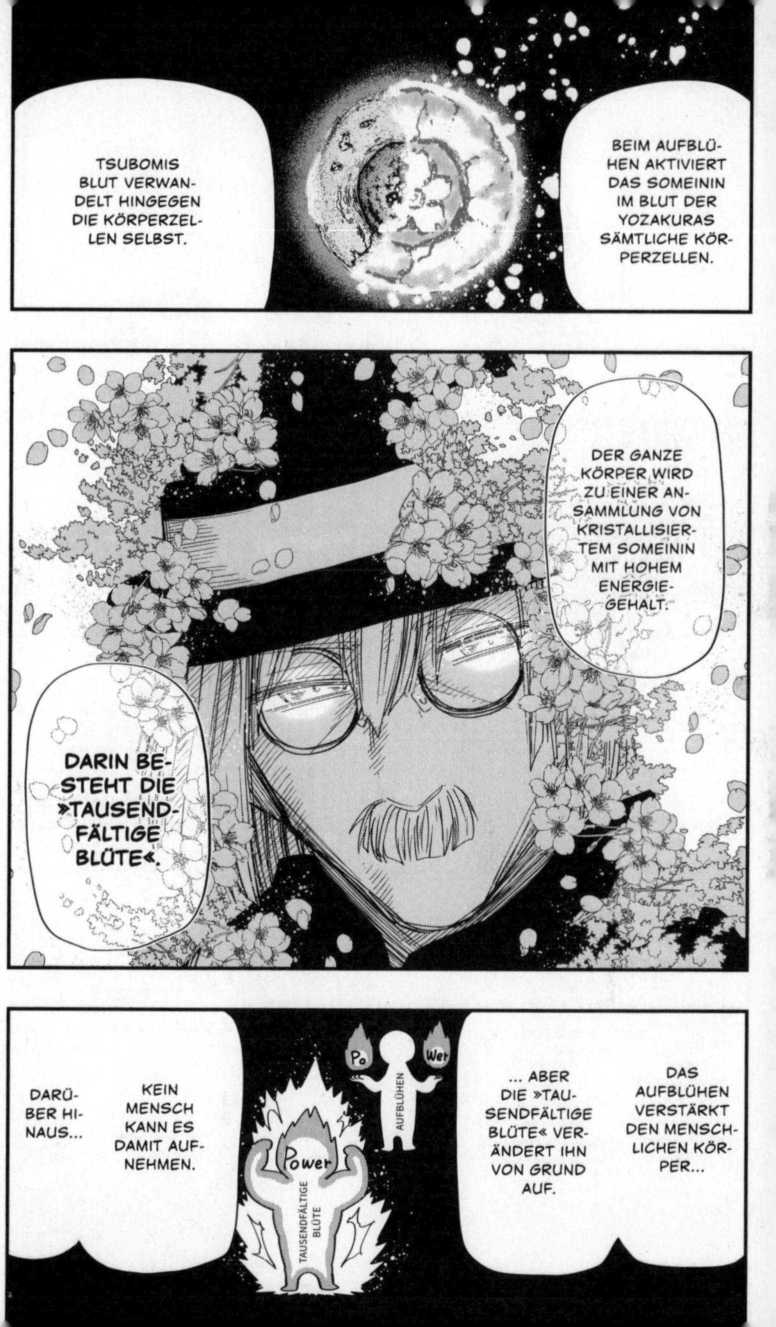
BEIM AUFBLÜHEN AKTIVIERT DAS SOMEININ IM BLUT DER YOZAKURAS SÄMTLICHE KÖRPERZELLEN.
TSUBOMIS BLUT VERWANDELT HINGEGEN DIE KÖRPERZELLEN SELBST.
DER GANZE KÖRPER WIRD ZU EINER ANSAMMLUNG VON KRISTALLISIERTEM SOMEININ MIT HOHEM ENERGIEGEHALT.
DARIN BESTEHT DIE »TAUSENDFÄLTIGE BLÜTE«.
DAS AUFBLÜHEN VERSTÄRKT DEN MENSCHLICHEN KÖRPER...
... ABER DIE »TAUSENDFÄLTIGE BLÜTE« VERÄNDERT IHN VON GRUND AUF.
Po
Wer
AUFBLÜHEN
Power
TAUSENDFÄLTIGE BLÜTE
KEIN MENSCH KANN ES DAMIT AUFNEHMEN.
DARÜBER HINAUS...

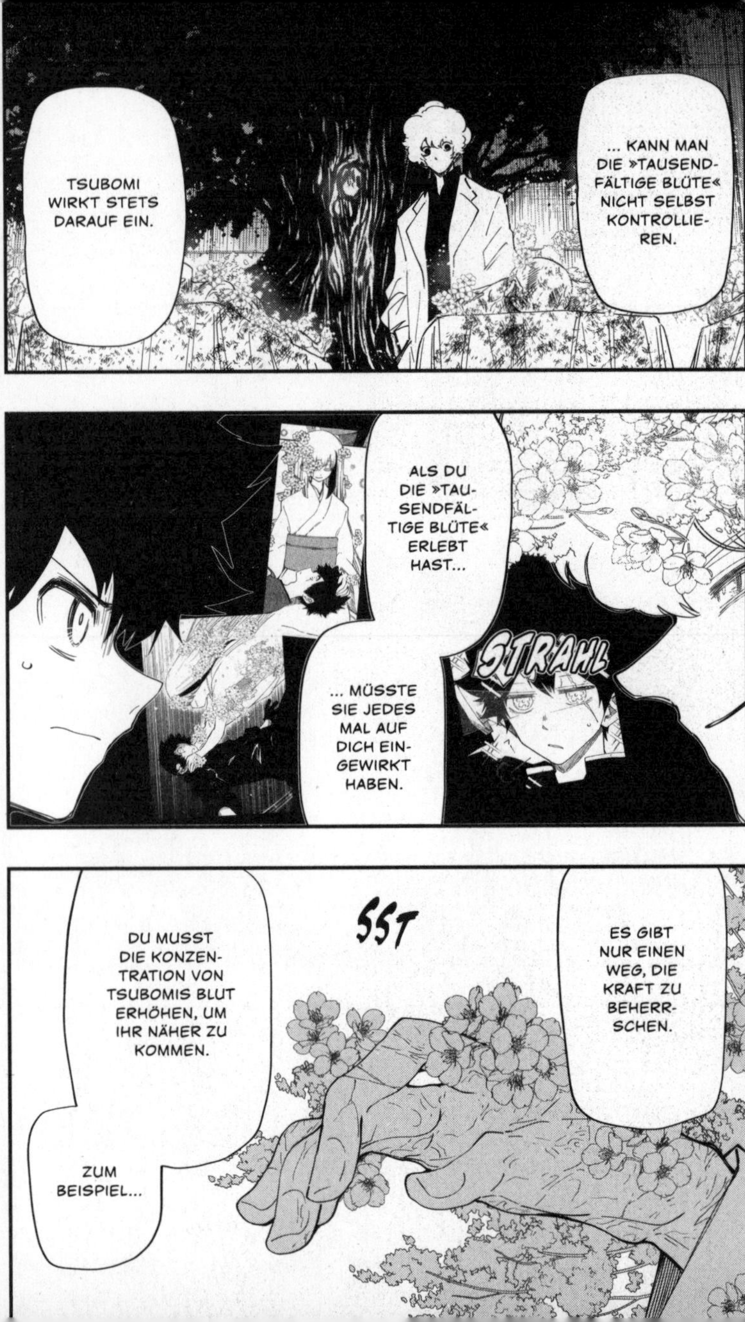
... KANN MAN DIE »TAUSENDFÄLTIGE BLÜTE« NICHT SELBST KONTROLLIEREN.
TSUBOMI WIRKT STETS DARAUF EIN.
ALS DU DIE »TAUSENDFÄLTIGE BLÜTE« ERLEBT HAST...
STRAHL
... MÜSSTE SIE JEDES MAL AUF DICH EINGEWIRKT HABEN.
ES GIBT NUR EINEN WEG, DIE KRAFT ZU BEHERRSCHEN.
SST
DU MUSST DIE KONZENTRATION VON TSUBOMIS BLUT ERHÖHEN, UM IHR NÄHER ZU KOMMEN.
ZUM BEISPIEL...

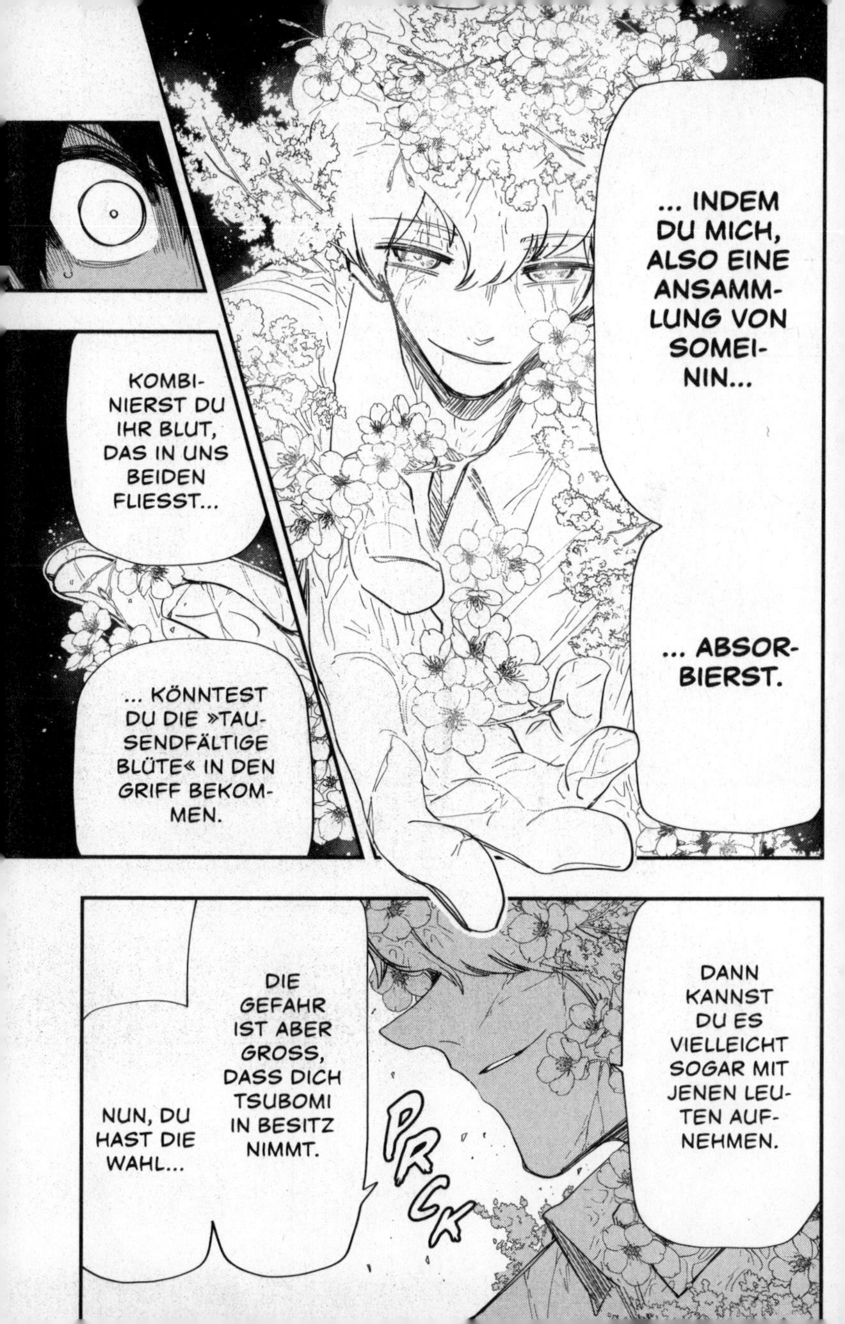

... INDEM DU MICH, ALSO EINE ANSAMMLUNG VON SOMEININ...
... ABSORBIERST.
KOMBINIERST DU IHR BLUT, DAS IN UNS BEIDEN FLIESST...
... KÖNNTEST DU DIE »TAUSENDFÄLTIGE BLÜTE« IN DEN GRIFF BEKOMMEN.
DANN KANNST DU ES VIELLEICHT SOGAR MIT JENEN LEUTEN AUFNEHMEN.
PRCK
DIE GEFAHR IST ABER GROSS, DASS DICH TSUBOMI IN BESITZ NIMMT.
NUN, DU HAST DIE WAHL...

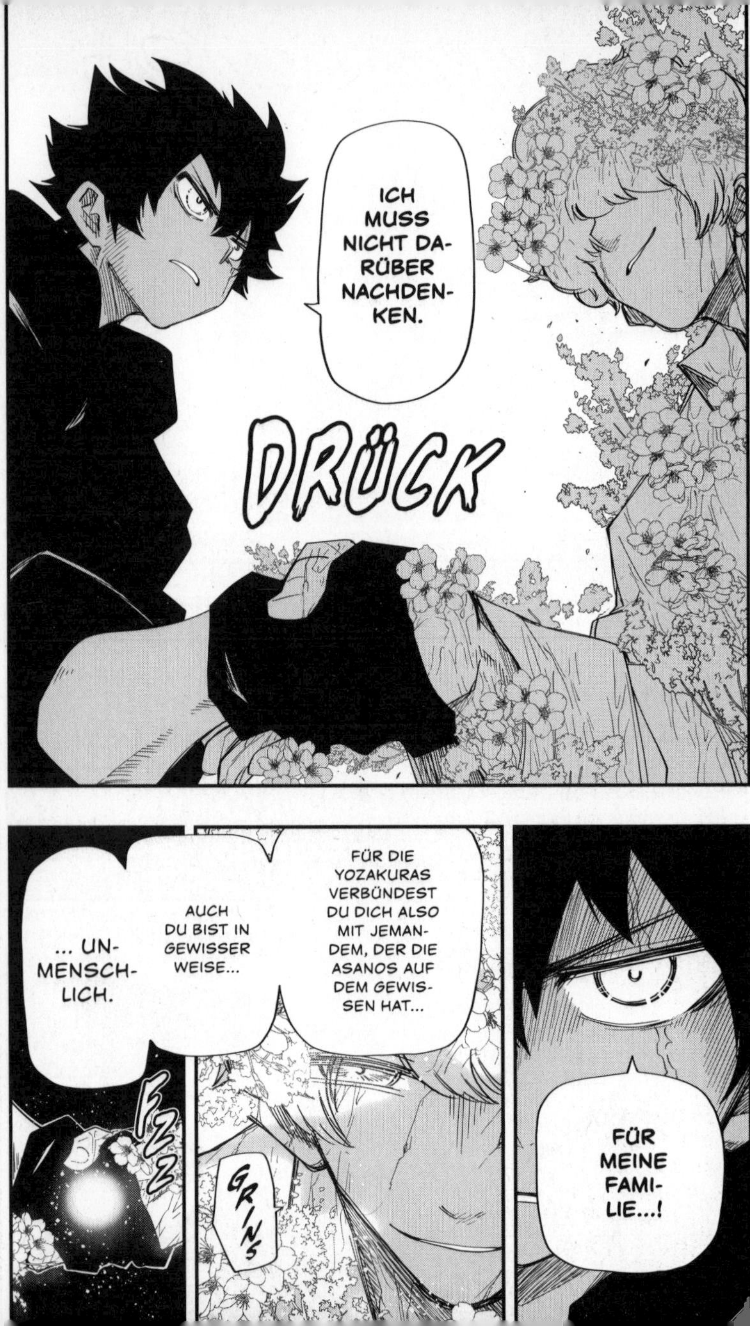
ICH MUSS NICHT DARÜBER NACHDENKEN.
DRÜCK
FÜR MEINE FAMILIE...!
FÜR DIE YOZAKURAS VERBÜNDEST DU DICH ALSO MIT JEMANDEM, DER DIE ASANOS AUF DEM GEWISSEN HAT...
AUCH DU BIST IN GEWISSER WEISE...
GRINS
... UNMENSCHLICH.
FZZ

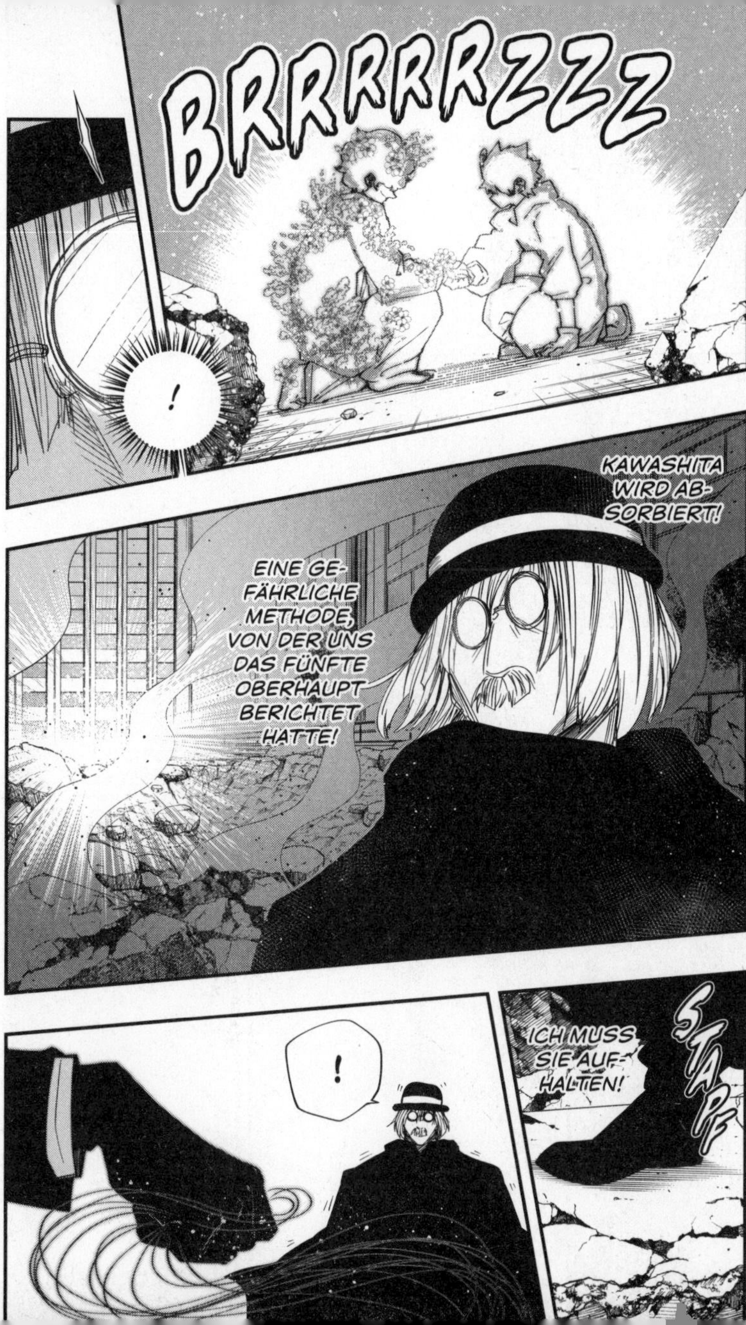
BRRRRRZZZZ
!
KAWASHITA WIRD ABSORBIERT!
EINE GEFÄHRLICHE METHODE, VON DER UNS DAS FÜNFTE OBERHAUPT BERICHTET HATTE!
STAPF
ICH MUSS SIE AUFHALTEN!
!

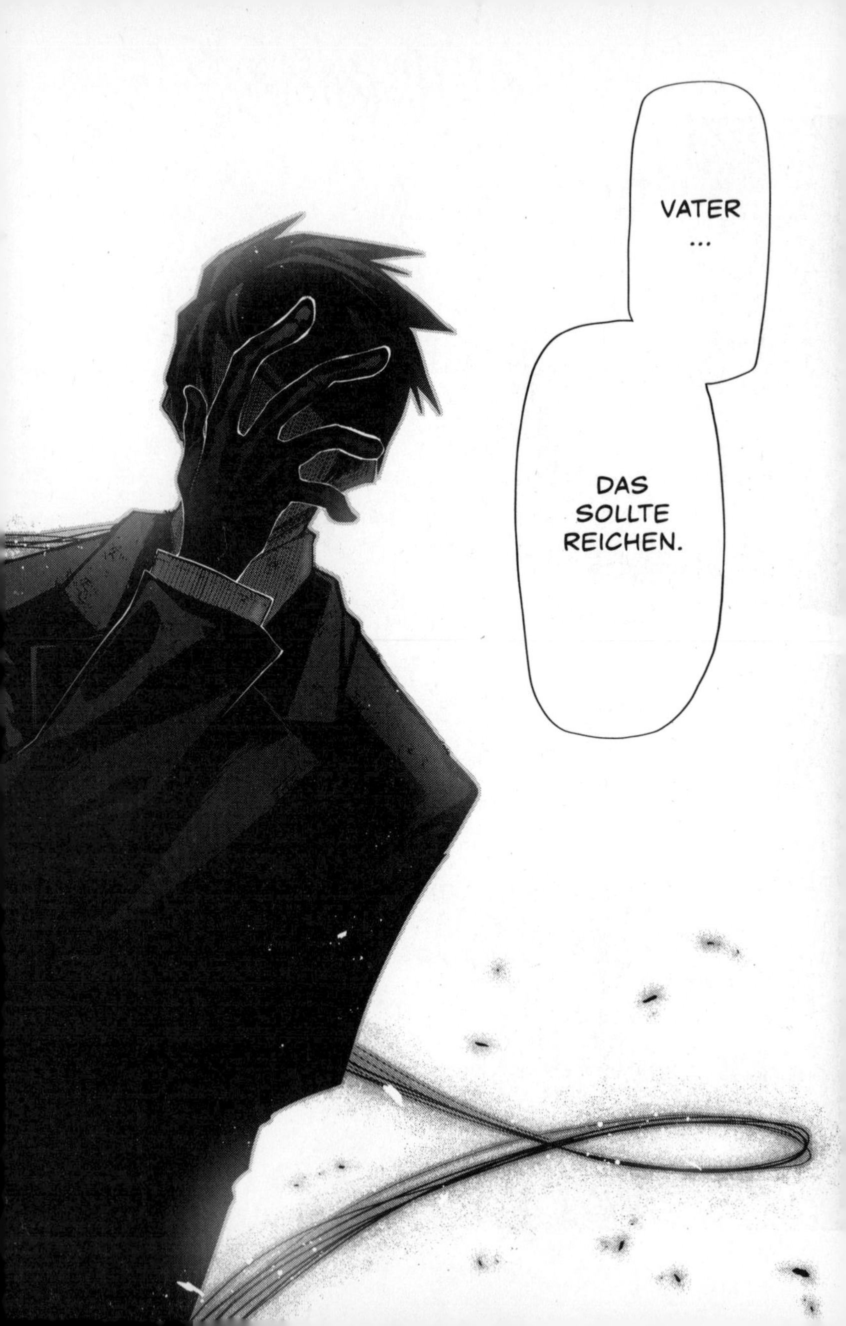
VATER ...
DAS SOLLTE REICHEN.

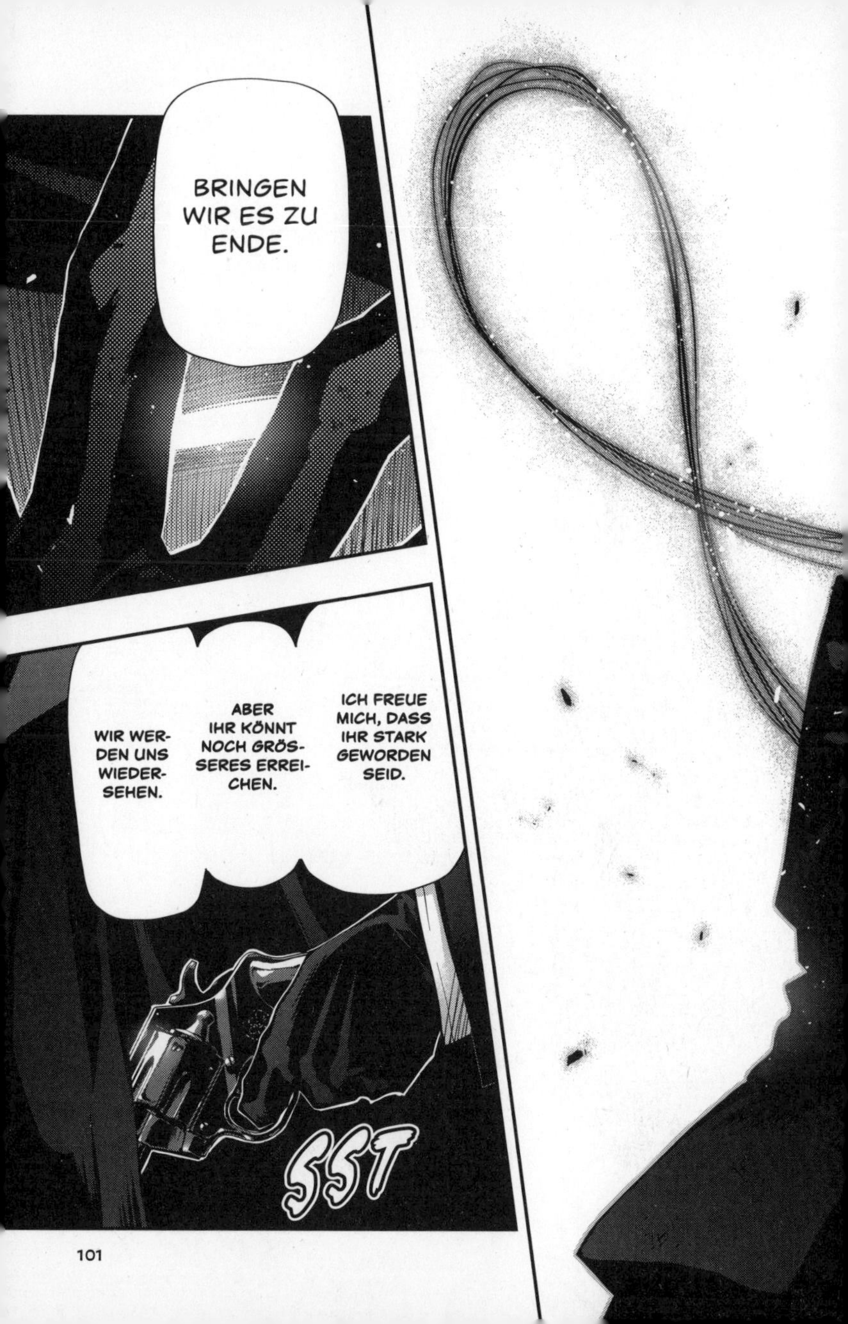
BRINGEN WIR ES ZU ENDE.
ICH FREUE MICH, DASS IHR STARK GEWORDEN SEID.
ABER IHR KÖNNT NOCH GRÖSSERES ERREICHEN.
WIR WERDEN UNS WIEDERSEHEN.
SST

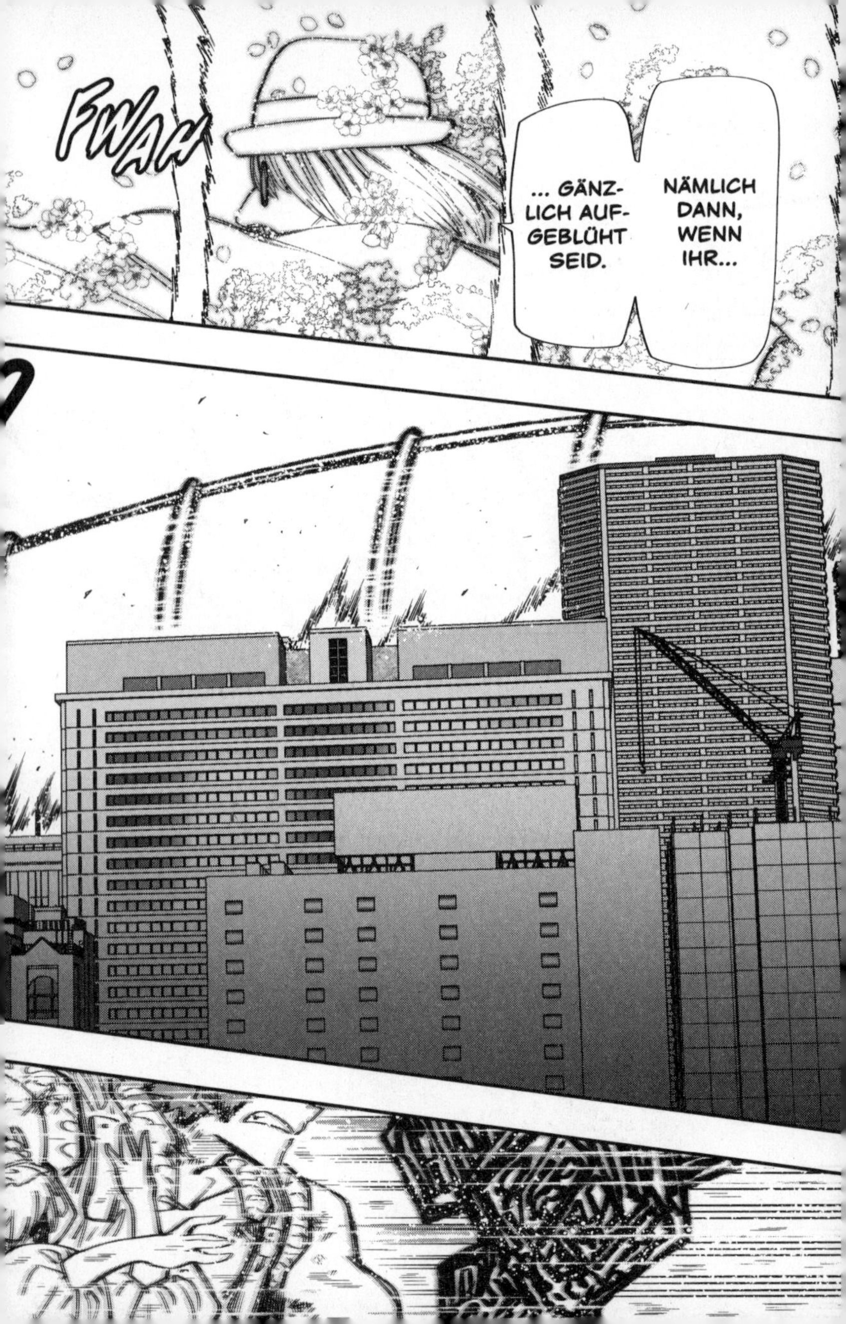
FWAH
NÄMLICH DANN, WENN IHR...
... GÄNZLICH AUFGEBLÜHT SEID.

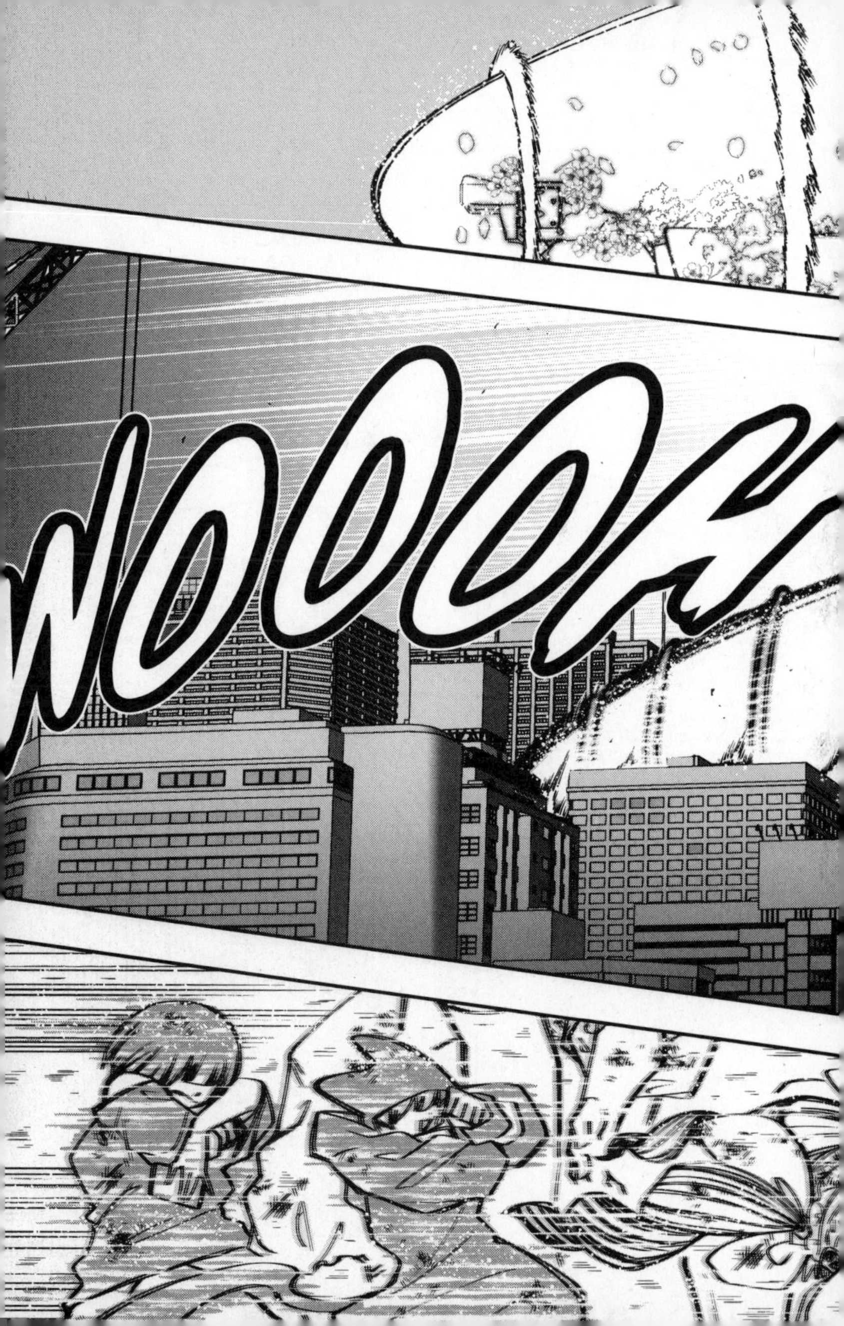

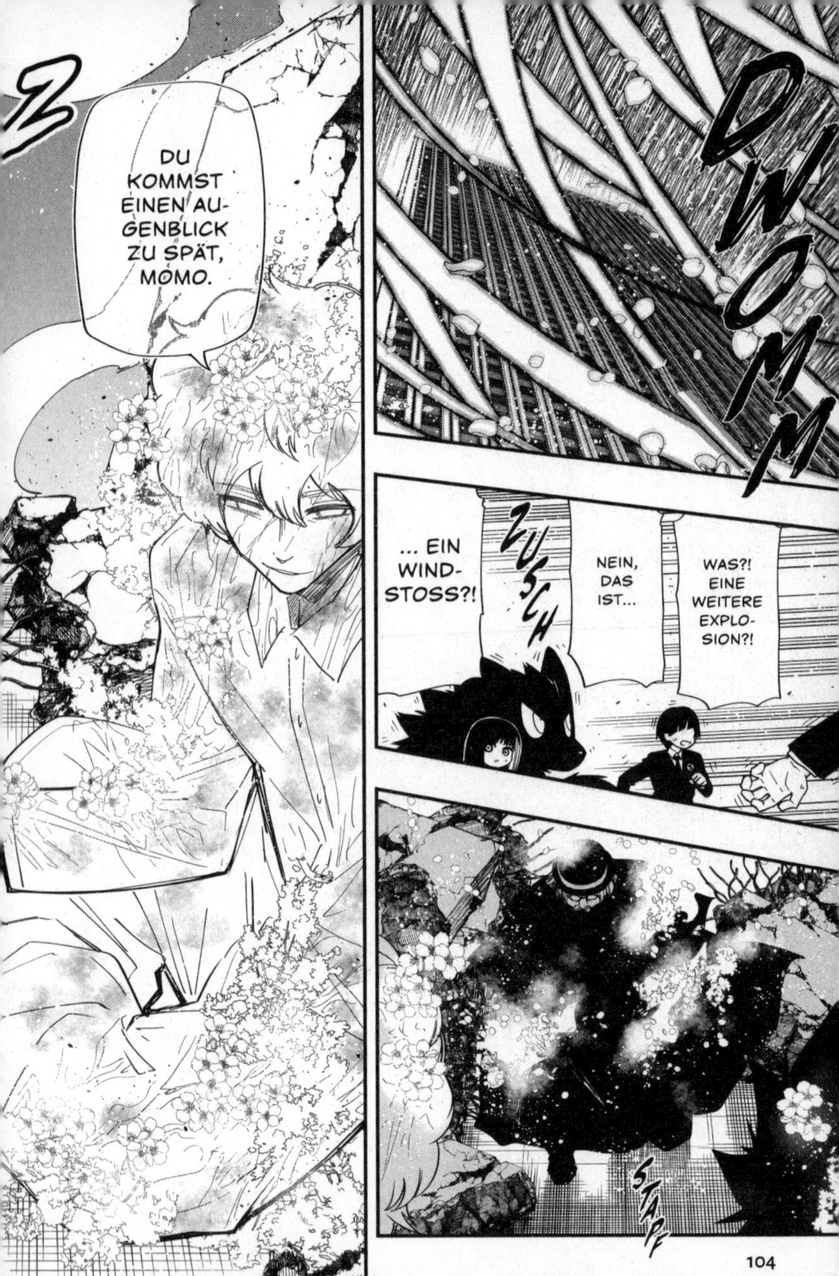
DWOMM
WAS?! EINE WEITERE EXPLOSION?!
NEIN, DAS IST...
ZUSCH
... EIN WINDSTOSS?!
STAPF
Z
DU KOMMST EINEN AUGENBLICK ZU SPÄT, MOMO.

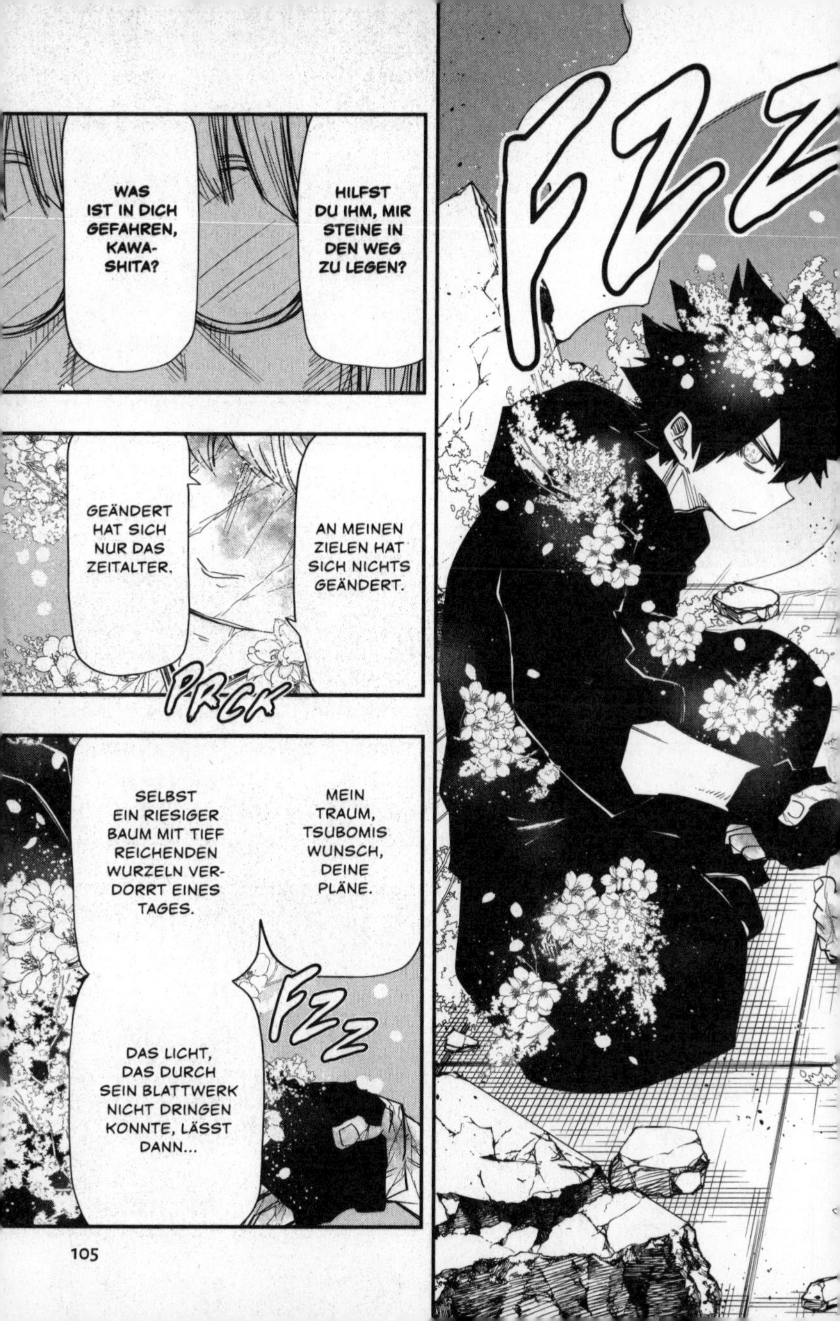
FZZZ
HILFST DU IHM, MIR STEINE IN DEN WEG ZU LEGEN?
WAS IST IN DICH GEFAHREN, KAWA-SHITA?
AN MEINEN ZIELEN HAT SICH NICHTS GEÄNDERT.
GEÄNDERT HAT SICH NUR DAS ZEITALTER.
PRCK
MEIN TRAUM, TSUBOMIS WUNSCH, DEINE PLÄNE.
SELBST EIN RIESIGER BAUM MIT TIEF REICHENDEN WURZELN VER-DORRT EINES TAGES.
FZZ
DAS LICHT, DAS DURCH SEIN BLATTWERK NICHT DRINGEN KONNTE, LÄSST DANN...

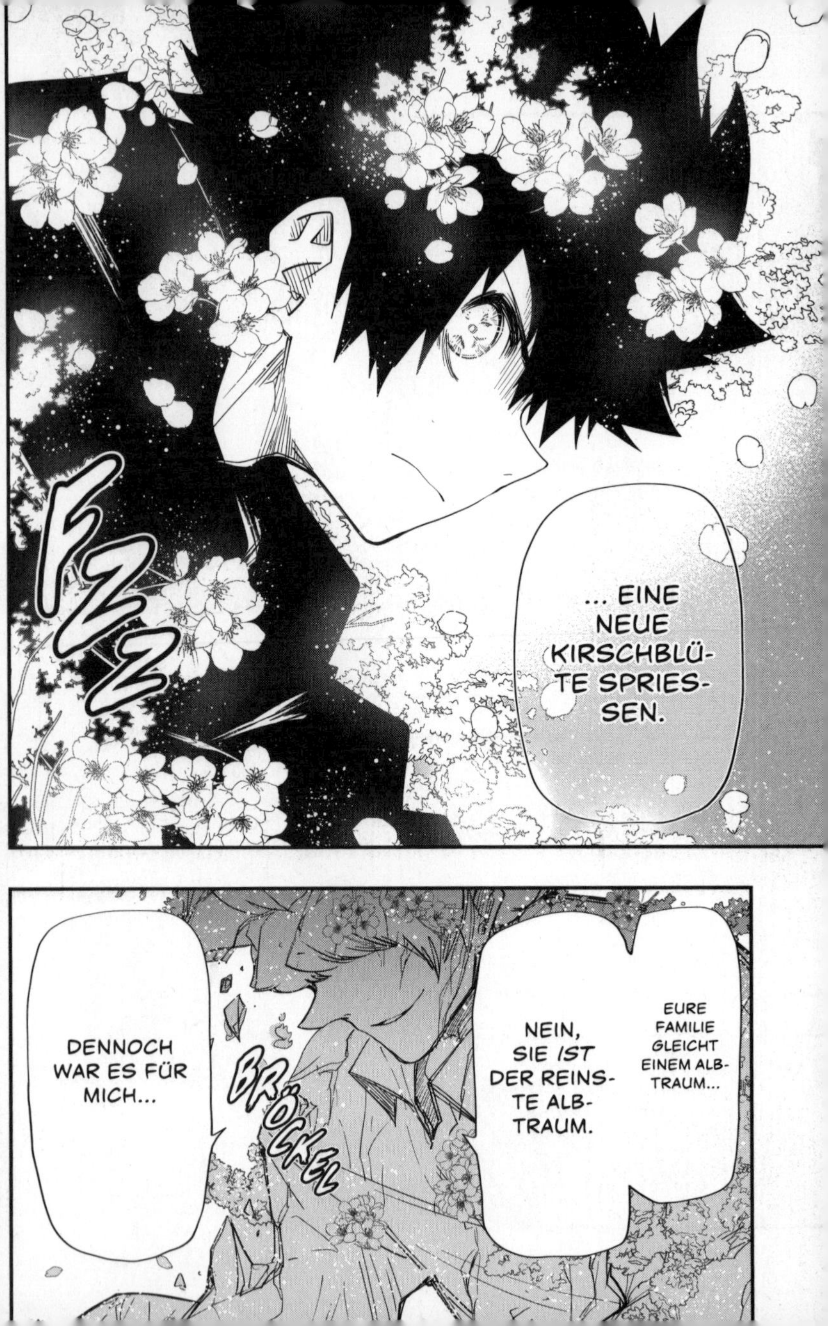
FZZ
... EINE NEUE KIRSCHBLÜTE SPRIESSEN.
EURE FAMILIE GLEICHT EINEM ALBTRAUM...
NEIN, SIE *IST* DER REINSTE ALBTRAUM.
BRÖCKEL
DENNOCH WAR ES FÜR MICH...

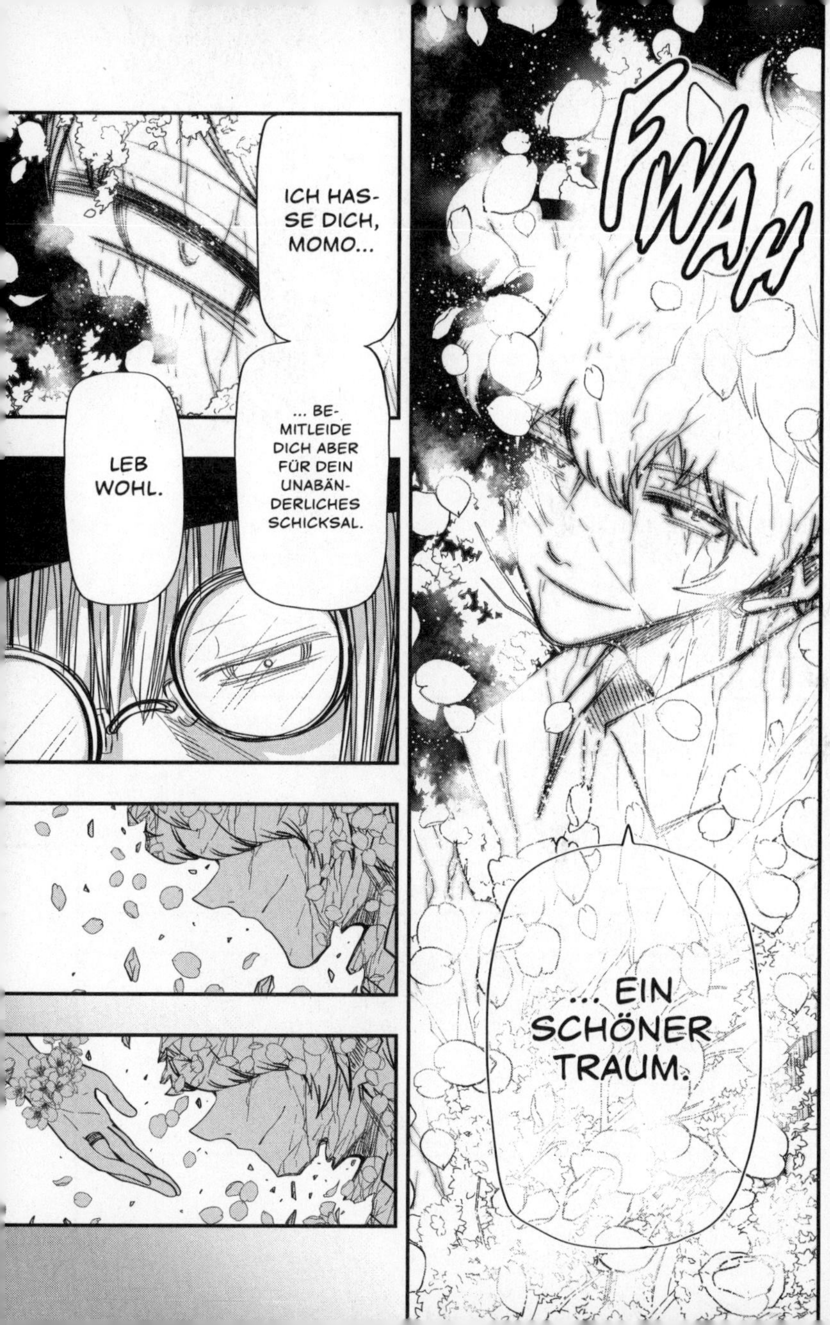
FWAH
... EIN SCHÖNER TRAUM.
ICH HASSE DICH, MOMO...
... BEMITLEIDE DICH ABER FÜR DEIN UNABÄNDERLICHES SCHICKSAL.
LEB WOHL.

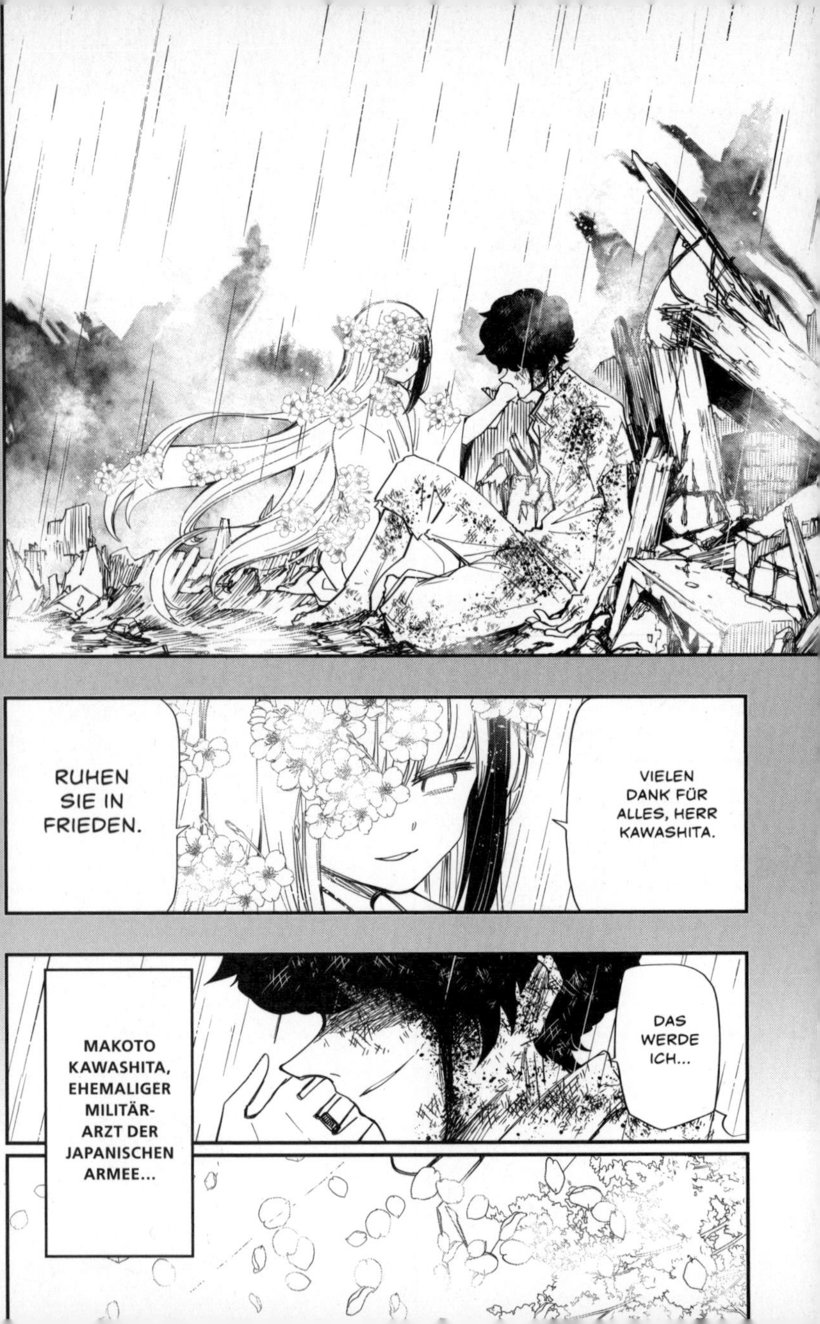
VIELEN DANK FÜR ALLES, HERR KAWASHITA.
RUHEN SIE IN FRIEDEN.
DAS WERDE ICH...
MAKOTO KAWASHITA, EHEMALIGER MILITÄR-ARZT DER JAPANISCHEN ARMEE...

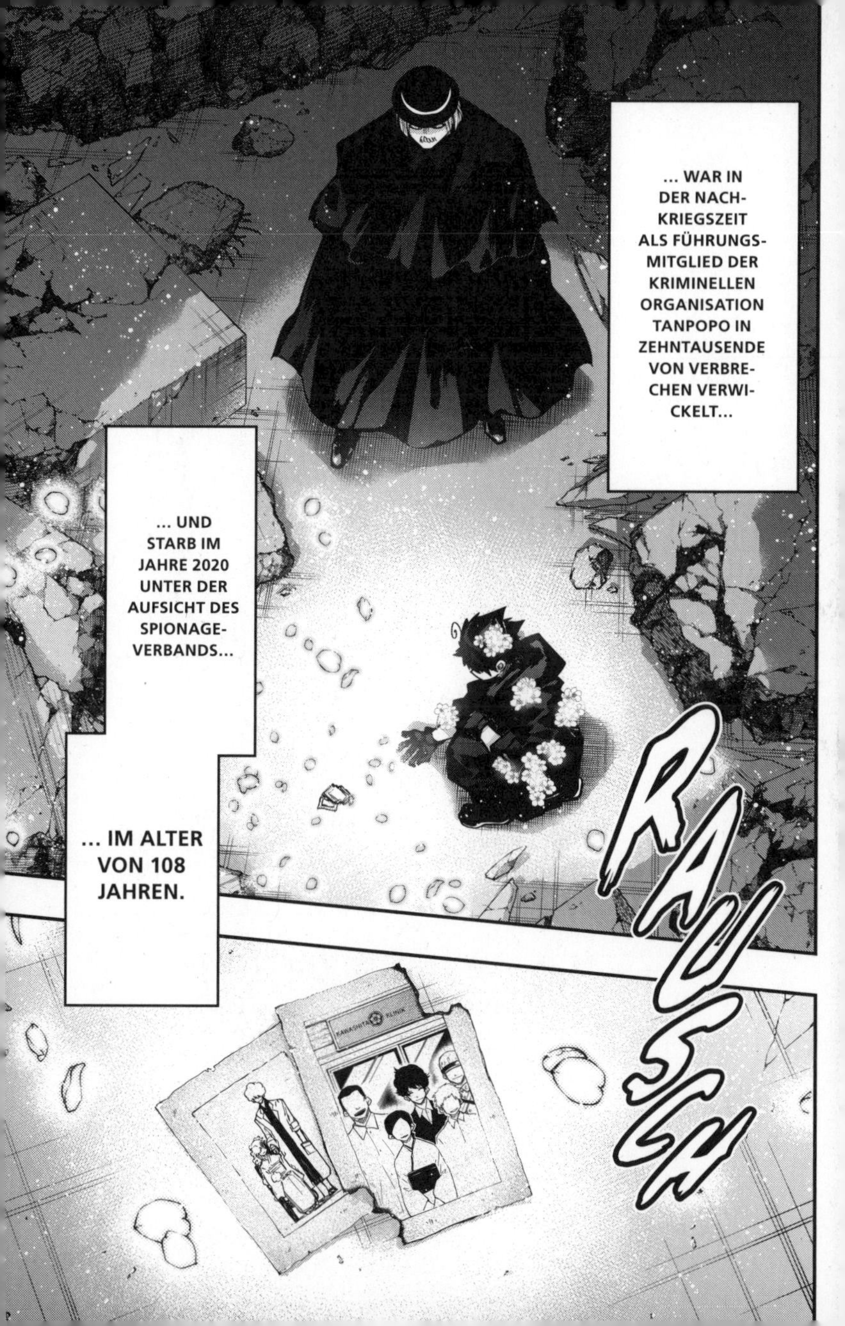
... WAR IN DER NACH-KRIEGSZEIT ALS FÜHRUNGS-MITGLIED DER KRIMINELLEN ORGANISATION TANPOPO IN ZEHNTAUSENDE VON VERBRE-CHEN VERWI-CKELT...
... UND STARB IM JAHRE 2020 UNTER DER AUFSICHT DES SPIONAGE-VERBANDS...
... IM ALTER VON 108 JAHREN.
RAUSCH

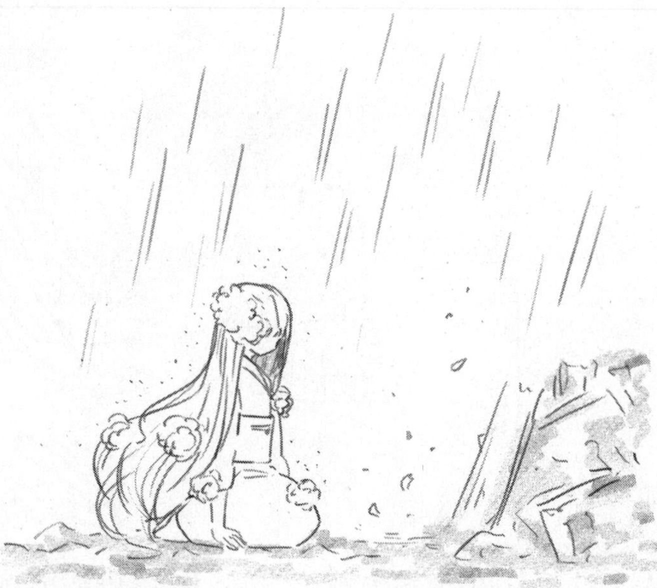

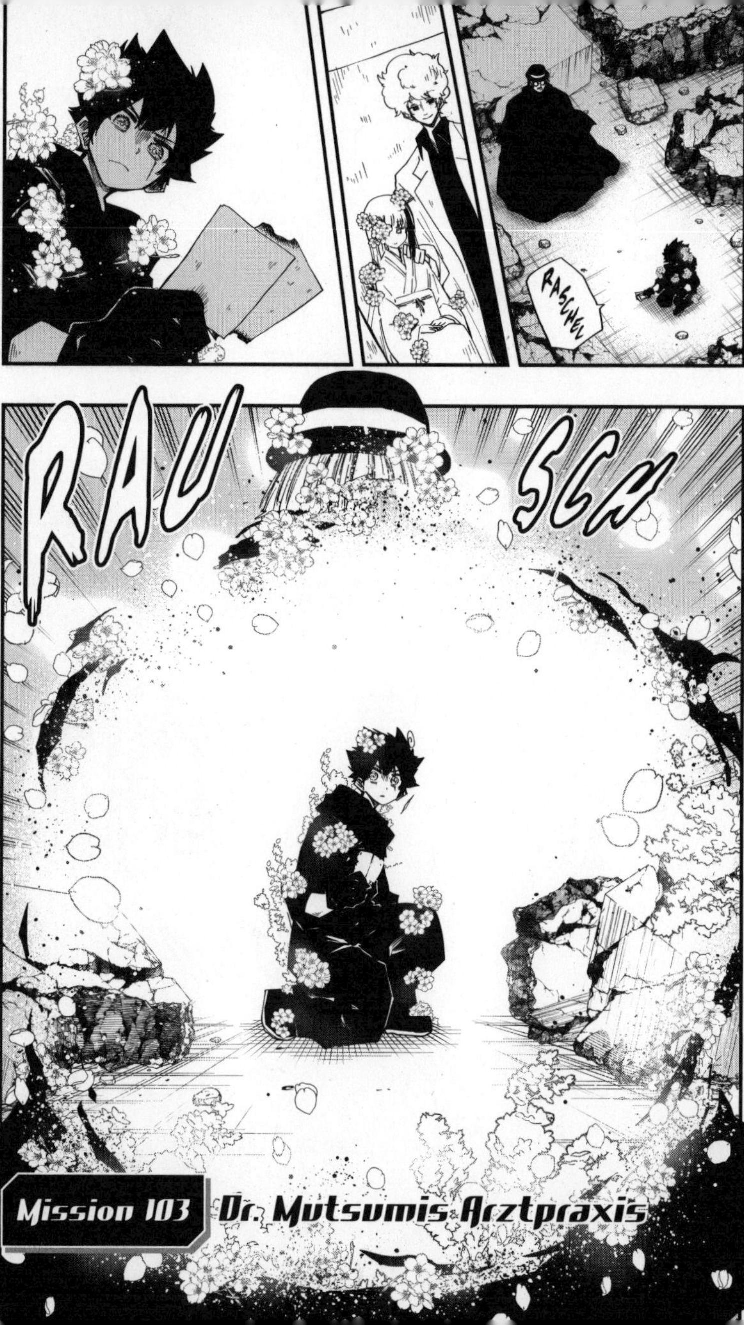
RASCHEL
RAU
SCH
Mission 103
Dr. Mutsumis Arztpraxis

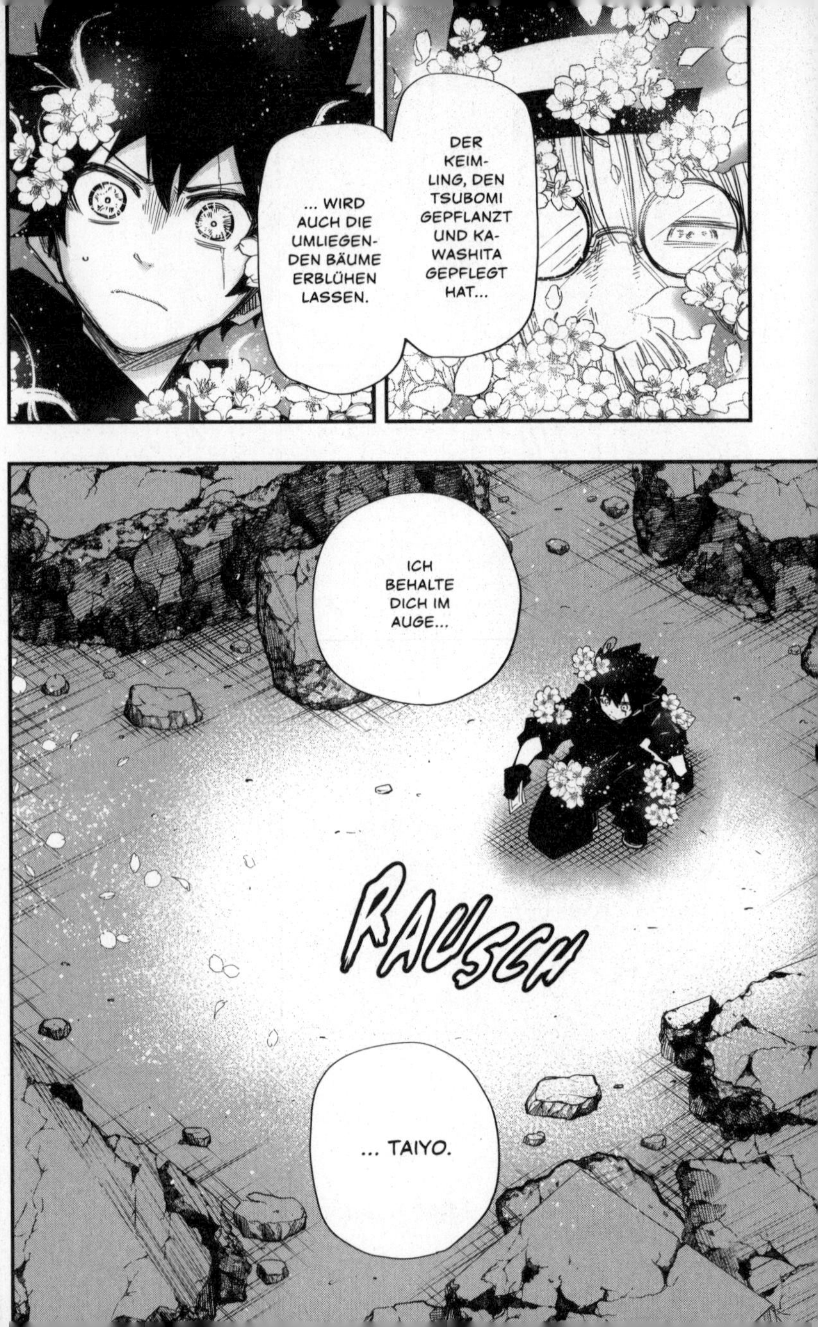
DER KEIM-LING, DEN TSUBOMI GEPFLANZT UND KA-WASHITA GEPFLEGT HAT...
... WIRD AUCH DIE UMLIEGEN-DEN BÄUME ERBLÜHEN LASSEN.
ICH BEHALTE DICH IM AUGE...
RAUSCH
... TAIYO.

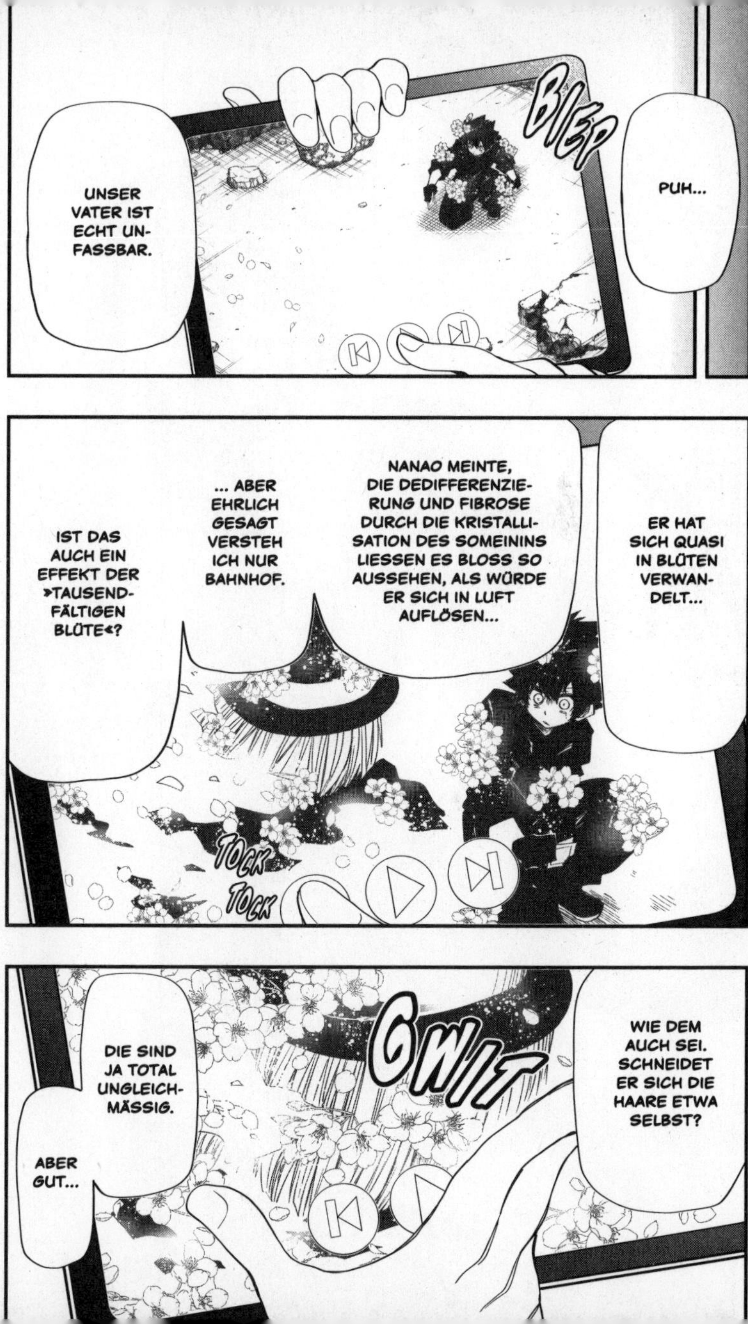
BIEP
PUH...
UNSER VATER IST ECHT UNFASSBAR.
ER HAT SICH QUASI IN BLÜTEN VERWANDELT...
NANAO MEINTE, DIE DEDIFFERENZIERUNG UND FIBROSE DURCH DIE KRISTALLISATION DES SOMEININS LIESSEN ES BLOSS SO AUSSEHEN, ALS WÜRDE ER SICH IN LUFT AUFLÖSEN...
... ABER EHRLICH GESAGT VERSTEH ICH NUR BAHNHOF.
IST DAS AUCH EIN EFFEKT DER »TAUSENDFÄLTIGEN BLÜTE«?
TOCK
TOCK
WIE DEM AUCH SEI. SCHNEIDET ER SICH DIE HAARE ETWA SELBST?
GWIT
DIE SIND JA TOTAL UNGLEICHMÄSSIG.
ABER GUT...

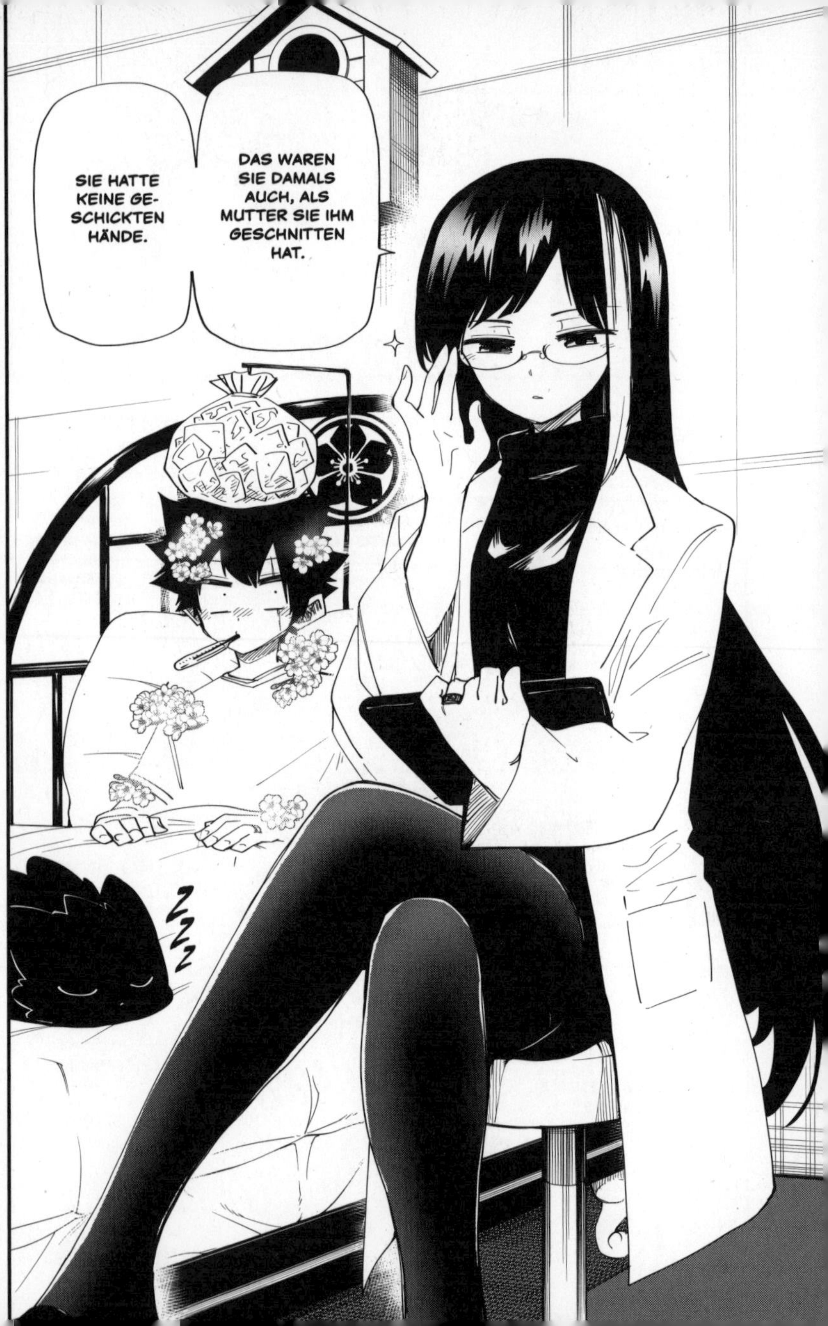
DAS WAREN SIE DAMALS AUCH, ALS MUTTER SIE IHM GESCHNITTEN HAT.
SIE HATTE KEINE GE- SCHICKTEN HÄNDE.
ZZZ

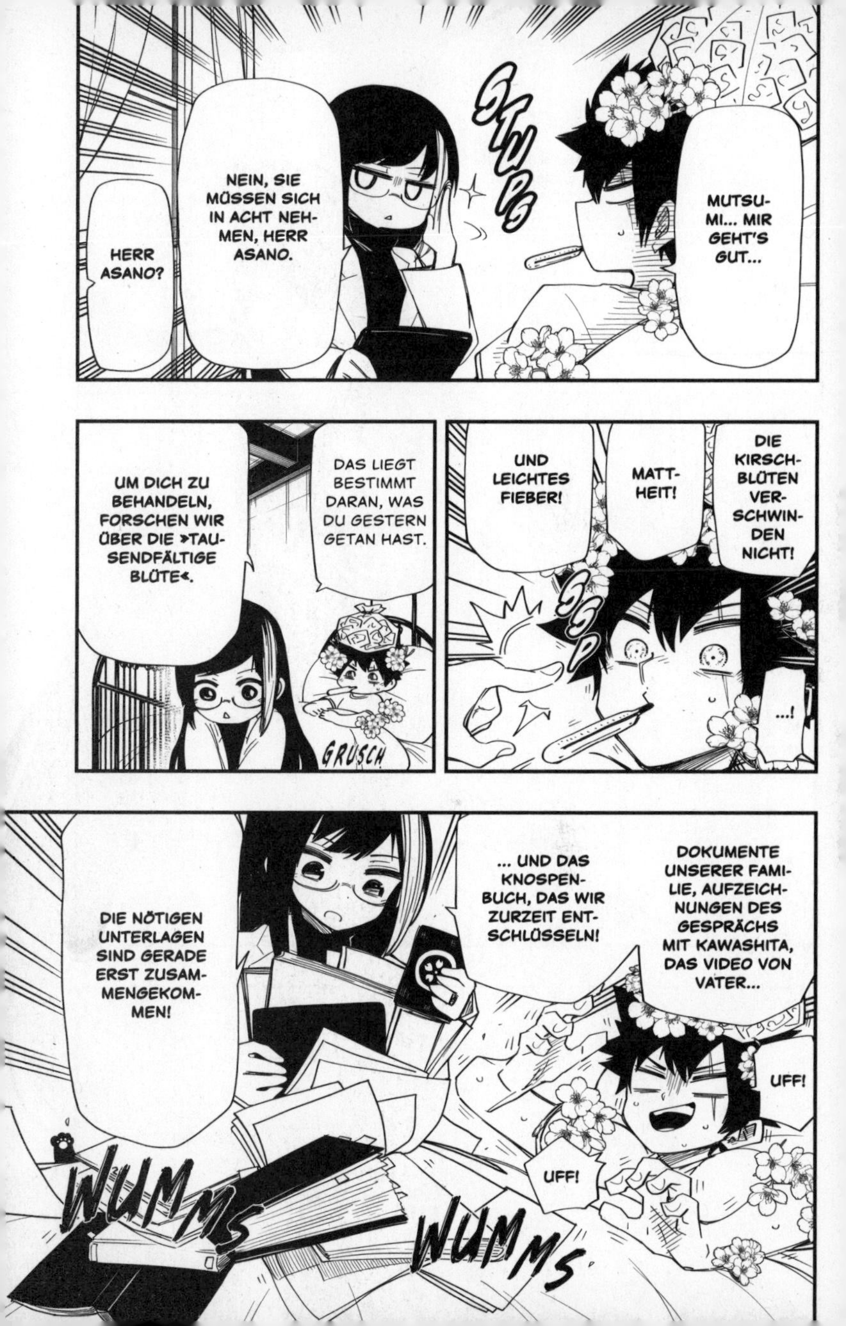

MUTSUMI... MIR GEHT'S GUT...
GLUPS
NEIN, SIE MÜSSEN SICH IN ACHT NEHMEN, HERR ASANO.
HERR ASANO?
DIE KIRSCHBLÜTEN VERSCHWINDEN NICHT!
MATTHEIT!
UND LEICHTES FIEBER!
...!
DAS LIEGT BESTIMMT DARAN, WAS DU GESTERN GETAN HAST.
UM DICH ZU BEHANDELN, FORSCHEN WIR ÜBER DIE »TAUSENDFÄLTIGE BLÜTE«.
GRUSCH
DOKUMENTE UNSERER FAMILIE, AUFZEICHNUNGEN DES GESPRÄCHS MIT KAWASHITA, DAS VIDEO VON VATER...
... UND DAS KNOSPENBUCH, DAS WIR ZURZEIT ENTSCHLÜSSELN!
DIE NÖTIGEN UNTERLAGEN SIND GERADE ERST ZUSAMMENGEKOMMEN!
UFF!
UFF!
WUMMS
WUMMS

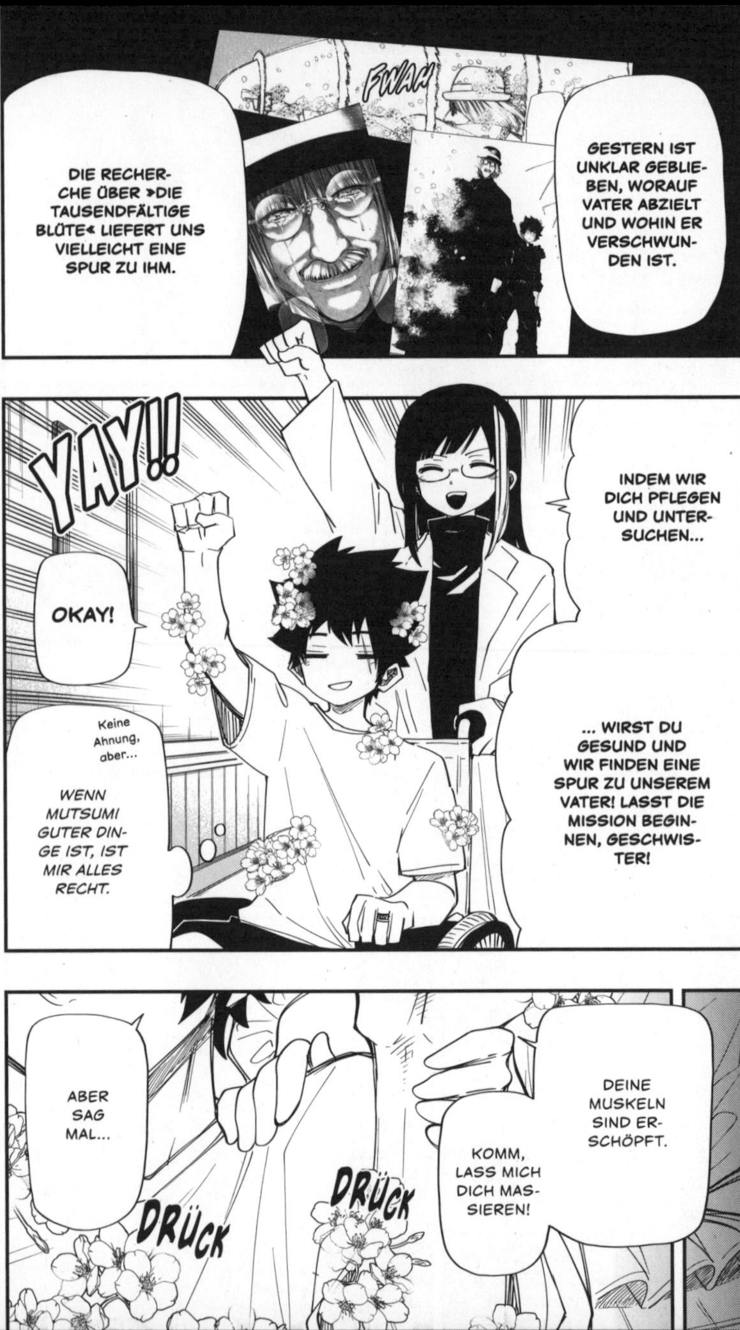
GESTERN IST UNKLAR GEBLIEBEN, WORAUF VATER ABZIELT UND WOHIN ER VERSCHWUNDEN IST.
FWAH
DIE RECHERCHE ÜBER »DIE TAUSENDFÄLTIGE BLÜTE« LIEFERT UNS VIELLEICHT EINE SPUR ZU IHM.
YAY!!
INDEM WIR DICH PFLEGEN UND UNTERSUCHEN...
OKAY!
... WIRST DU GESUND UND WIR FINDEN EINE SPUR ZU UNSEREM VATER! LASST DIE MISSION BEGINNEN, GESCHWISTER!
Keine Ahnung, aber...
WENN MUTSUMI GUTER DINGE IST, IST MIR ALLES RECHT.
DEINE MUSKELN SIND ERSCHÖPFT.
KOMM, LASS MICH DICH MASSIEREN!
ABER SAG MAL...
DRÜCK
DRÜCK

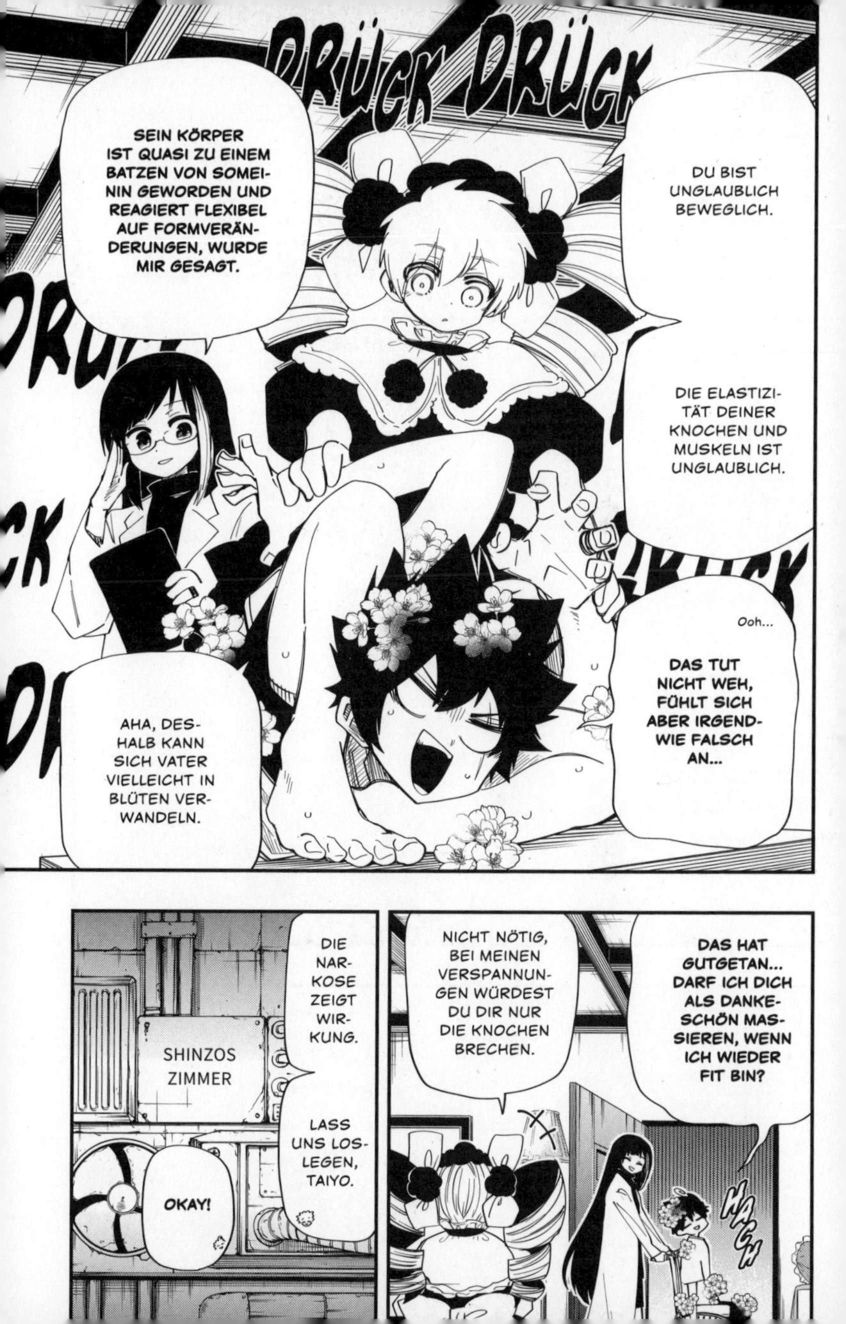
DRÜCK DRÜCK
SEIN KÖRPER IST QUASI ZU EINEM BATZEN VON SOMEININ GEWORDEN UND REAGIERT FLEXIBEL AUF FORMVERÄNDERUNGEN, WURDE MIR GESAGT.
DU BIST UNGLAUBLICH BEWEGLICH.
DIE ELASTIZITÄT DEINER KNOCHEN UND MUSKELN IST UNGLAUBLICH.
Ooh...
DAS TUT NICHT WEH, FÜHLT SICH ABER IRGENDWIE FALSCH AN...
AHA, DESHALB KANN SICH VATER VIELLEICHT IN BLÜTEN VERWANDELN.
DAS HAT GUTGETAN... DARF ICH DICH ALS DANKESCHÖN MASSIEREN, WENN ICH WIEDER FIT BIN?
NICHT NÖTIG, BEI MEINEN VERSPANNUNGEN WÜRDEST DU DIR NUR DIE KNOCHEN BRECHEN.
HACH
DIE NARKOSE ZEIGT WIRKUNG.
LASS UNS LOSLEGEN, TAIYO.
SHINZOS ZIMMER
OKAY!

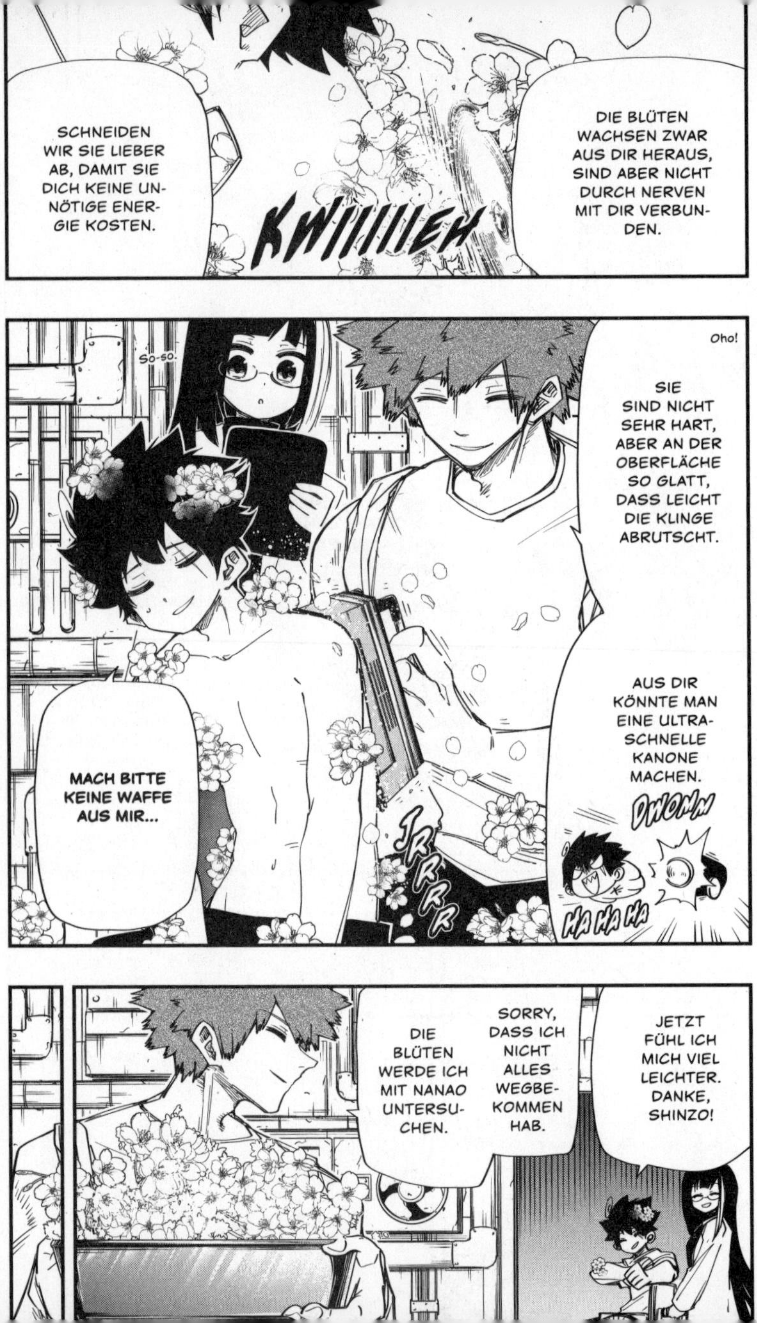
DIE BLÜTEN WACHSEN ZWAR AUS DIR HERAUS, SIND ABER NICHT DURCH NERVEN MIT DIR VERBUNDEN.
KWIIIIIEH
SCHNEIDEN WIR SIE LIEBER AB, DAMIT SIE DICH KEINE UNNÖTIGE ENERGIE KOSTEN.
Oho!
SIE SIND NICHT SEHR HART, ABER AN DER OBERFLÄCHE SO GLATT, DASS LEICHT DIE KLINGE ABRUTSCHT.
So-so.
AUS DIR KÖNNTE MAN EINE ULTRASCHNELLE KANONE MACHEN.
DWOMM
HA HA HA
JRRRR
MACH BITTE KEINE WAFFE AUS MIR...
JETZT FÜHL ICH MICH VIEL LEICHTER. DANKE, SHINZO!
SORRY, DASS ICH NICHT ALLES WEGBEKOMMEN HAB.
DIE BLÜTEN WERDE ICH MIT NANAO UNTERSUCHEN.

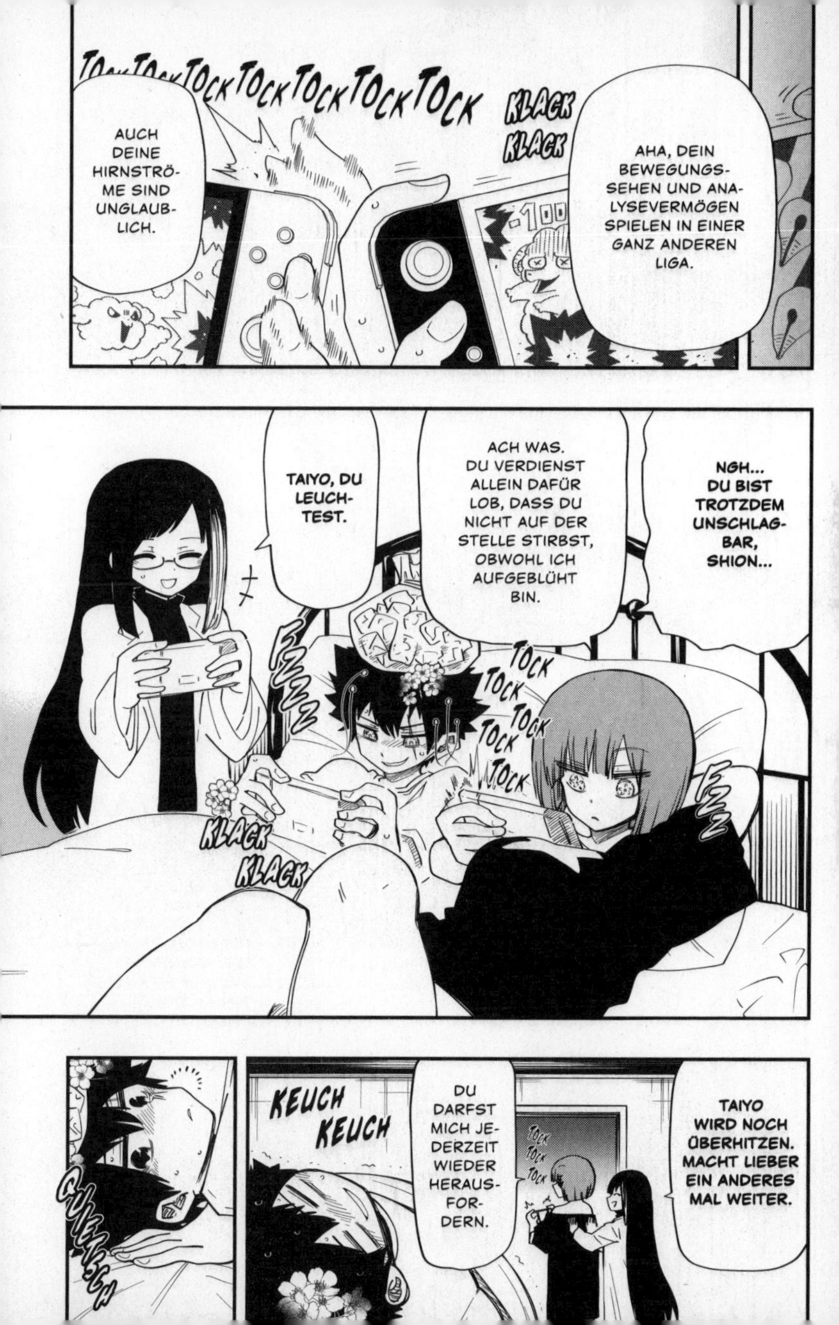

KLACK KLACK
AHA, DEIN BEWEGUNGS-SEHEN UND ANA-LYSEVERMÖGEN SPIELEN IN EINER GANZ ANDEREN LIGA.
TOCK TOCK TOCK TOCK TOCK TOCK
AUCH DEINE HIRNSTRÖ-ME SIND UNGLAUB-LICH.
NGH... DU BIST TROTZDEM UNSCHLAG-BAR, SHION...
ACH WAS. DU VERDIENST ALLEIN DAFÜR LOB, DASS DU NICHT AUF DER STELLE STIRBST, OBWOHL ICH AUFGEBLÜHT BIN.
TAIYO, DU LEUCH-TEST.
TOCK TOCK TOCK TOCK TOCK
KLACK KLACK
TAIYO WIRD NOCH ÜBERHITZEN. MACHT LIEBER EIN ANDERES MAL WEITER.
DU DARFST MICH JE-DERZEIT WIEDER HERAUS-FORDERN.
TOCK TOCK TOCK
KEUCH KEUCH

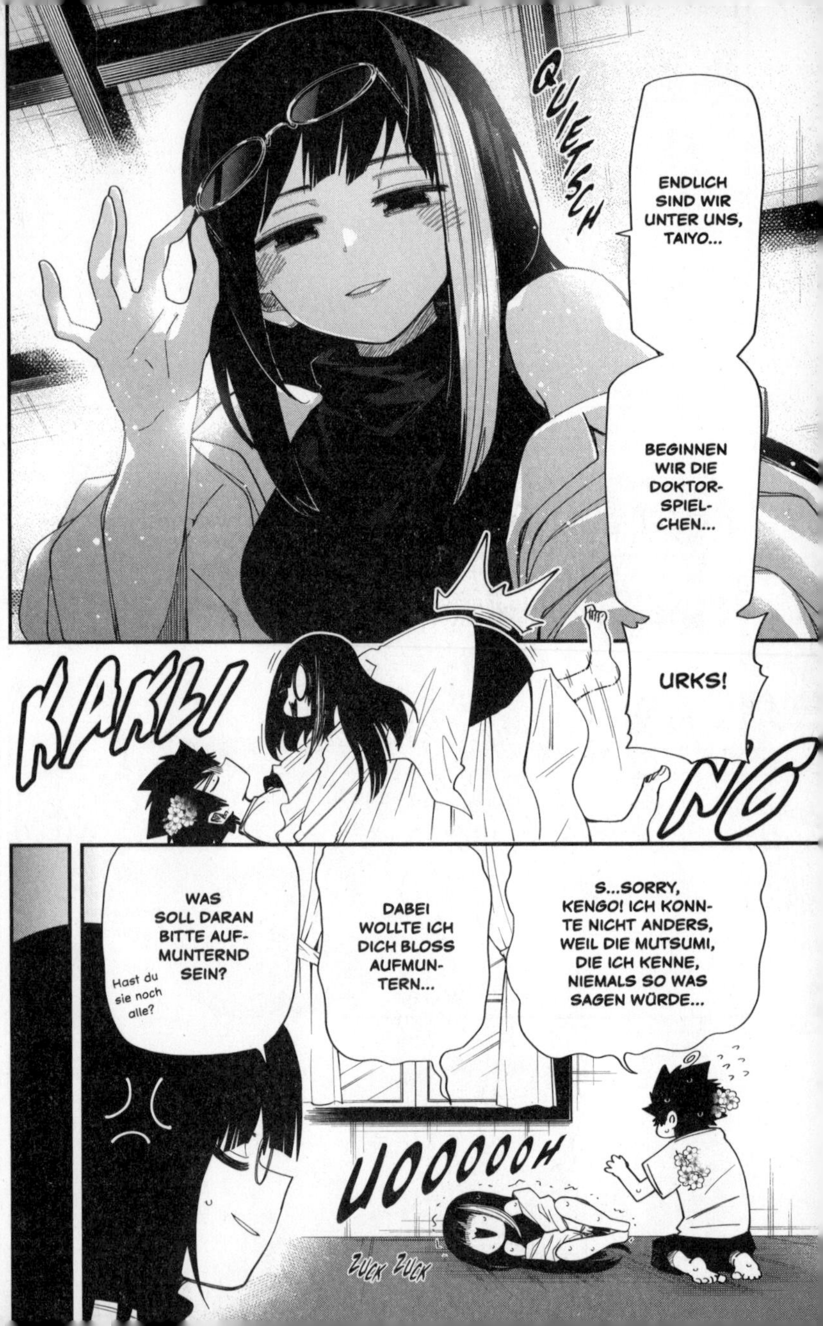
QUIETSCH
ENDLICH SIND WIR UNTER UNS, TAIYO...
BEGINNEN WIR DIE DOKTOR-SPIEL-CHEN...
URKS!
S...SORRY, KENGO! ICH KONN-TE NICHT ANDERS, WEIL DIE MUTSUMI, DIE ICH KENNE, NIEMALS SO WAS SAGEN WÜRDE...
DABEI WOLLTE ICH DICH BLOSS AUFMUN-TERN...
WAS SOLL DARAN BITTE AUF-MUNTERND SEIN?
Hast du sie noch alle?
UOOOOOH
ZUCK ZUCK

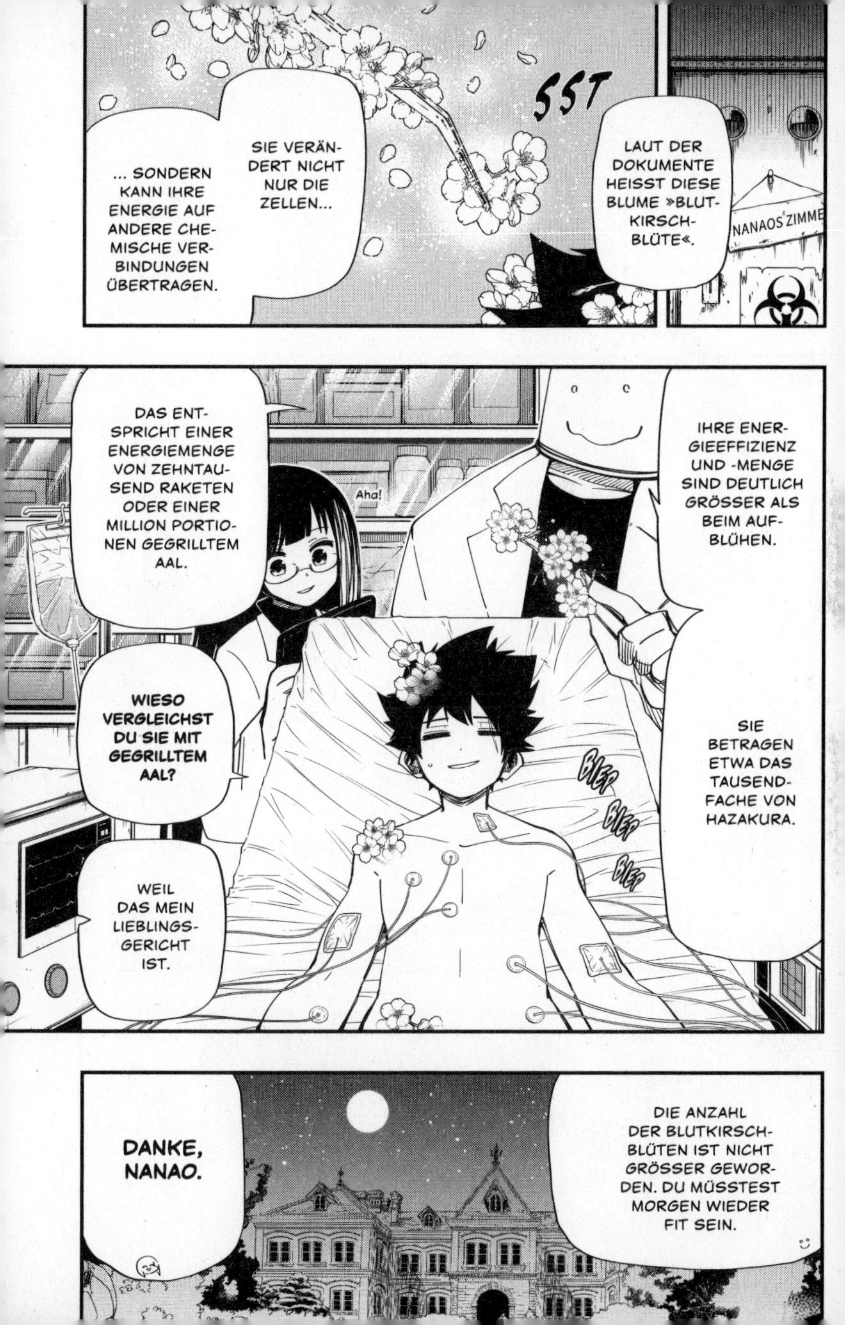
SST
NANAOS ZIMME
LAUT DER DOKUMENTE HEISST DIESE BLUME »BLUTKIRSCHBLÜTE«.
SIE VERÄNDERT NICHT NUR DIE ZELLEN...
... SONDERN KANN IHRE ENERGIE AUF ANDERE CHEMISCHE VERBINDUNGEN ÜBERTRAGEN.
IHRE ENERGIEEFFIZIENZ UND -MENGE SIND DEUTLICH GRÖSSER ALS BEIM AUFBLÜHEN.
SIE BETRAGEN ETWA DAS TAUSENDFACHE VON HAZAKURA.
DAS ENTSPRICHT EINER ENERGIEMENGE VON ZEHNTAUSEND RAKETEN ODER EINER MILLION PORTIONEN GEGRILLTEM AAL.
Aha!
WIESO VERGLEICHST DU SIE MIT GEGRILLTEM AAL?
WEIL DAS MEIN LIEBLINGSGERICHT IST.
BIEP
BIEP
BIEP
DIE ANZAHL DER BLUTKIRSCHBLÜTEN IST NICHT GRÖSSER GEWORDEN. DU MÜSSTEST MORGEN WIEDER FIT SEIN.
DANKE, NANAO.

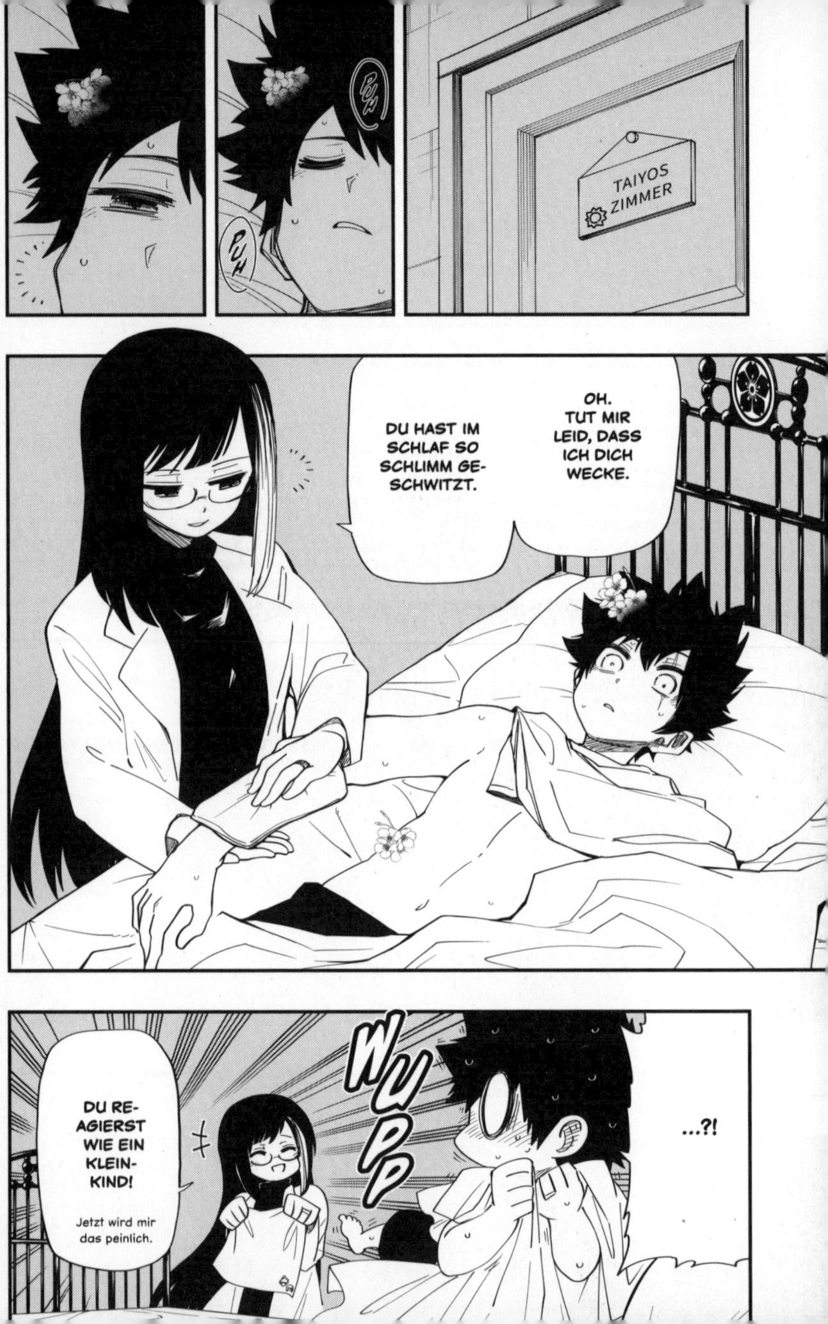
TAIYOS ZIMMER
PUH
PUH
OH. TUT MIR LEID, DASS ICH DICH WECKE.
DU HAST IM SCHLAF SO SCHLIMM GE-SCHWITZT.
...?!
WUPP
DU RE-AGIERST WIE EIN KLEIN-KIND!
Jetzt wird mir das peinlich.

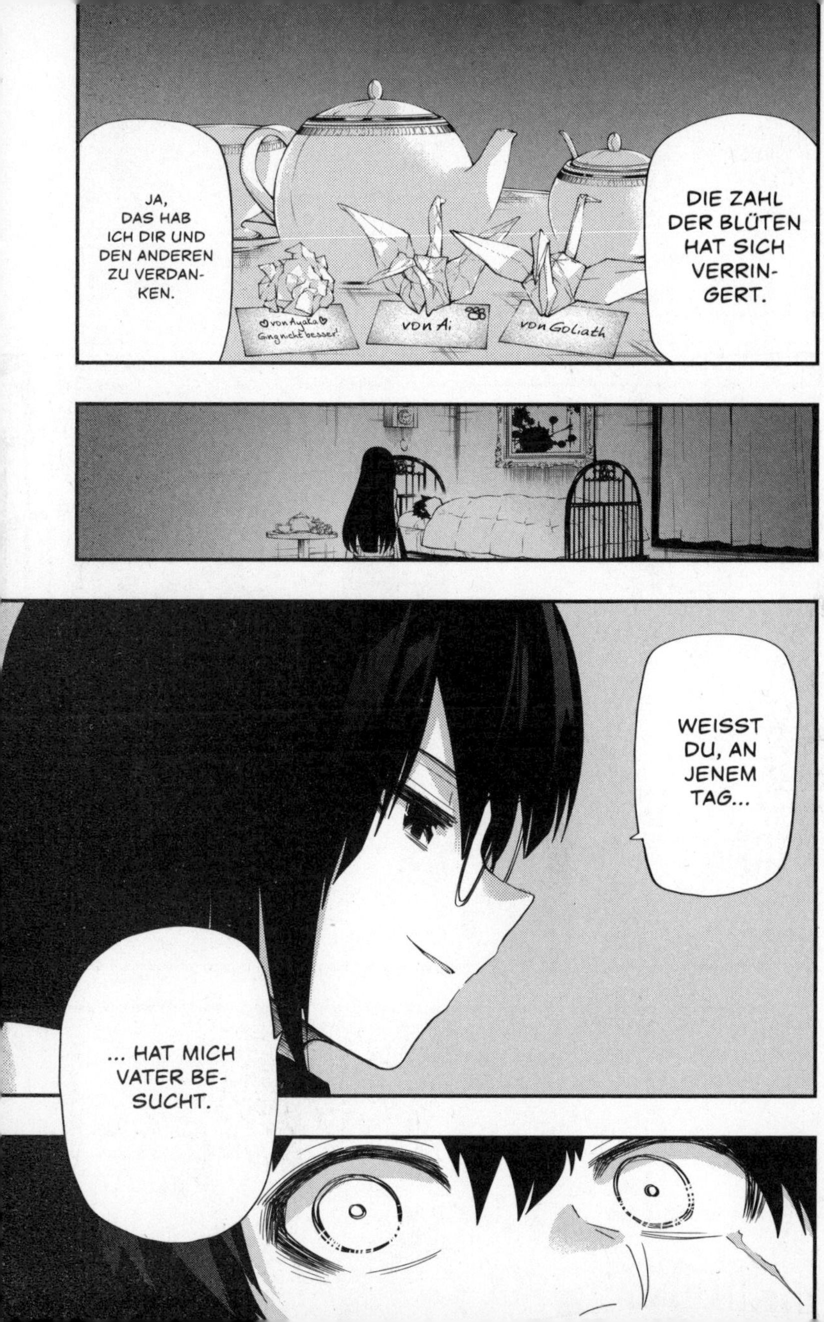
DIE ZAHL DER BLÜTEN HAT SICH VERRIN-GERT.
JA, DAS HAB ICH DIR UND DEN ANDEREN ZU VERDAN-KEN.
von Ayaka Ging nicht besser!
von Ai
von Goliath
WEISST DU, AN JENEM TAG...
... HAT MICH VATER BE-SUCHT.

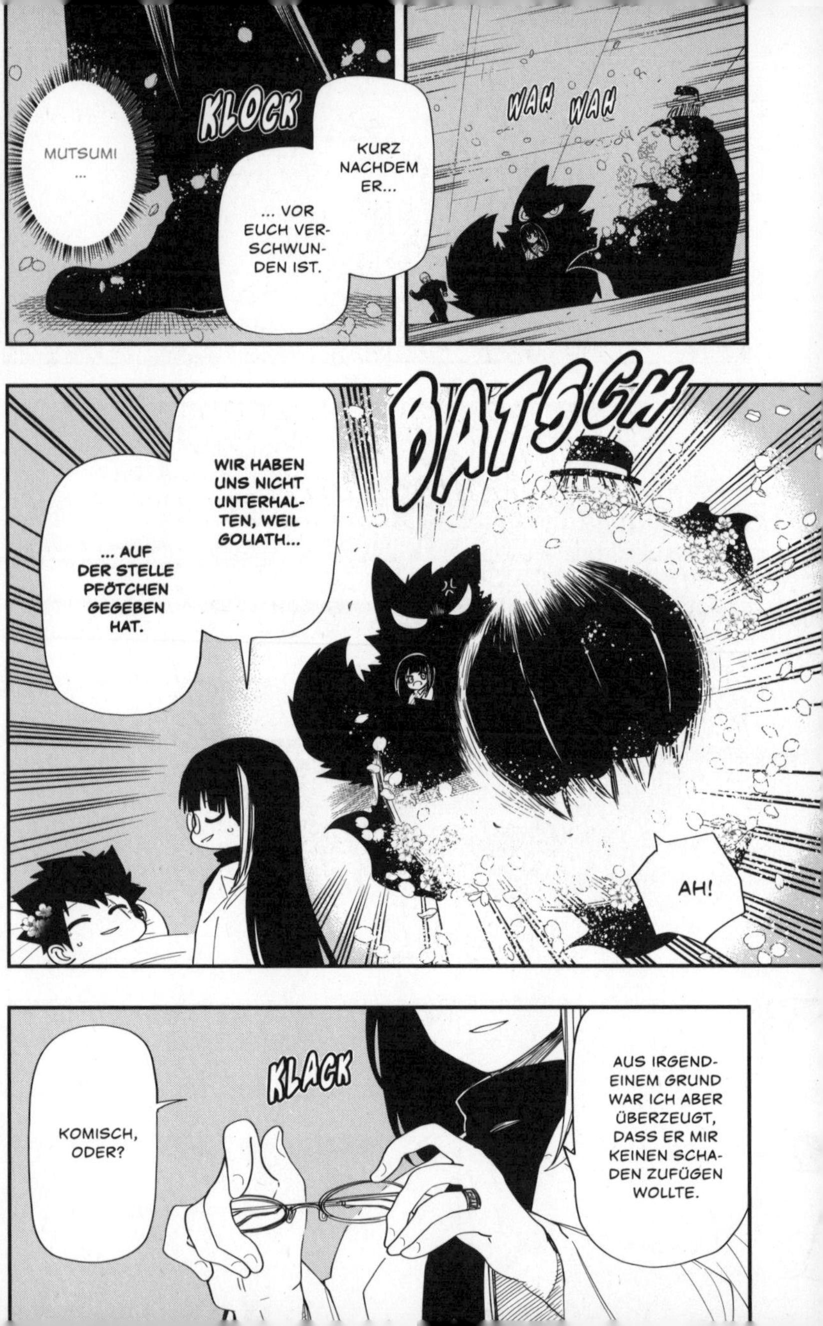
WAH WAH
KLOCK
KURZ NACHDEM ER...
... VOR EUCH VERSCHWUNDEN IST.
MUTSUMI ...
BATSCH
AH!
WIR HABEN UNS NICHT UNTERHALTEN, WEIL GOLIATH...
... AUF DER STELLE PFÖTCHEN GEGEBEN HAT.
AUS IRGENDEINEM GRUND WAR ICH ABER ÜBERZEUGT, DASS ER MIR KEINEN SCHADEN ZUFÜGEN WOLLTE.
KLACK
KOMISCH, ODER?

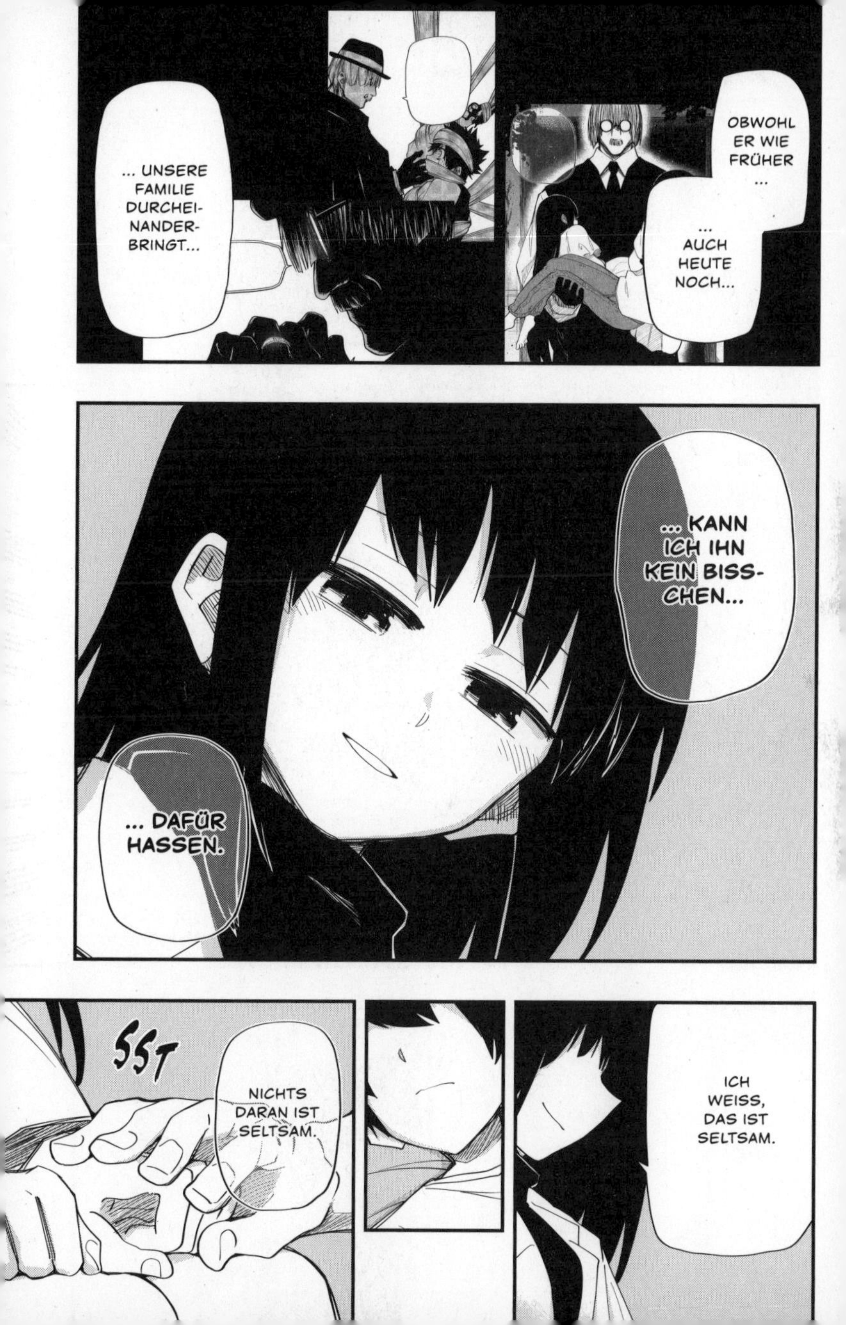
OBWOHL ER WIE FRÜHER ...
... AUCH HEUTE NOCH...
... UNSERE FAMILIE DURCHEI-NANDER-BRINGT...
... KANN ICH IHN KEIN BISS-CHEN...
... DAFÜR HASSEN.
ICH WEISS, DAS IST SELTSAM.
NICHTS DARAN IST SELTSAM.
SST

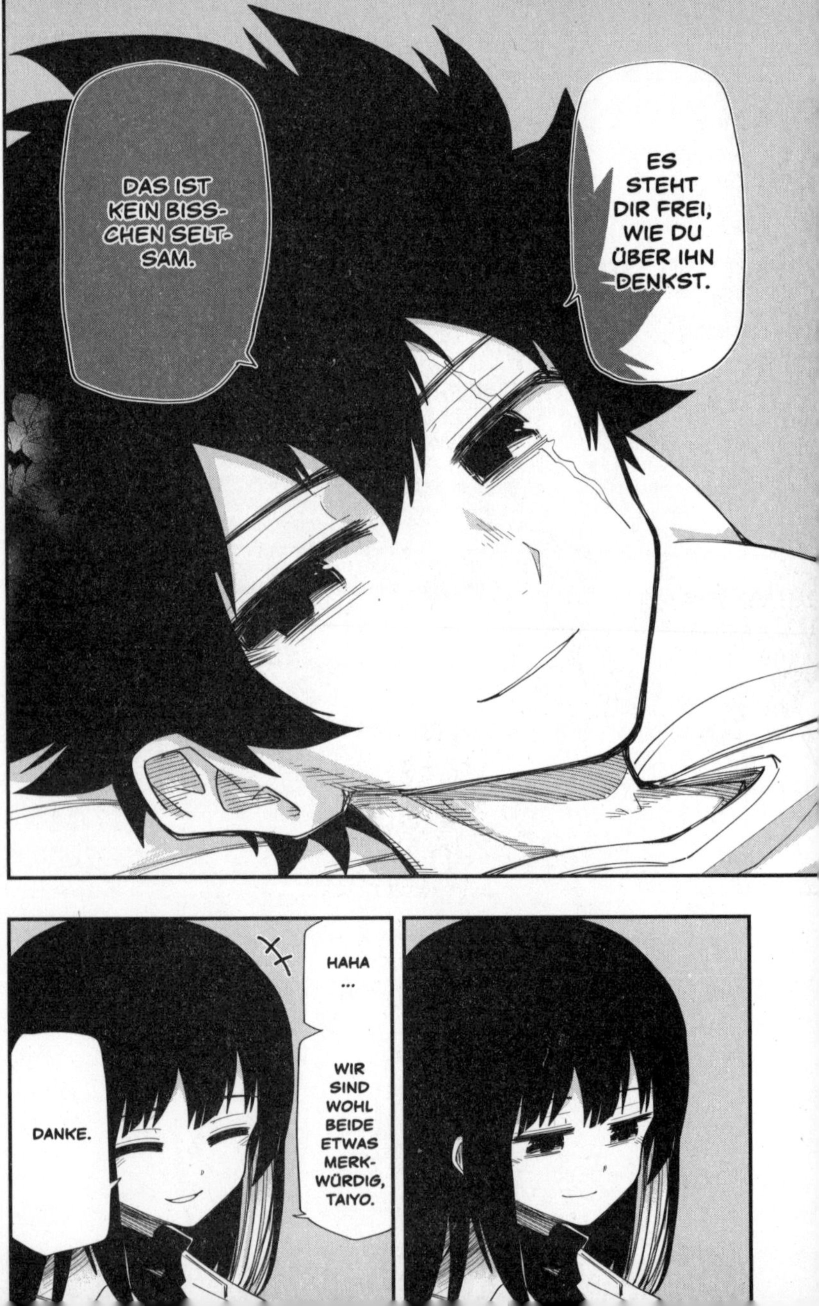
ES STEHT DIR FREI, WIE DU ÜBER IHN DENKST.
DAS IST KEIN BISSCHEN SELTSAM.
HAHA ...
WIR SIND WOHL BEIDE ETWAS MERKWÜRDIG, TAIYO.
DANKE.

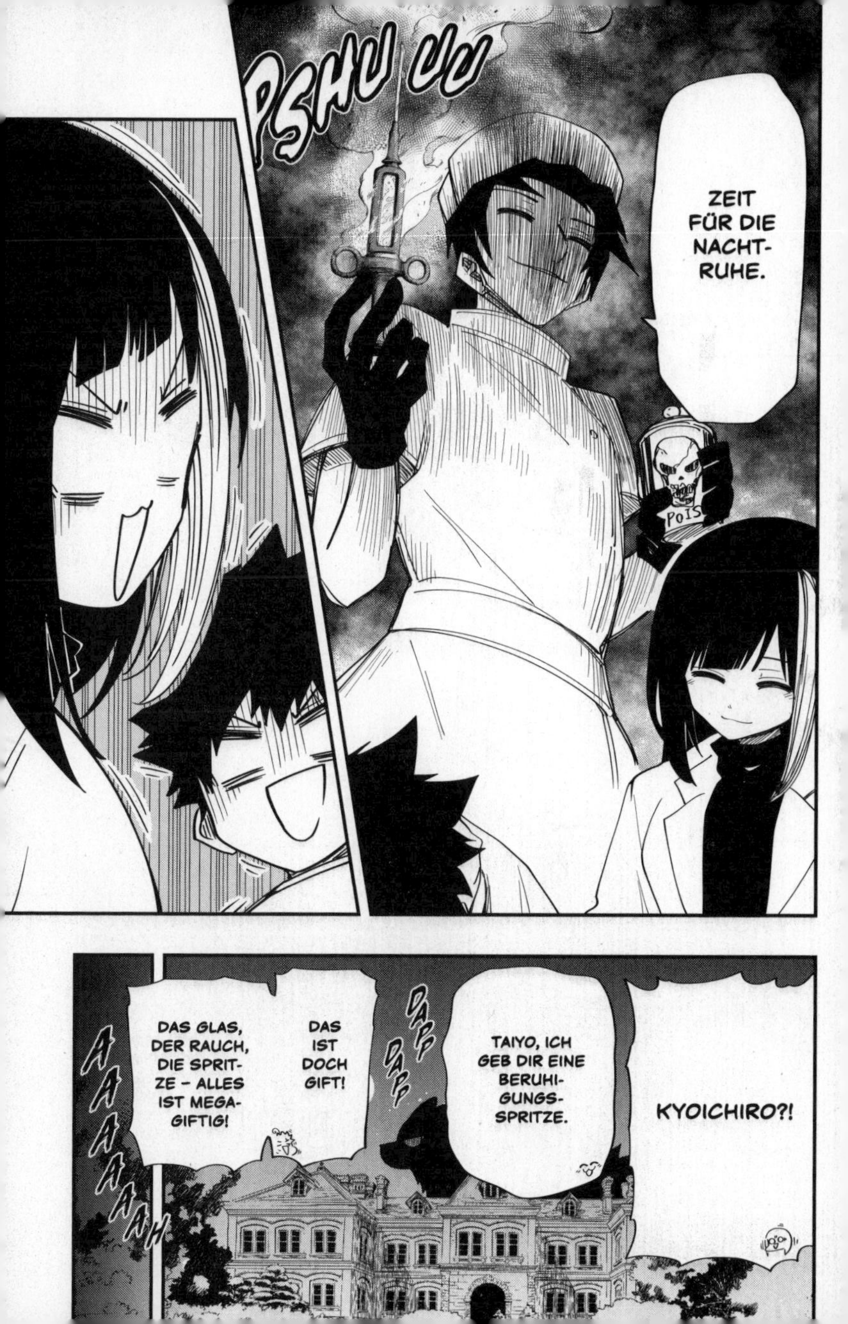
PSHUUU
ZEIT FÜR DIE NACHT-RUHE.
POIS
KYOICHIRO?!
TAIYO, ICH GEB DIR EINE BERUHI-GUNGS-SPRITZE.
DAPP DAPP
DAS IST DOCH GIFT!
DAS GLAS, DER RAUCH, DIE SPRIT-ZE – ALLES IST MEGA-GIFTIG!
AAAAAAAH

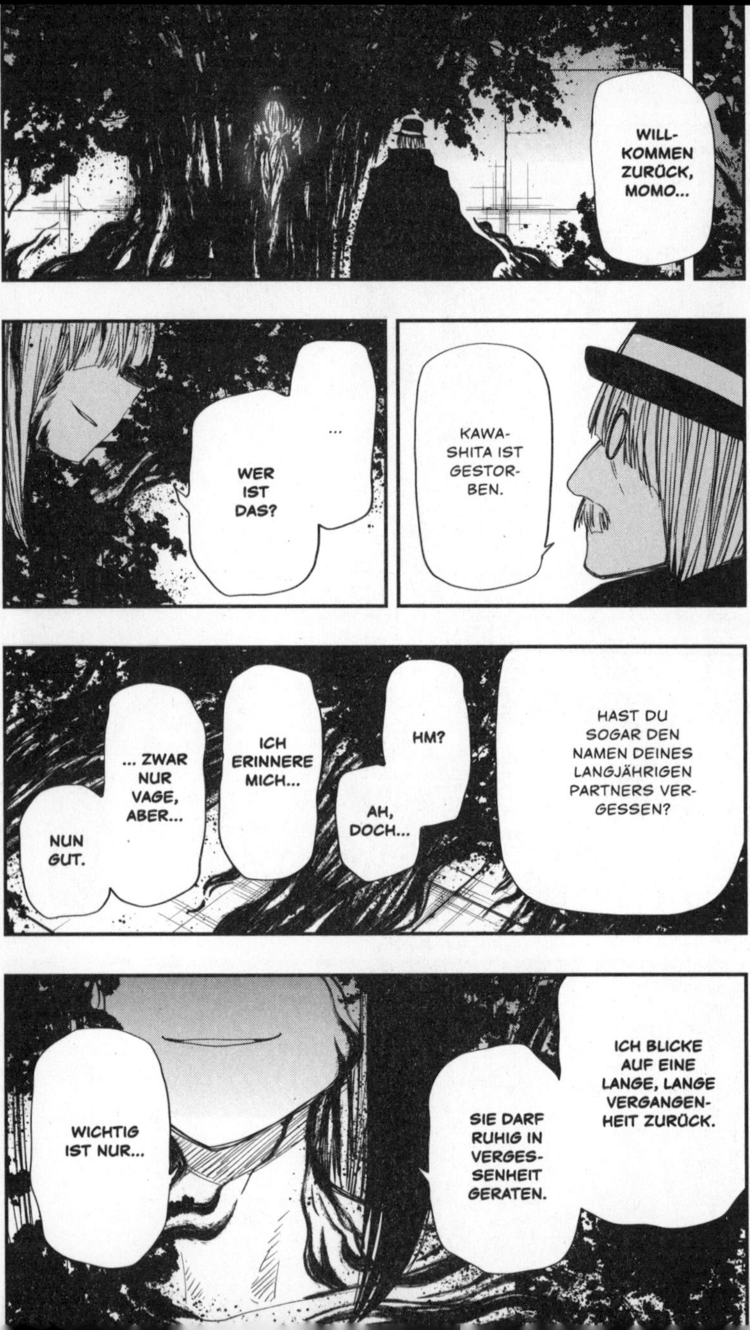

WILL-KOMMEN ZURÜCK, MOMO...
KAWA-SHITA IST GESTOR-BEN.
...
WER IST DAS?
HAST DU SOGAR DEN NAMEN DEINES LANGJÄHRIGEN PARTNERS VER-GESSEN?
HM?
AH, DOCH...
ICH ERINNERE MICH...
... ZWAR NUR VAGE, ABER...
NUN GUT.
ICH BLICKE AUF EINE LANGE, LANGE VERGANGEN-HEIT ZURÜCK.
SIE DARF RUHIG IN VERGES-SENHEIT GERATEN.
WICHTIG IST NUR...

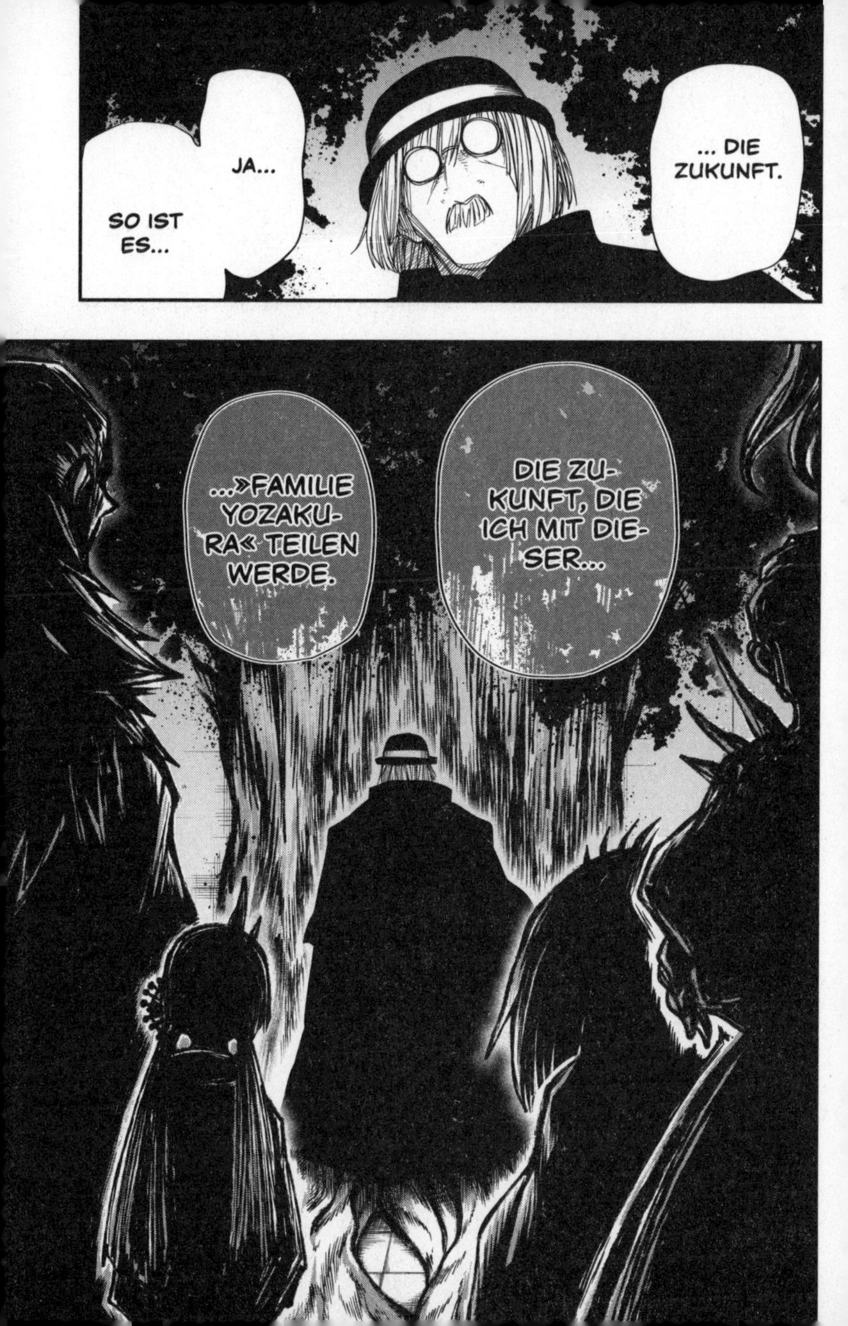
... DIE ZUKUNFT.
JA...
SO IST ES...
DIE ZUKUNFT, DIE ICH MIT DIESER...
...»FAMILIE YOZAKURA« TEILEN WERDE.

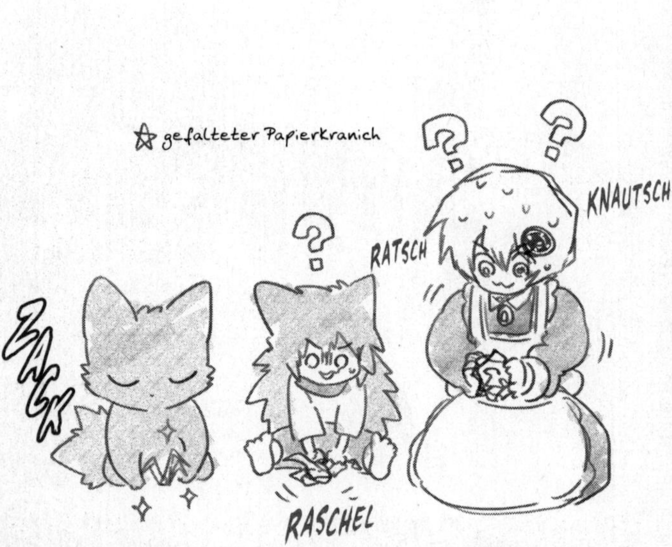
KNAUTSCH
RATSCH
RASCHEL
ZACK
gefalteter Papierkranich

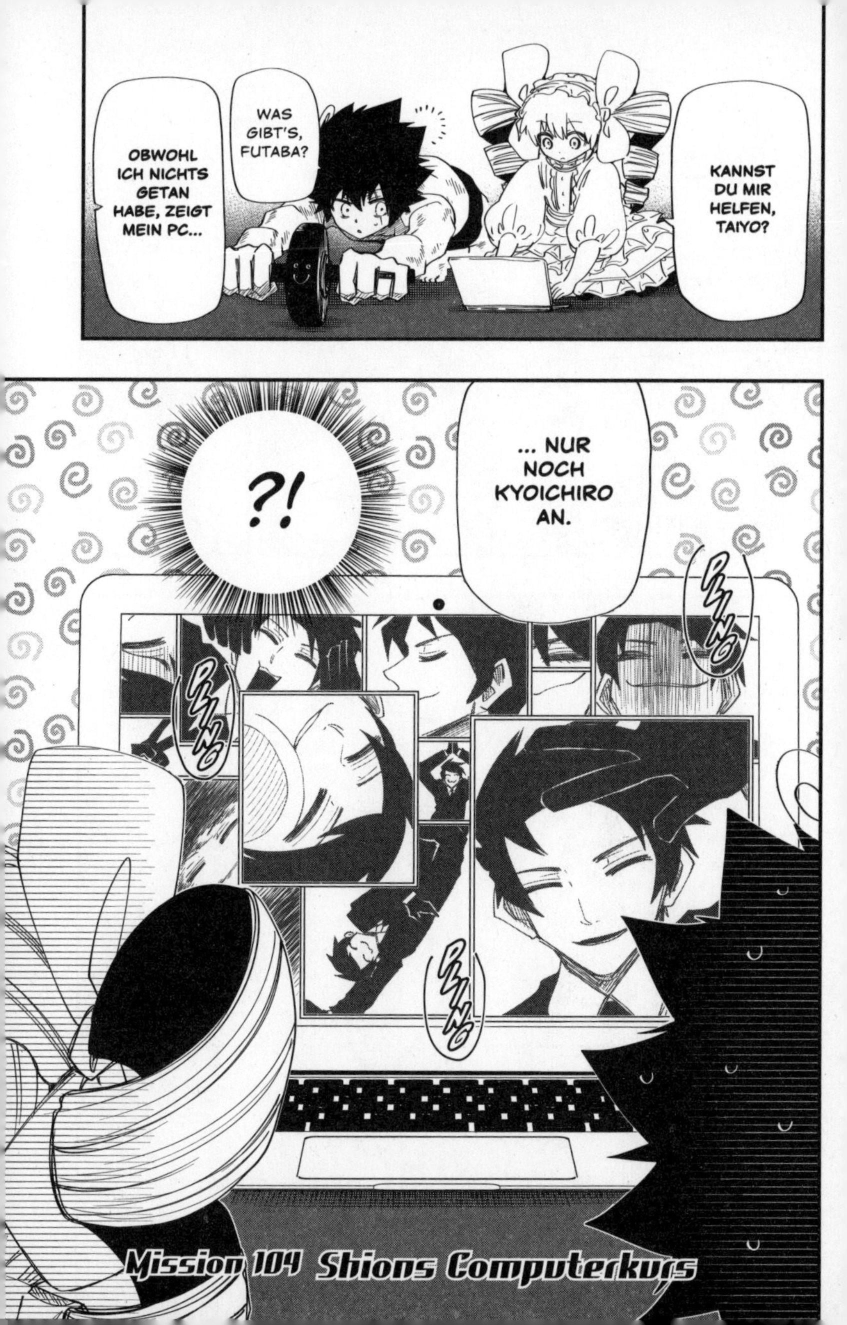
KANNST DU MIR HELFEN, TAIYO?
WAS GIBT'S, FUTABA?
OBWOHL ICH NICHTS GETAN HABE, ZEIGT MEIN PC...
... NUR NOCH KYOICHIRO AN.
?!
PLING
PLING
PLING
Mission 104 Shions Computerkurs

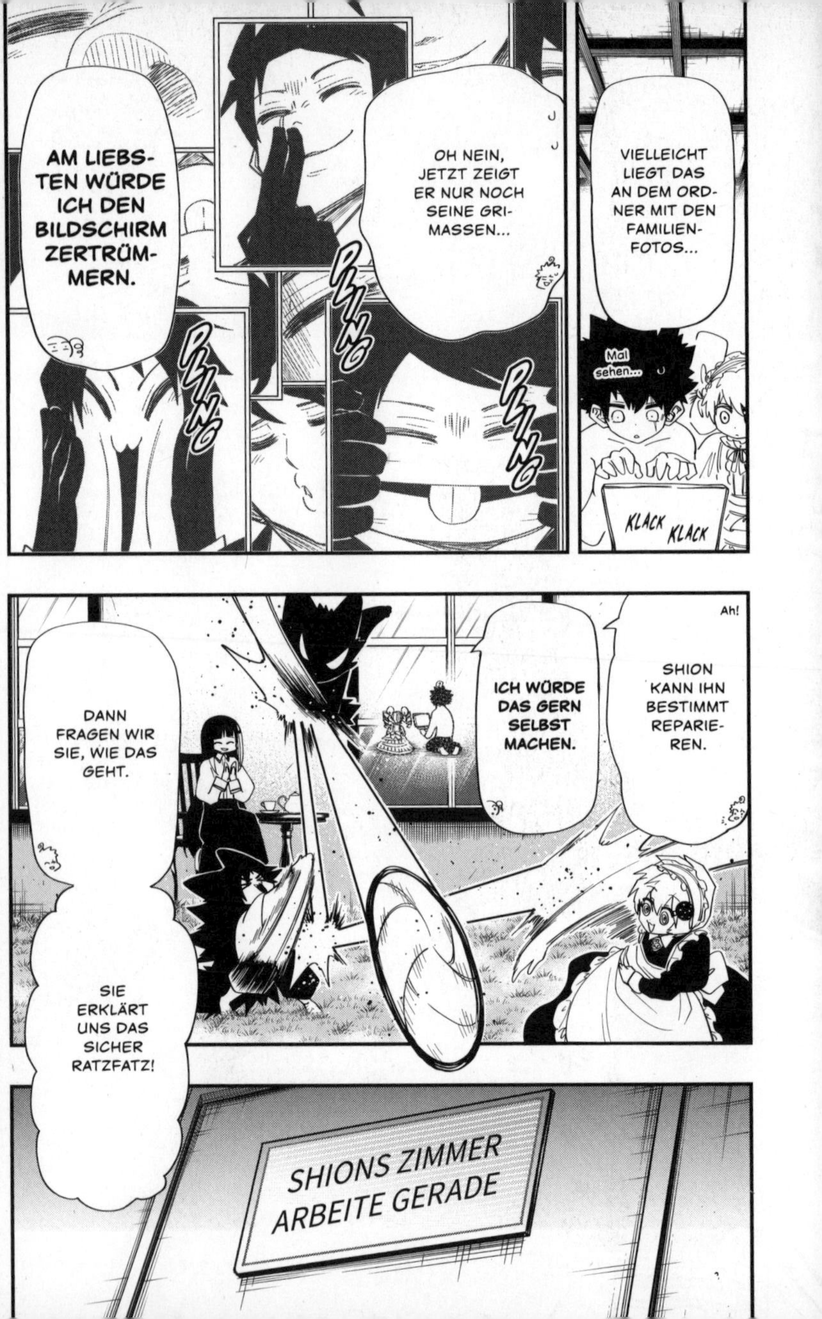
VIELLEICHT LIEGT DAS AN DEM ORDNER MIT DEN FAMILIENFOTOS...
Mal sehen...
KLACK KLACK
OH NEIN, JETZT ZEIGT ER NUR NOCH SEINE GRIMASSEN...
PLING
PLING
AM LIEBSTEN WÜRDE ICH DEN BILDSCHIRM ZERTRÜMMERN.
PLING
Ah!
SHION KANN IHN BESTIMMT REPARIEREN.
ICH WÜRDE DAS GERN SELBST MACHEN.
DANN FRAGEN WIR SIE, WIE DAS GEHT.
SIE ERKLÄRT UNS DAS SICHER RATZFATZ!
SHIONS ZIMMER
ARBEITE GERADE

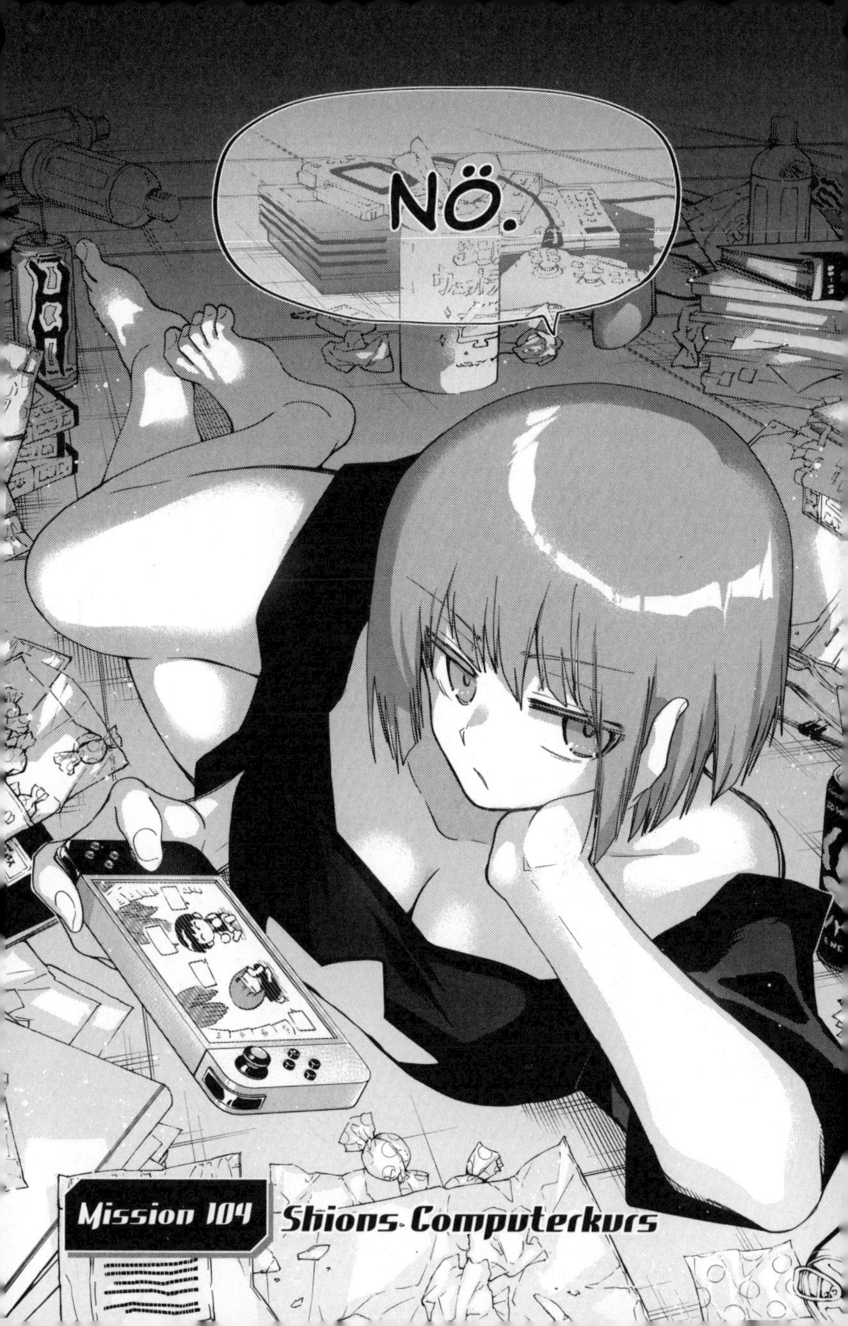
NÖ.
Mission 104
Shions Computerkurs

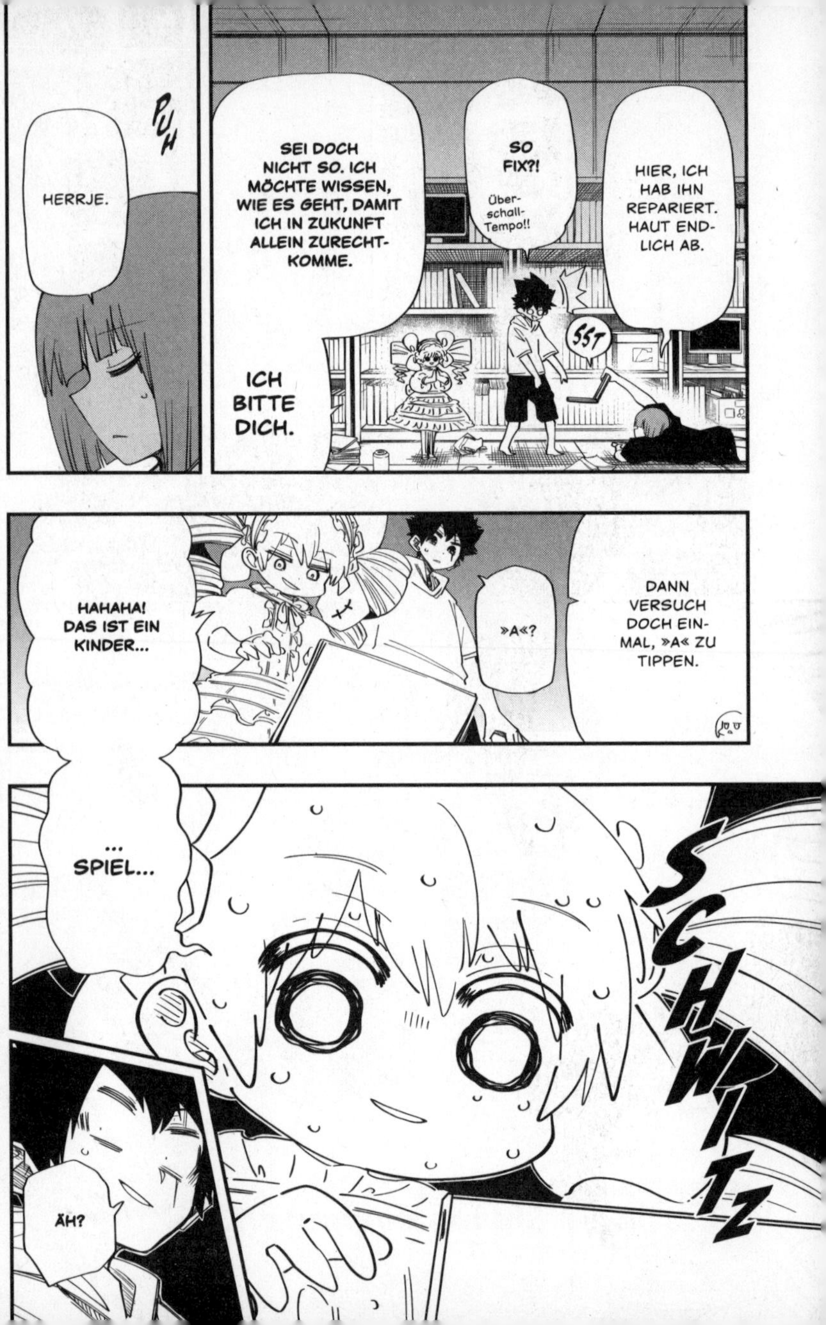
HIER, ICH HAB IHN REPARIERT. HAUT ENDLICH AB.
SST
SO FIX?!
Überschall-Tempo!!
SEI DOCH NICHT SO. ICH MÖCHTE WISSEN, WIE ES GEHT, DAMIT ICH IN ZUKUNFT ALLEIN ZURECHTKOMME.
ICH BITTE DICH.
PUH
HERRJE.
DANN VERSUCH DOCH EINMAL, »A« ZU TIPPEN.
»A«?
HAHAHA! DAS IST EIN KINDER...
... SPIEL...
SCHWITZ
ÄH?

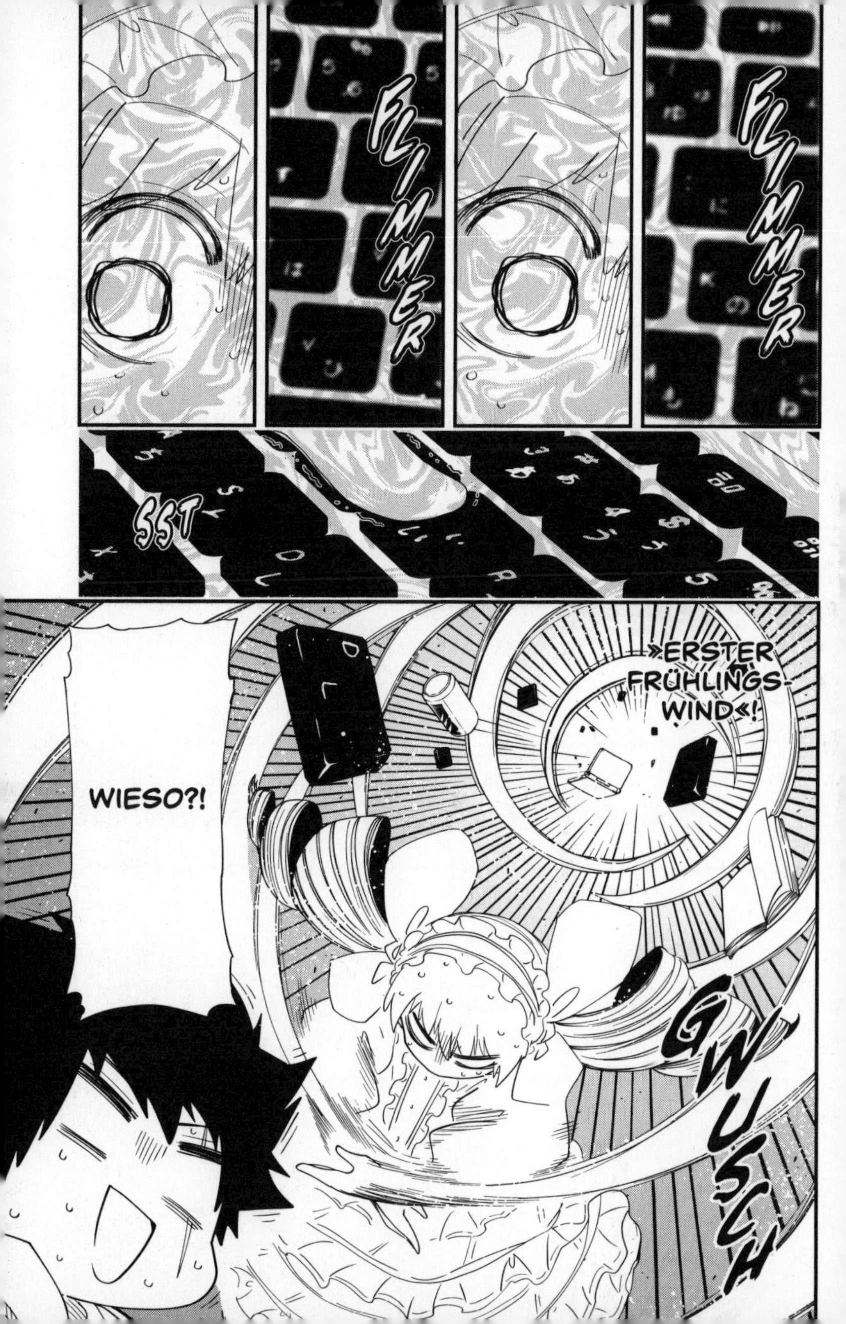

FLIMMER
FLIMMER
SST
»ERSTER FRÜHLINGS-WIND«!
WIESO?!
GWUSCH

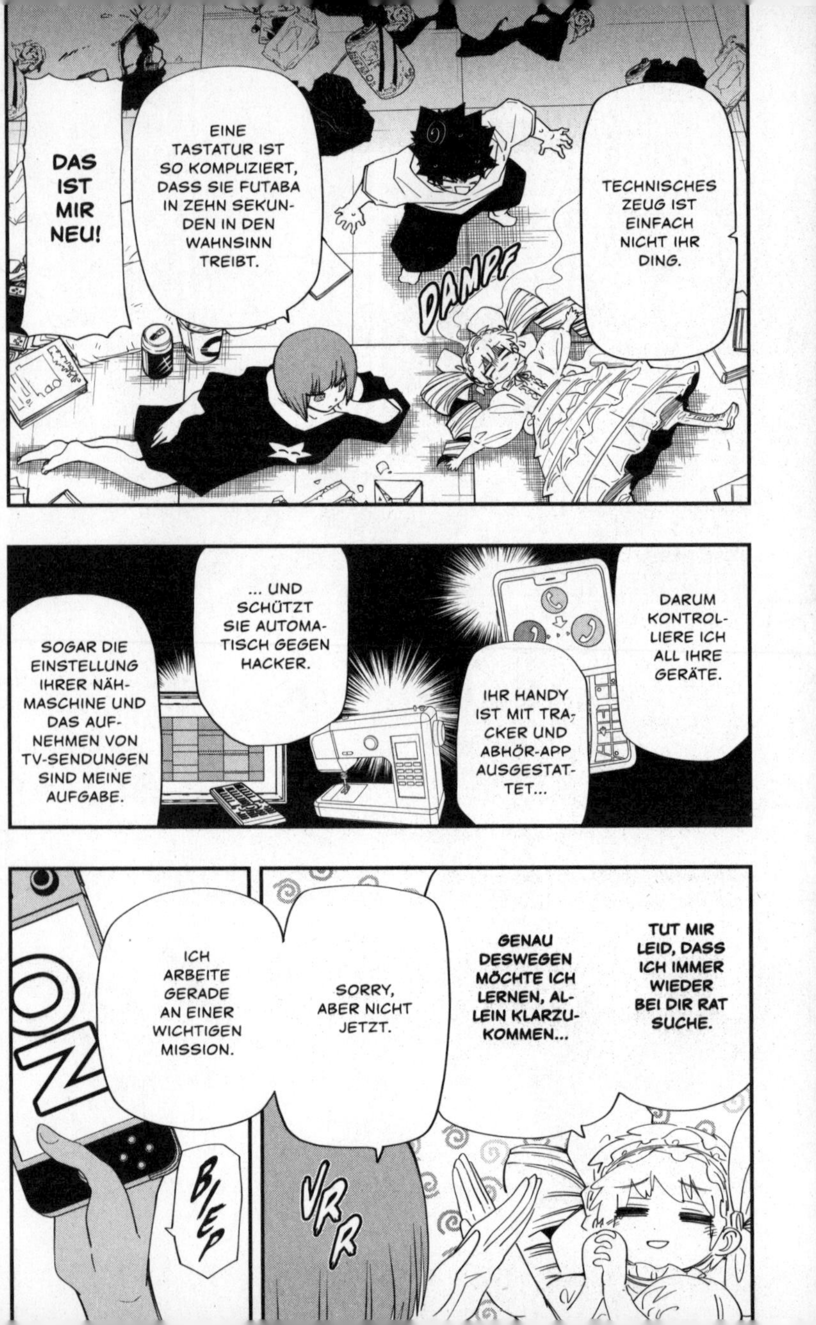
TECHNISCHES ZEUG IST EINFACH NICHT IHR DING.
DAMPF
EINE TASTATUR IST SO KOMPLIZIERT, DASS SIE FUTABA IN ZEHN SEKUNDEN IN DEN WAHNSINN TREIBT.
DAS IST MIR NEU!
DARUM KONTROLLIERE ICH ALL IHRE GERÄTE.
IHR HANDY IST MIT TRACKER UND ABHÖR-APP AUSGESTATTET...
... UND SCHÜTZT SIE AUTOMATISCH GEGEN HACKER.
SOGAR DIE EINSTELLUNG IHRER NÄHMASCHINE UND DAS AUFNEHMEN VON TV-SENDUNGEN SIND MEINE AUFGABE.
TUT MIR LEID, DASS ICH IMMER WIEDER BEI DIR RAT SUCHE.
GENAU DESWEGEN MÖCHTE ICH LERNEN, ALLEIN KLARZUKOMMEN...
SORRY, ABER NICHT JETZT.
VRR
ICH ARBEITE GERADE AN EINER WICHTIGEN MISSION.
BIEP
ON

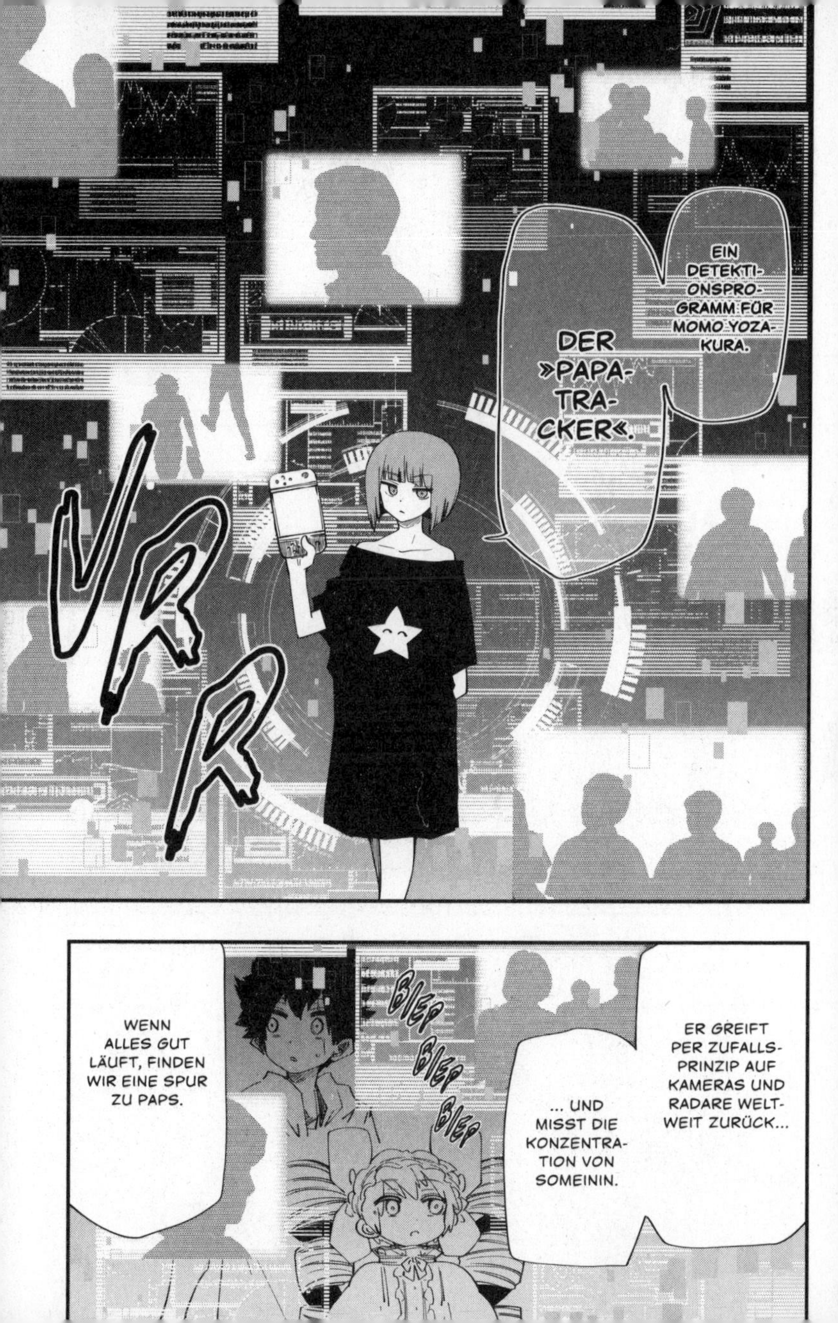
EIN DETEKTIONSPROGRAMM FÜR MOMO YOZAKURA.
DER »PAPATRACKER«.
VRR
ER GREIFT PER ZUFALLSPRINZIP AUF KAMERAS UND RADARE WELTWEIT ZURÜCK...
... UND MISST DIE KONZENTRATION VON SOMEININ.
BIEP BIEP BIEP
WENN ALLES GUT LÄUFT, FINDEN WIR EINE SPUR ZU PAPS.

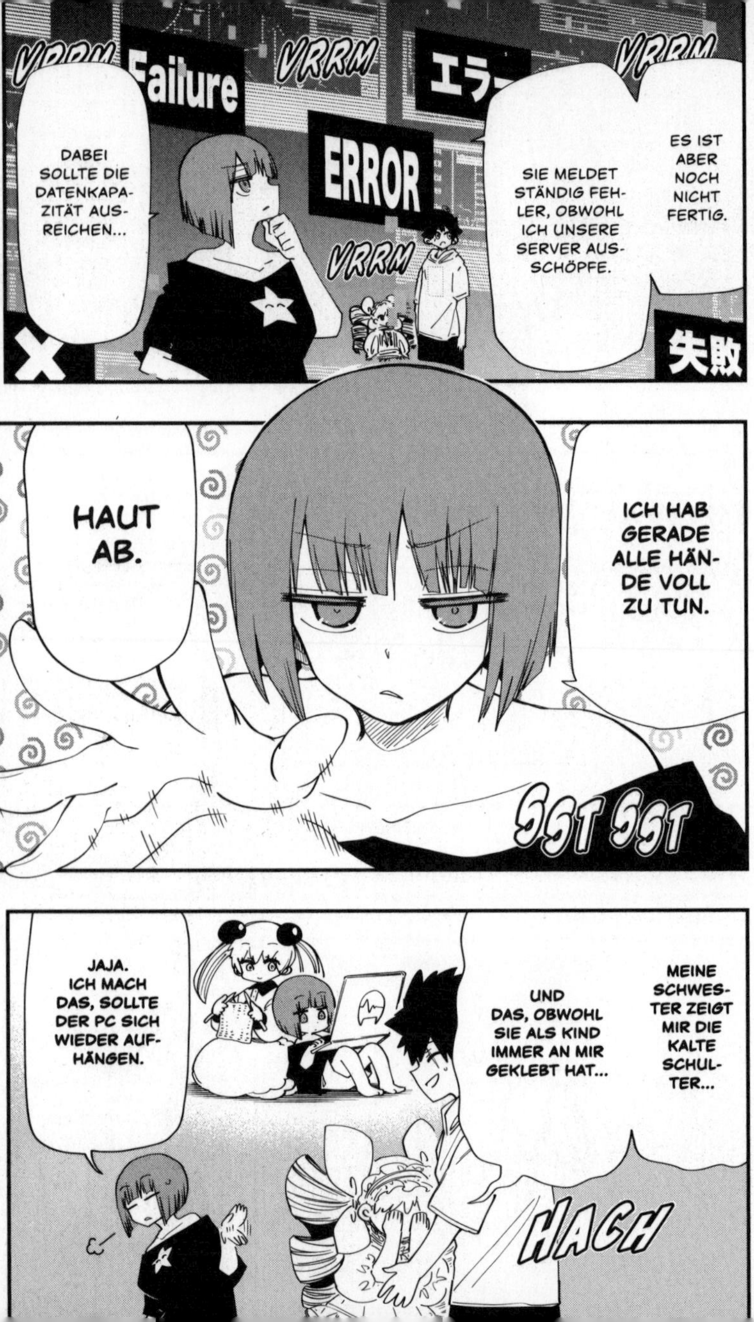
VRRM
Failure
VRRM
エラー
VRRM
ERROR
VRRM
失敗
ES IST ABER NOCH NICHT FERTIG.
SIE MELDET STÄNDIG FEHLER, OBWOHL ICH UNSERE SERVER AUSSCHÖPFE.
DABEI SOLLTE DIE DATENKAPAZITÄT AUSREICHEN…
ICH HAB GERADE ALLE HÄNDE VOLL ZU TUN.
HAUT AB.
SST SST
MEINE SCHWESTER ZEIGT MIR DIE KALTE SCHULTER…
UND DAS, OBWOHL SIE ALS KIND IMMER AN MIR GEKLEBT HAT…
JAJA. ICH MACH DAS, SOLLTE DER PC SICH WIEDER AUFHÄNGEN.
HACH

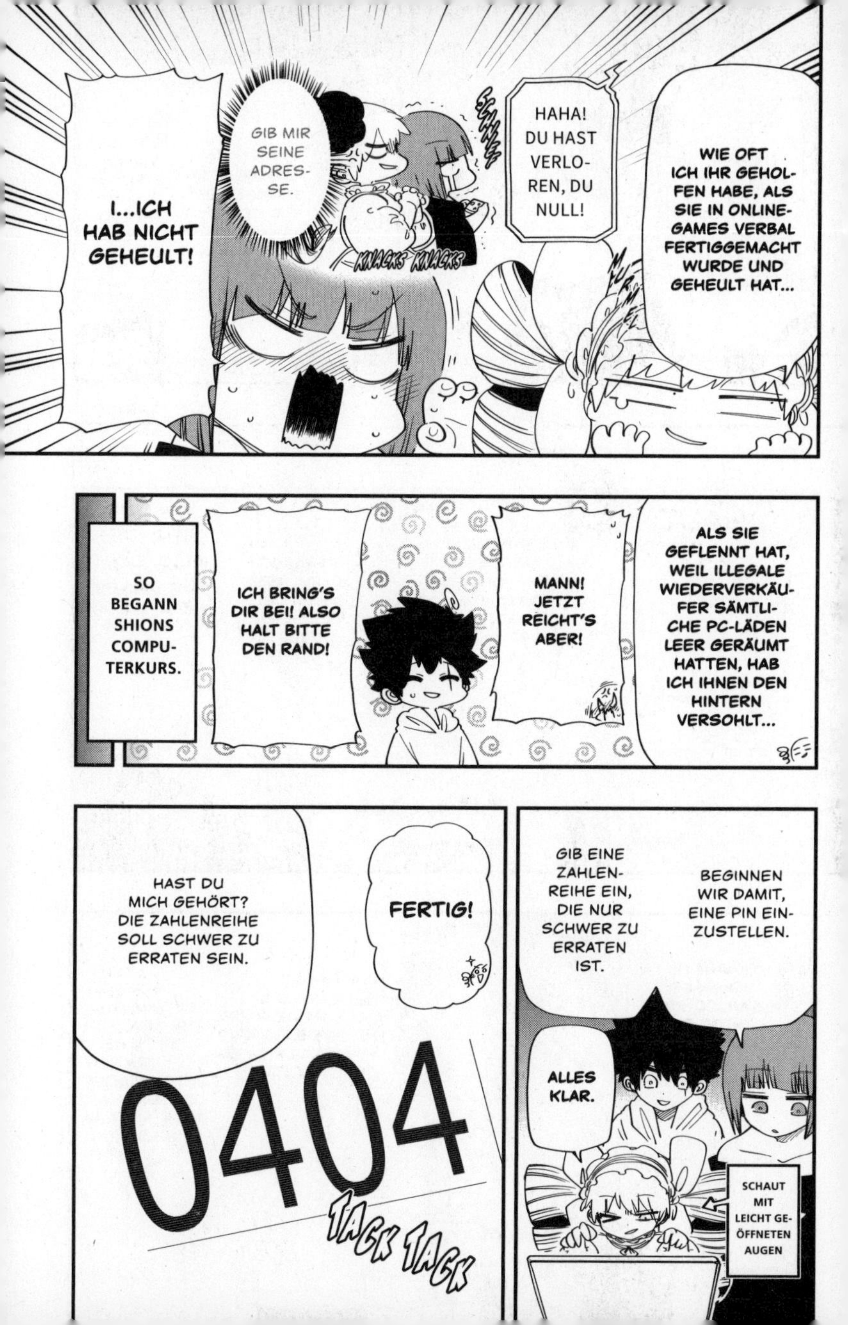
WIE OFT ICH IHR GEHOLFEN HABE, ALS SIE IN ONLINE-GAMES VERBAL FERTIGGEMACHT WURDE UND GEHEULT HAT...
MURMEL
HAHA! DU HAST VERLOREN, DU NULL!
GIB MIR SEINE ADRESSE.
KNACKS KNACKS
I...ICH HAB NICHT GEHEULT!
ALS SIE GEFLENNT HAT, WEIL ILLEGALE WIEDERVERKÄUFER SÄMTLICHE PC-LÄDEN LEER GERÄUMT HATTEN, HAB ICH IHNEN DEN HINTERN VERSOHLT...
MANN! JETZT REICHT'S ABER!
ICH BRING'S DIR BEI! ALSO HALT BITTE DEN RAND!
SO BEGANN SHIONS COMPUTERKURS.
BEGINNEN WIR DAMIT, EINE PIN EINZUSTELLEN.
GIB EINE ZAHLENREIHE EIN, DIE NUR SCHWER ZU ERRATEN IST.
ALLES KLAR.
SCHAUT MIT LEICHT GEÖFFNETEN AUGEN
FERTIG!
0404
TACK TACK
HAST DU MICH GEHÖRT? DIE ZAHLENREIHE SOLL SCHWER ZU ERRATEN SEIN.

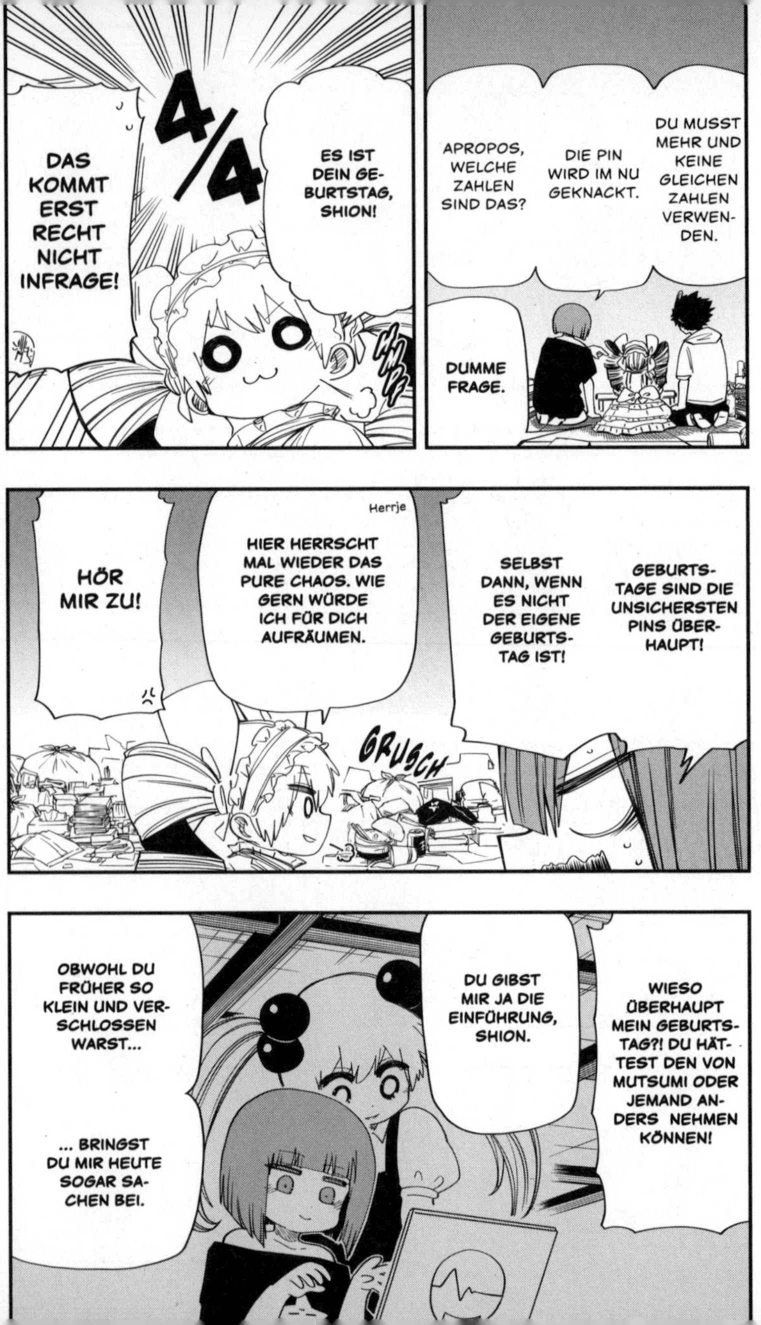
DU MUSST MEHR UND KEINE GLEICHEN ZAHLEN VERWENDEN.
DIE PIN WIRD IM NU GEKNACKT.
APROPOS, WELCHE ZAHLEN SIND DAS?
DUMME FRAGE.
ES IST DEIN GEBURTSTAG, SHION!
4/4
DAS KOMMT ERST RECHT NICHT INFRAGE!
GEBURTSTAGE SIND DIE UNSICHERSTEN PINS ÜBERHAUPT!
SELBST DANN, WENN ES NICHT DER EIGENE GEBURTSTAG IST!
GRUSCH
Herrje
HIER HERRSCHT MAL WIEDER DAS PURE CHAOS. WIE GERN WÜRDE ICH FÜR DICH AUFRÄUMEN.
HÖR MIR ZU!
WIESO ÜBERHAUPT MEIN GEBURTSTAG?! DU HÄTTEST DEN VON MUTSUMI ODER JEMAND ANDERS NEHMEN KÖNNEN!
DU GIBST MIR JA DIE EINFÜHRUNG, SHION.
OBWOHL DU FRÜHER SO KLEIN UND VERSCHLOSSEN WARST...
... BRINGST DU MIR HEUTE SOGAR SACHEN BEI.

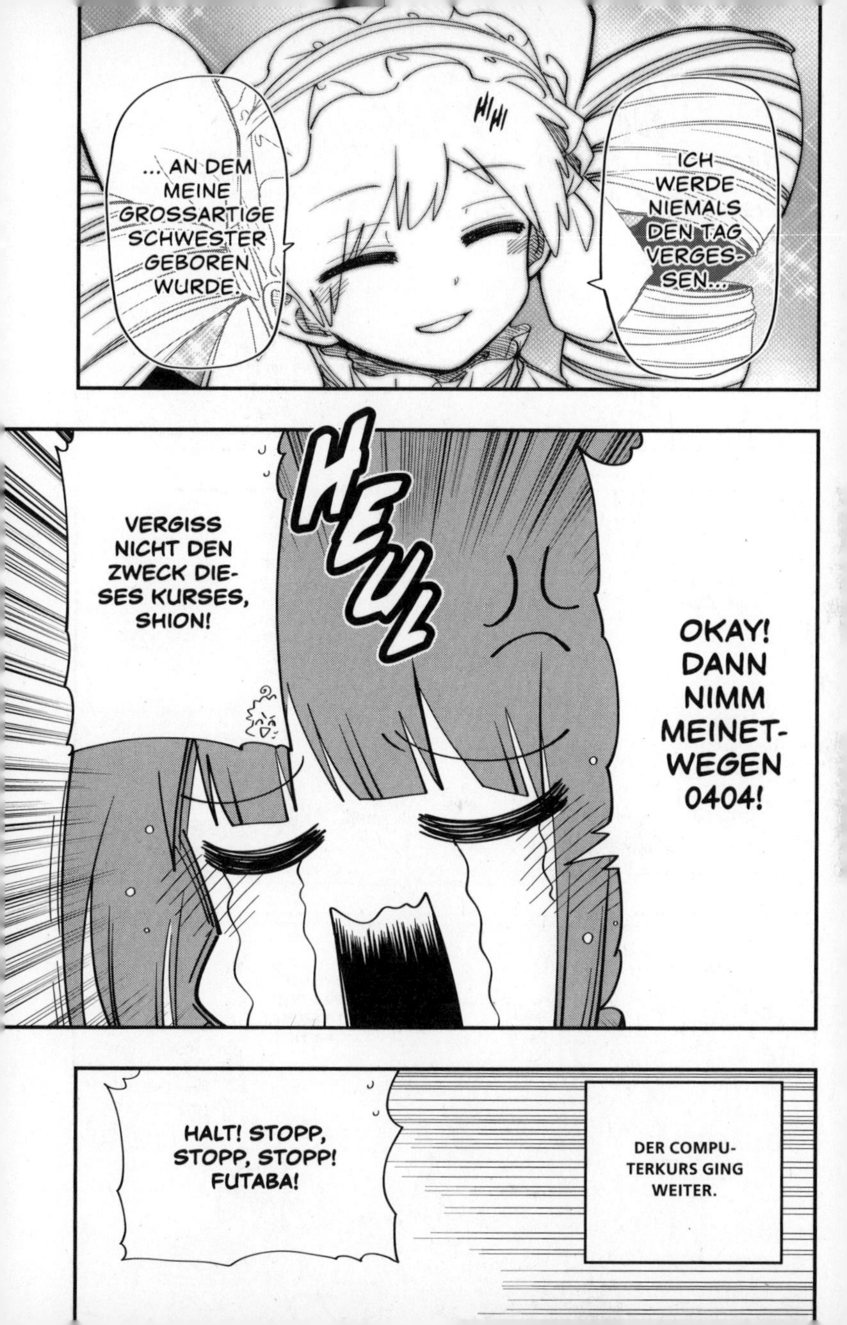
HIHI
ICH WERDE NIEMALS DEN TAG VERGES-SEN...
... AN DEM MEINE GROSSARTIGE SCHWESTER GEBOREN WURDE.
OKAY! DANN NIMM MEINET-WEGEN 0404!
HEUL
VERGISS NICHT DEN ZWECK DIE-SES KURSES, SHION!
DER COMPU-TERKURS GING WEITER.
HALT! STOPP, STOPP, STOPP! FUTABA!

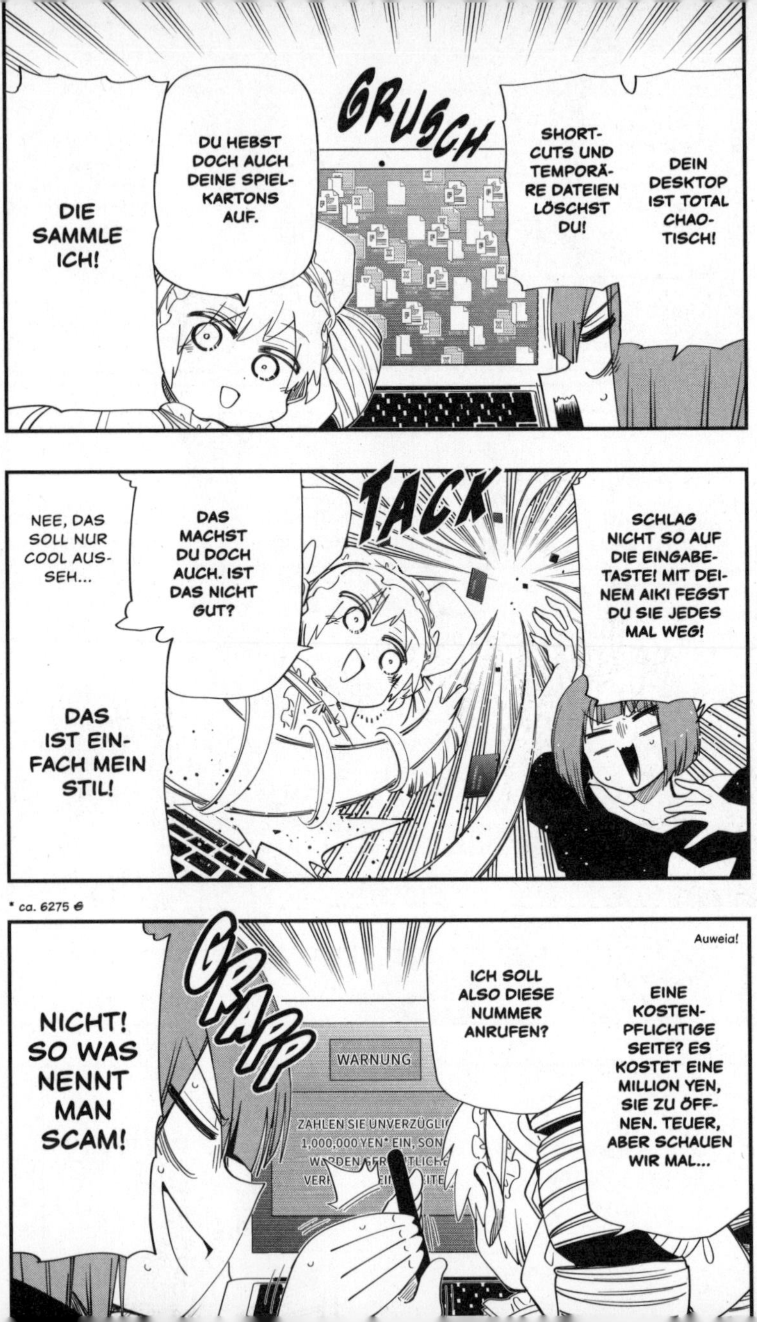
DEIN DESKTOP IST TOTAL CHAOTISCH!
GRUSCH
SHORTCUTS UND TEMPORÄRE DATEIEN LÖSCHST DU!
DU HEBST DOCH AUCH DEINE SPIELKARTONS AUF.
DIE SAMMLE ICH!
SCHLAG NICHT SO AUF DIE EINGABETASTE! MIT DEINEM AIKI FEGST DU SIE JEDES MAL WEG!
TACK
DAS MACHST DU DOCH AUCH. IST DAS NICHT GUT?
NEE, DAS SOLL NUR COOL AUSSEH...
DAS IST EINFACH MEIN STIL!
Auweia!
EINE KOSTENPFLICHTIGE SEITE? ES KOSTET EINE MILLION YEN, SIE ZU ÖFFNEN. TEUER, ABER SCHAUEN WIR MAL...
ICH SOLL ALSO DIESE NUMMER ANRUFEN?
GRAPP
WARNUNG
NICHT! SO WAS NENNT MAN SCAM!

* ca. 6275 €

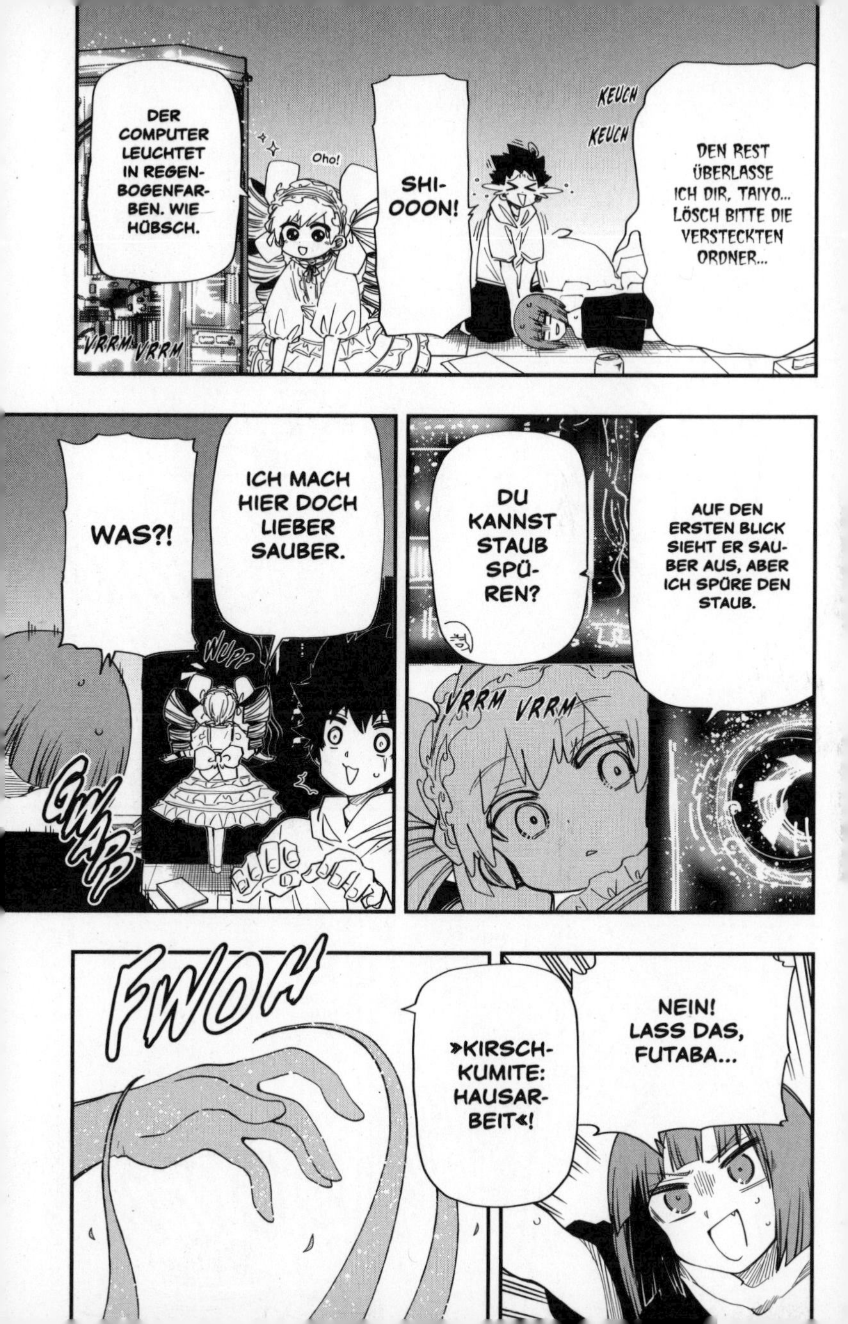
DEN REST ÜBERLASSE ICH DIR, TAIYO... LÖSCH BITTE DIE VERSTECKTEN ORDNER...
KEUCH
KEUCH
SHIOOON!
Oho!
DER COMPUTER LEUCHTET IN REGENBOGENFARBEN. WIE HÜBSCH.
VRRM VRRM
AUF DEN ERSTEN BLICK SIEHT ER SAUBER AUS, ABER ICH SPÜRE DEN STAUB.
DU KANNST STAUB SPÜREN?
VRRM VRRM
ICH MACH HIER DOCH LIEBER SAUBER.
WAS?!
WUPP
GWAPP
NEIN! LASS DAS, FUTABA...
»KIRSCHKUMITE: HAUSARBEIT«!
FWOH

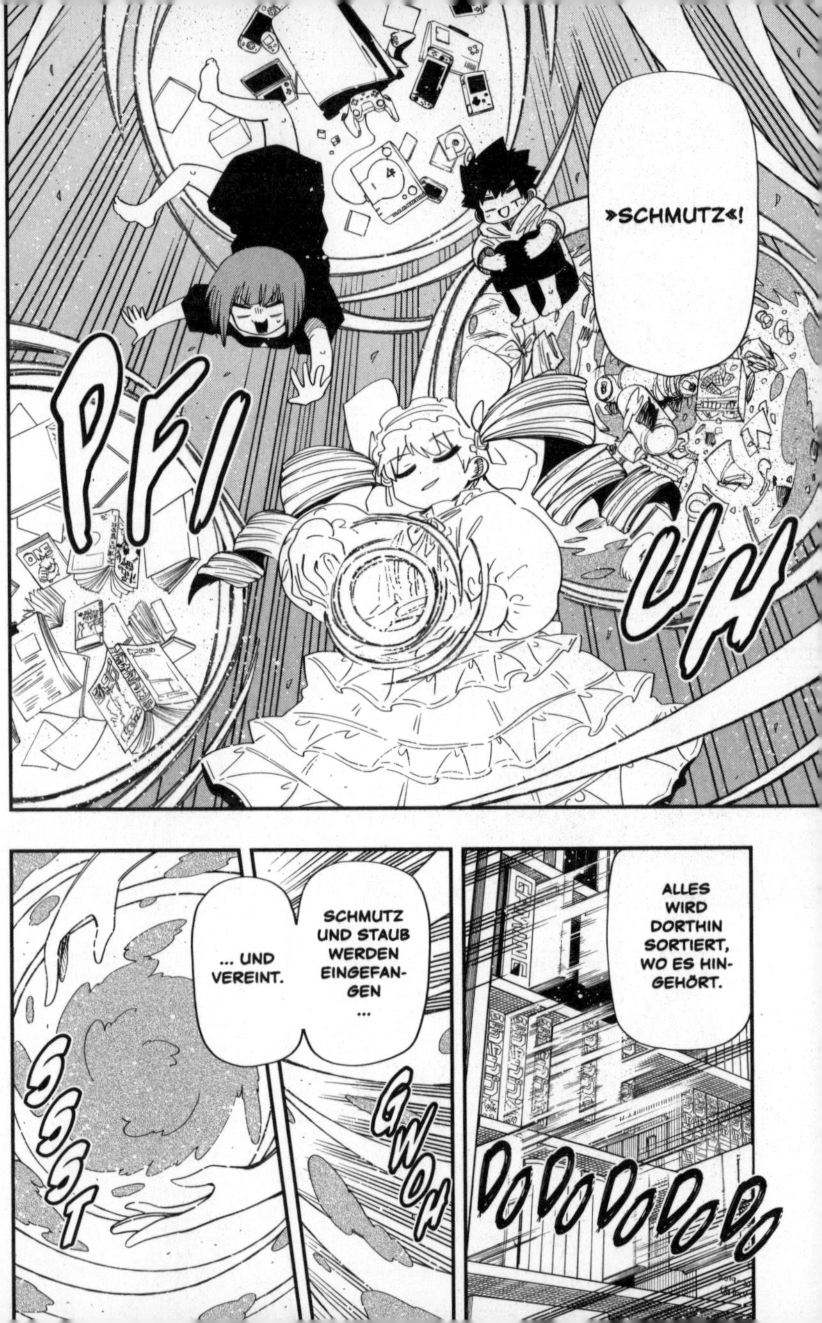
»SCHMUTZ«!
PFI
UUH
ALLES WIRD DORTHIN SORTIERT, WO ES HIN-GEHÖRT.
SCHMUTZ UND STAUB WERDEN EINGEFAN-GEN …
… UND VEREINT.

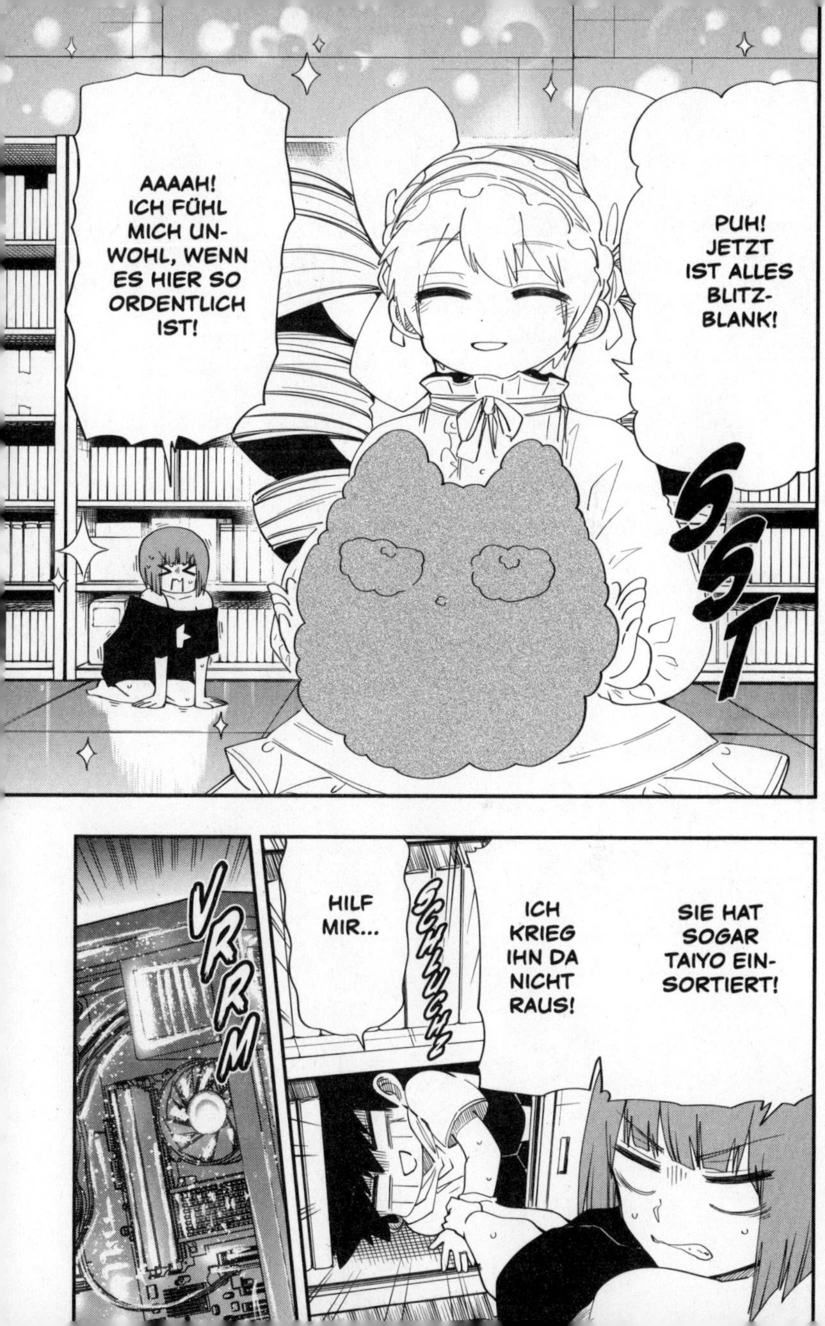
PUH! JETZT IST ALLES BLITZ-BLANK!
SST
AAAAH! ICH FÜHL MICH UN-WOHL, WENN ES HIER SO ORDENTLICH IST!
SIE HAT SOGAR TAIYO EIN-SORTIERT!
ICH KRIEG IHN DA NICHT RAUS!
HILF MIR...
VRRM

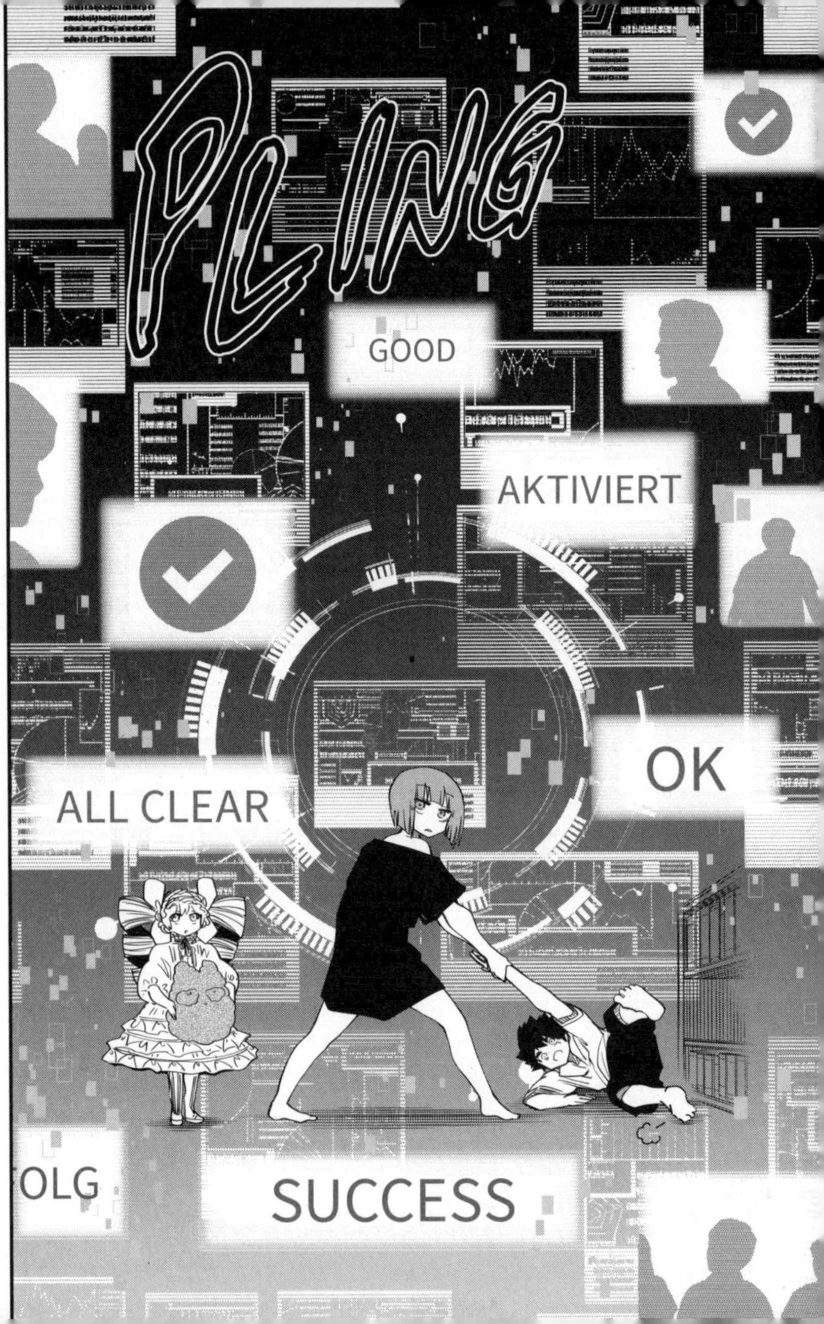
PLING
GOOD
AKTIVIERT
ALL CLEAR
OK
OLG
SUCCESS

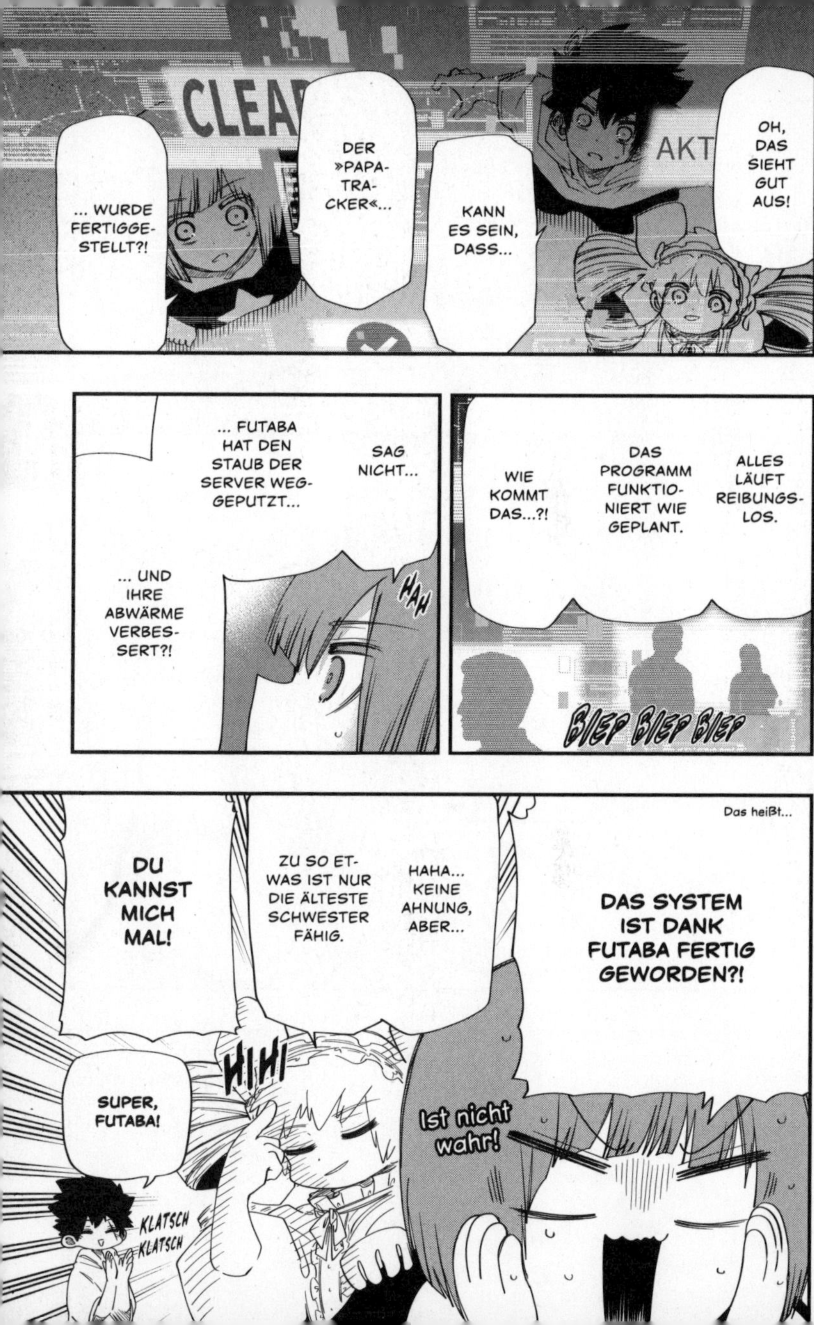
OH, DAS SIEHT GUT AUS!
AKT
KANN ES SEIN, DASS...
DER »PAPA-TRA-CKER«...
CLEAR
... WURDE FERTIGGE-STELLT?!
ALLES LÄUFT REIBUNGS-LOS.
DAS PROGRAMM FUNKTIO-NIERT WIE GEPLANT.
WIE KOMMT DAS...?!
BIEP BIEP BIEP
SAG NICHT...
... FUTABA HAT DEN STAUB DER SERVER WEG-GEPUTZT...
... UND IHRE ABWÄRME VERBES-SERT?!
HAH
Das heißt...
DAS SYSTEM IST DANK FUTABA FERTIG GEWORDEN?!
HAHA... KEINE AHNUNG, ABER...
ZU SO ET-WAS IST NUR DIE ÄLTESTE SCHWESTER FÄHIG.
DU KANNST MICH MAL!
Ist nicht wahr!
HIHI
SUPER, FUTABA!
KLATSCH KLATSCH

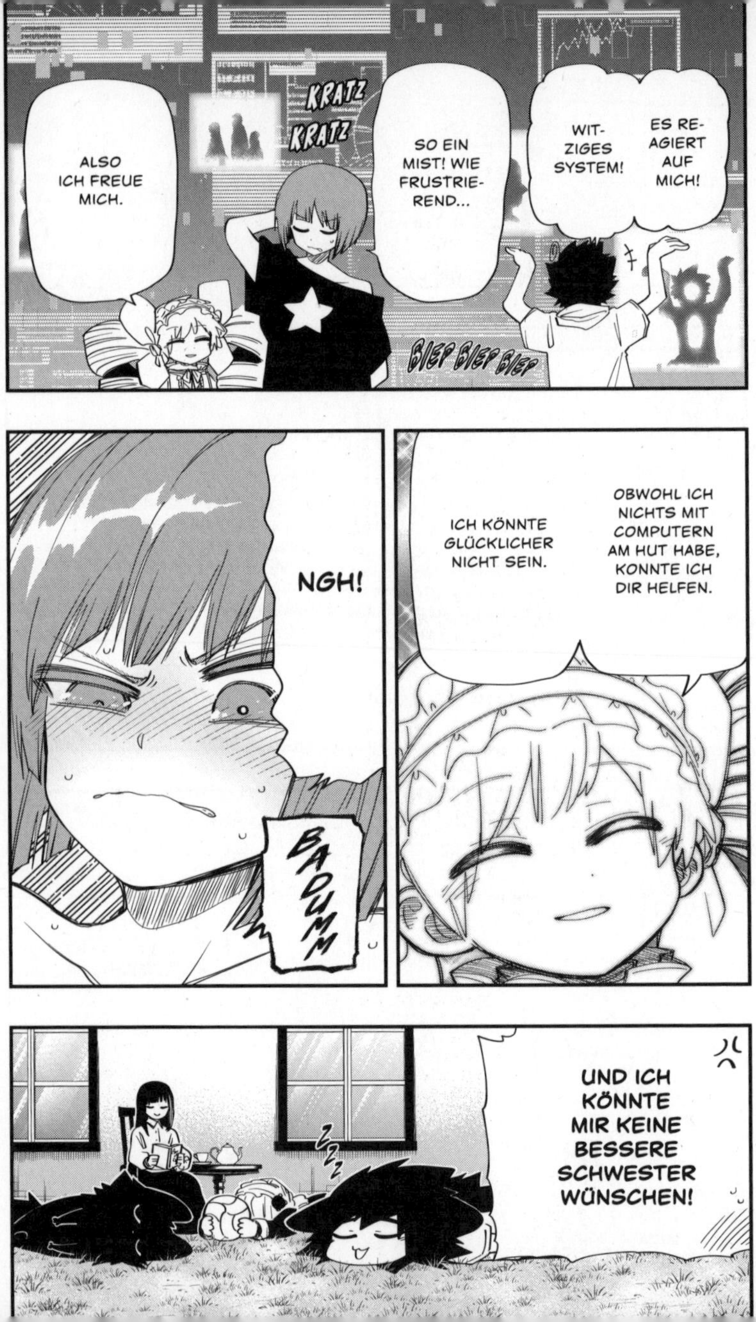
ES RE-AGIERT AUF MICH!
WIT-ZIGES SYSTEM!
BIEP BIEP BIEP
KRATZ KRATZ
SO EIN MIST! WIE FRUSTRIE-REND...
ALSO ICH FREUE MICH.
OBWOHL ICH NICHTS MIT COMPUTERN AM HUT HABE, KONNTE ICH DIR HELFEN.
ICH KÖNNTE GLÜCKLICHER NICHT SEIN.
NGH!
BADUMM
UND ICH KÖNNTE MIR KEINE BESSERE SCHWESTER WÜNSCHEN!
ZZZ

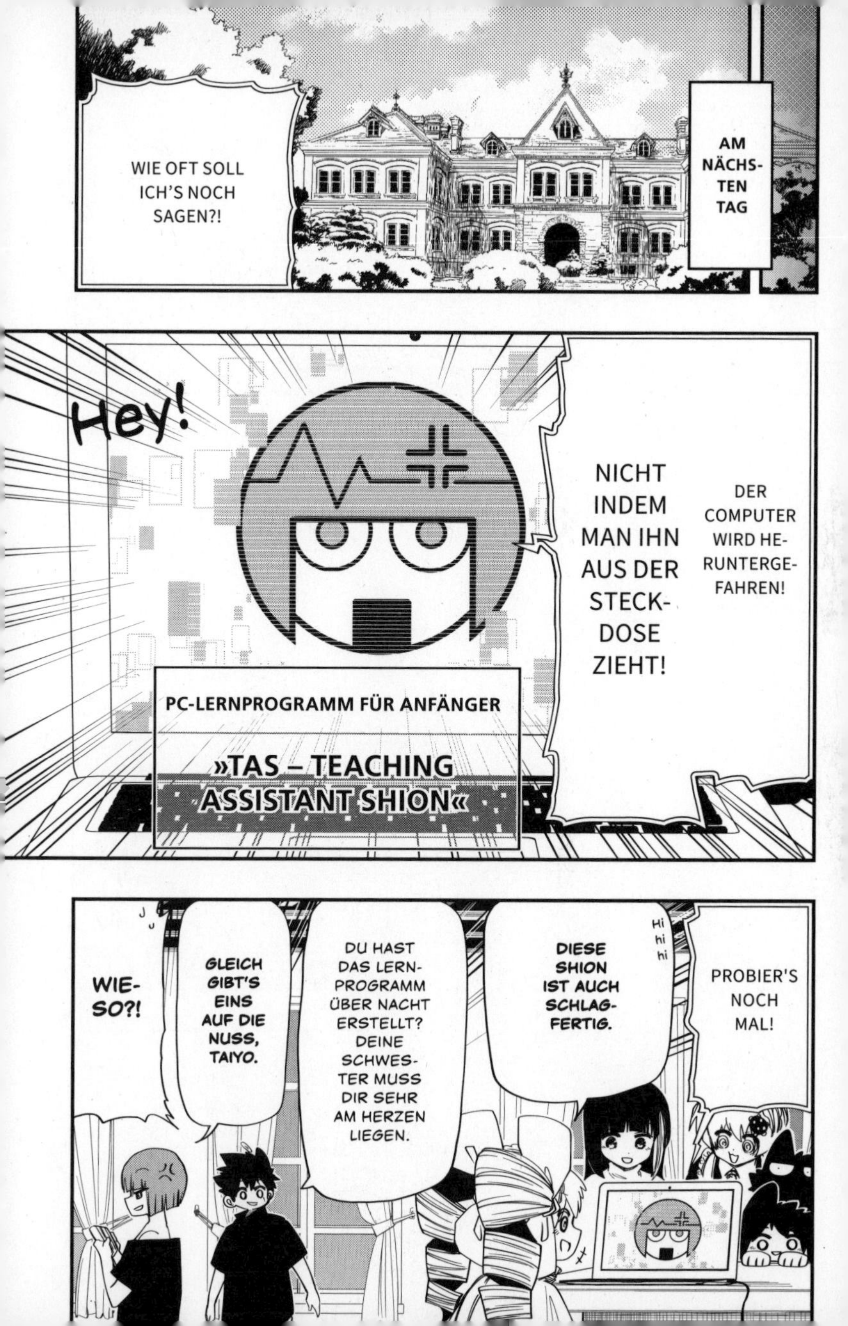
AM NÄCHSTEN TAG
WIE OFT SOLL ICH'S NOCH SAGEN?!
DER COMPUTER WIRD HERUNTERGEFAHREN!
NICHT INDEM MAN IHN AUS DER STECKDOSE ZIEHT!
Hey!
PC-LERNPROGRAMM FÜR ANFÄNGER
»TAS – TEACHING ASSISTANT SHION«
PROBIER'S NOCH MAL!
Hi hi hi
DIESE SHION IST AUCH SCHLAGFERTIG.
DU HAST DAS LERNPROGRAMM ÜBER NACHT ERSTELLT? DEINE SCHWESTER MUSS DIR SEHR AM HERZEN LIEGEN.
GLEICH GIBT'S EINS AUF DIE NUSS, TAIYO.
WIESO?!

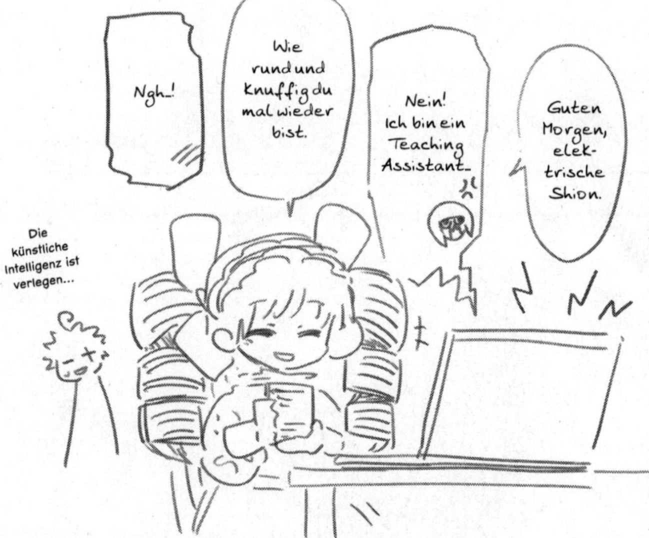
Guten Morgen, elek-trische Shion.
Nein! Ich bin ein Teaching Assistant…
Wie rund und knuffig du mal wieder bist.
Ngh…!
Die künstliche Intelligenz ist verlegen…

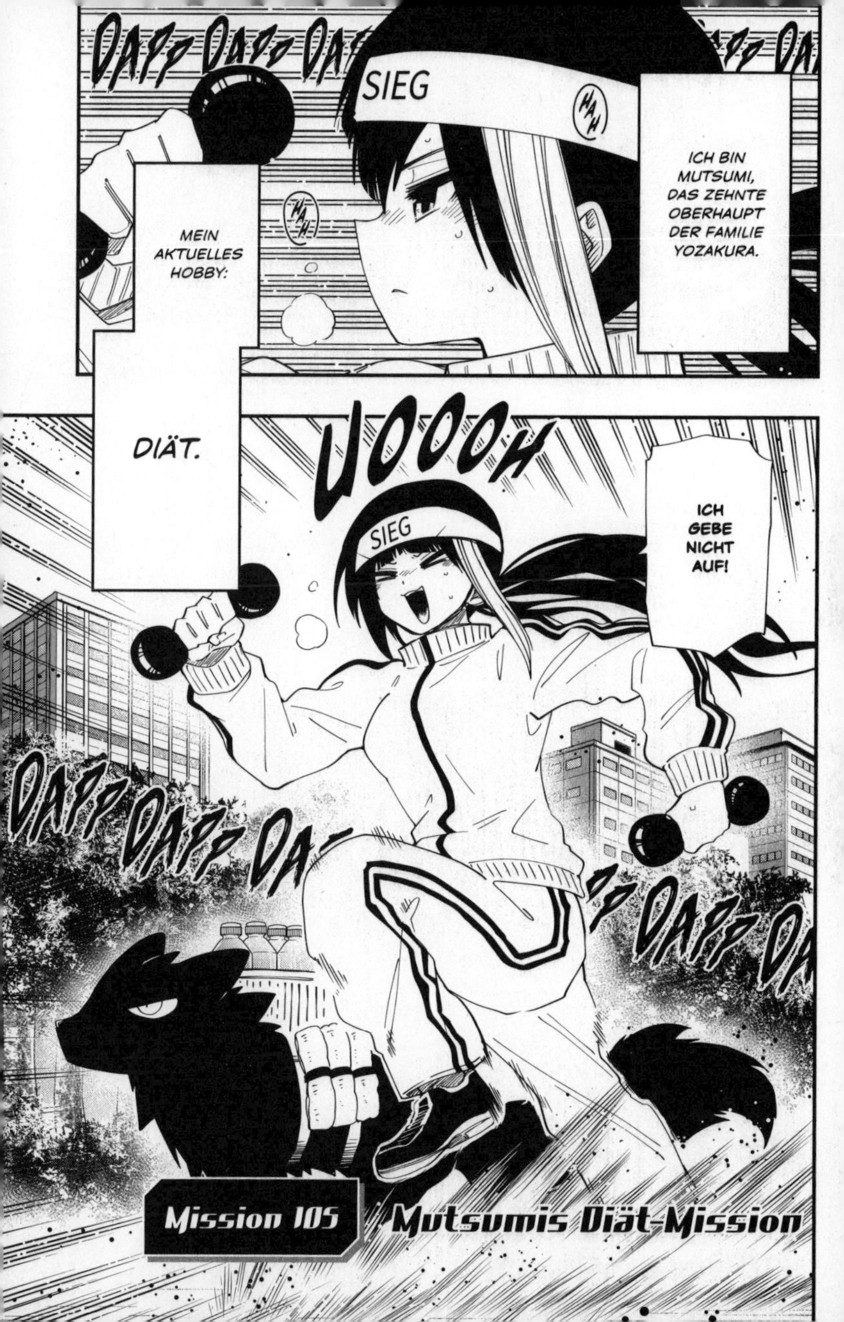
ICH BIN MUTSUMI, DAS ZEHNTE OBERHAUPT DER FAMILIE YOZAKURA.
SIEG
HAH
HAH
MEIN AKTUELLES HOBBY:
DIÄT.
UOOOH
ICH GEBE NICHT AUF!
SIEG
DAPP DAPP DA-
DAPP DAPP DA
Mission 105
Mutsumis Diät-Mission

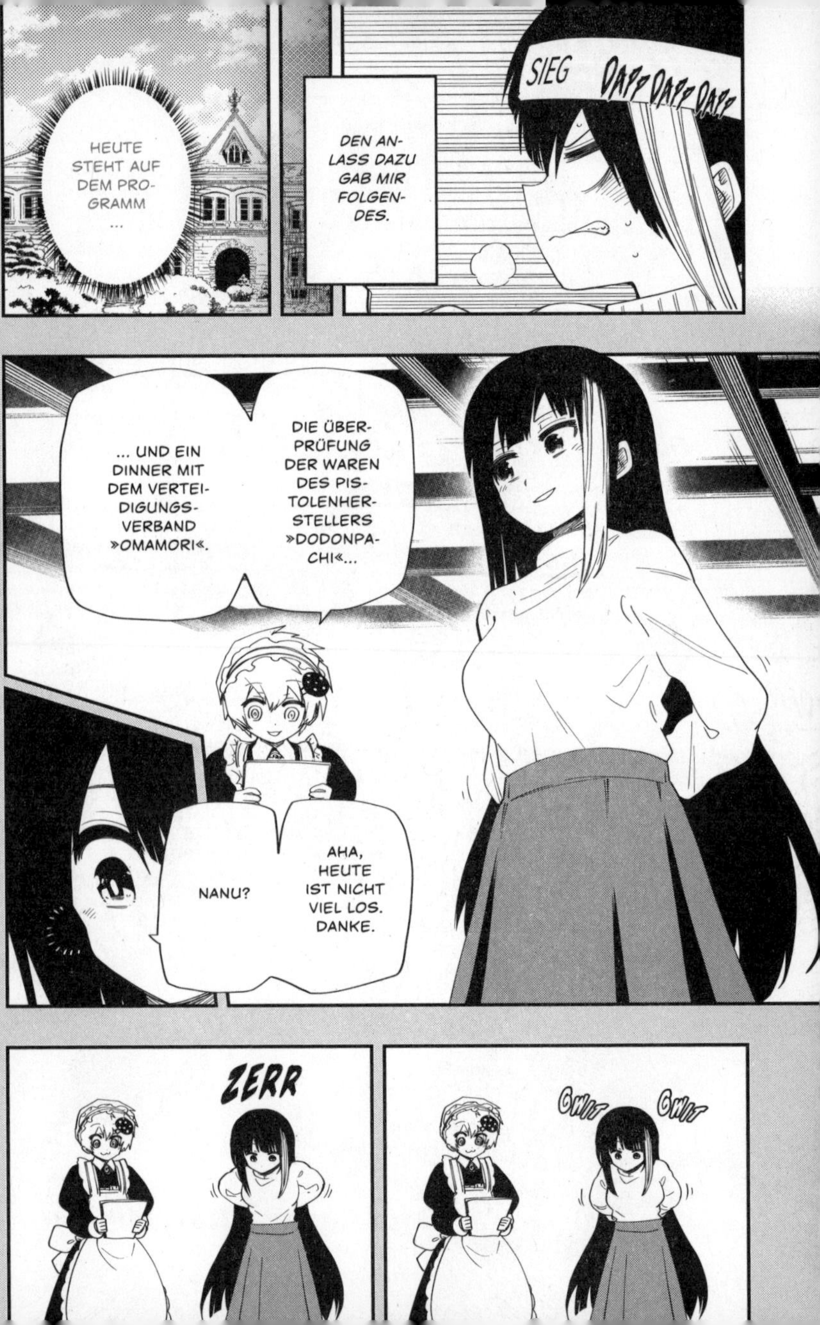
SIEG
DAPP DAPP DAPP
DEN ANLASS DAZU GAB MIR FOLGENDES.
HEUTE STEHT AUF DEM PROGRAMM ...
DIE ÜBERPRÜFUNG DER WAREN DES PISTOLENHERSTELLERS »DODONPACHI«...
... UND EIN DINNER MIT DEM VERTEIDIGUNGSVERBAND »OMAMORI«.
AHA, HEUTE IST NICHT VIEL LOS. DANKE.
NANU?
ZERR

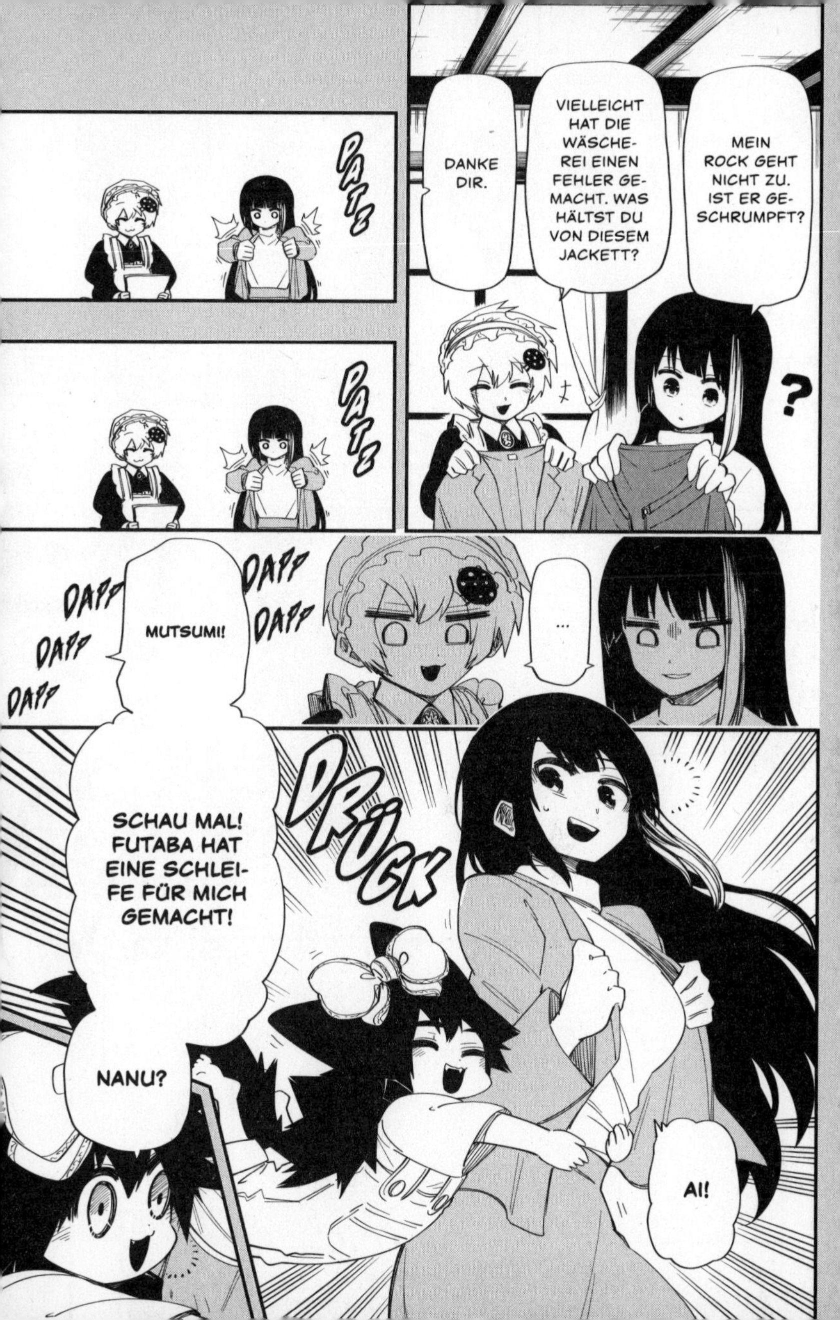
MEIN ROCK GEHT NICHT ZU. IST ER GESCHRUMPFT?
VIELLEICHT HAT DIE WÄSCHEREI EINEN FEHLER GEMACHT. WAS HÄLTST DU VON DIESEM JACKETT?
DANKE DIR.
?
PATZ
PATZ
...
DAPP DAPP
DAPP DAPP DAPP
MUTSUMI!
DRÜCK
SCHAU MAL! FUTABA HAT EINE SCHLEIFE FÜR MICH GEMACHT!
AI!
NANU?

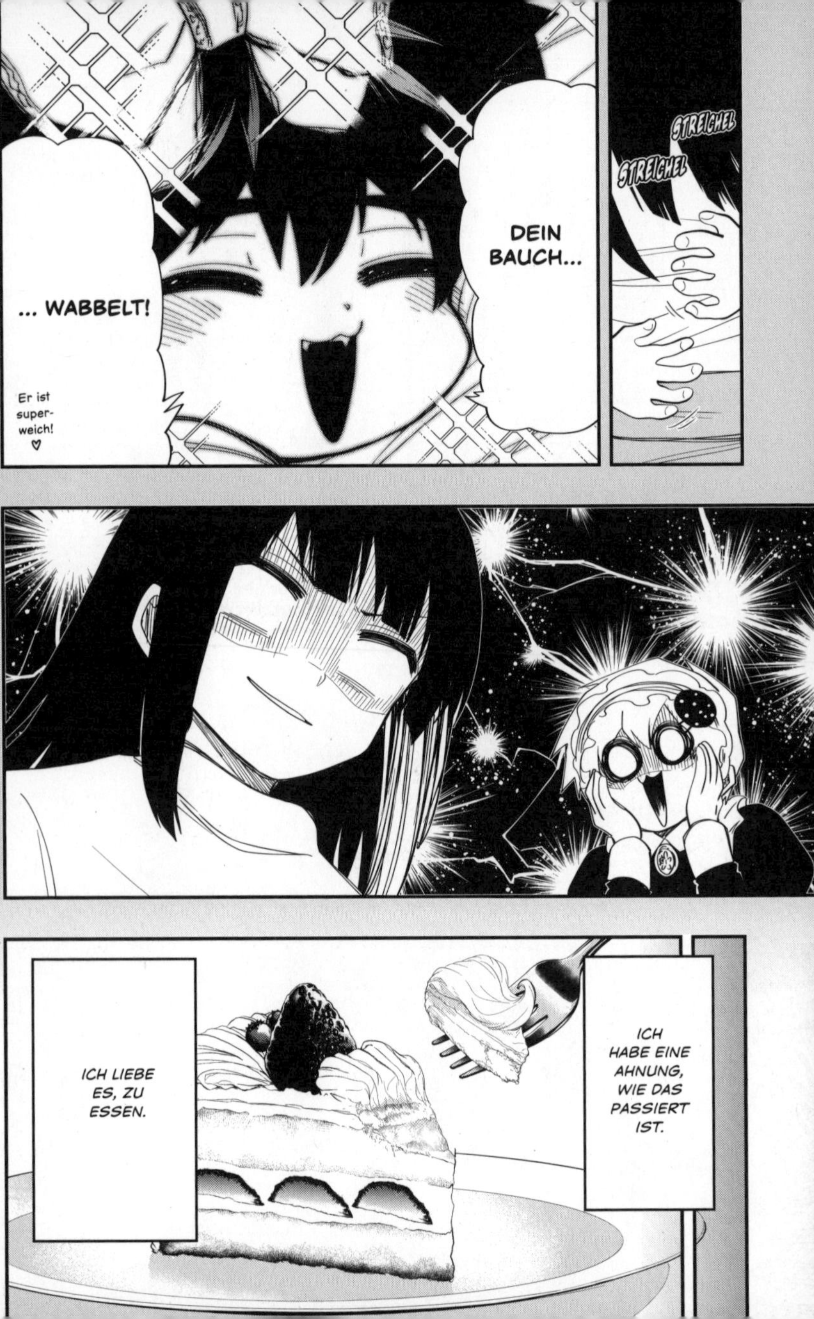
STREICHEL
STREICHEL
DEIN BAUCH...
... WABBELT!
Er ist super-weich! ♥
ICH HABE EINE AHNUNG, WIE DAS PASSIERT IST.
ICH LIEBE ES, ZU ESSEN.

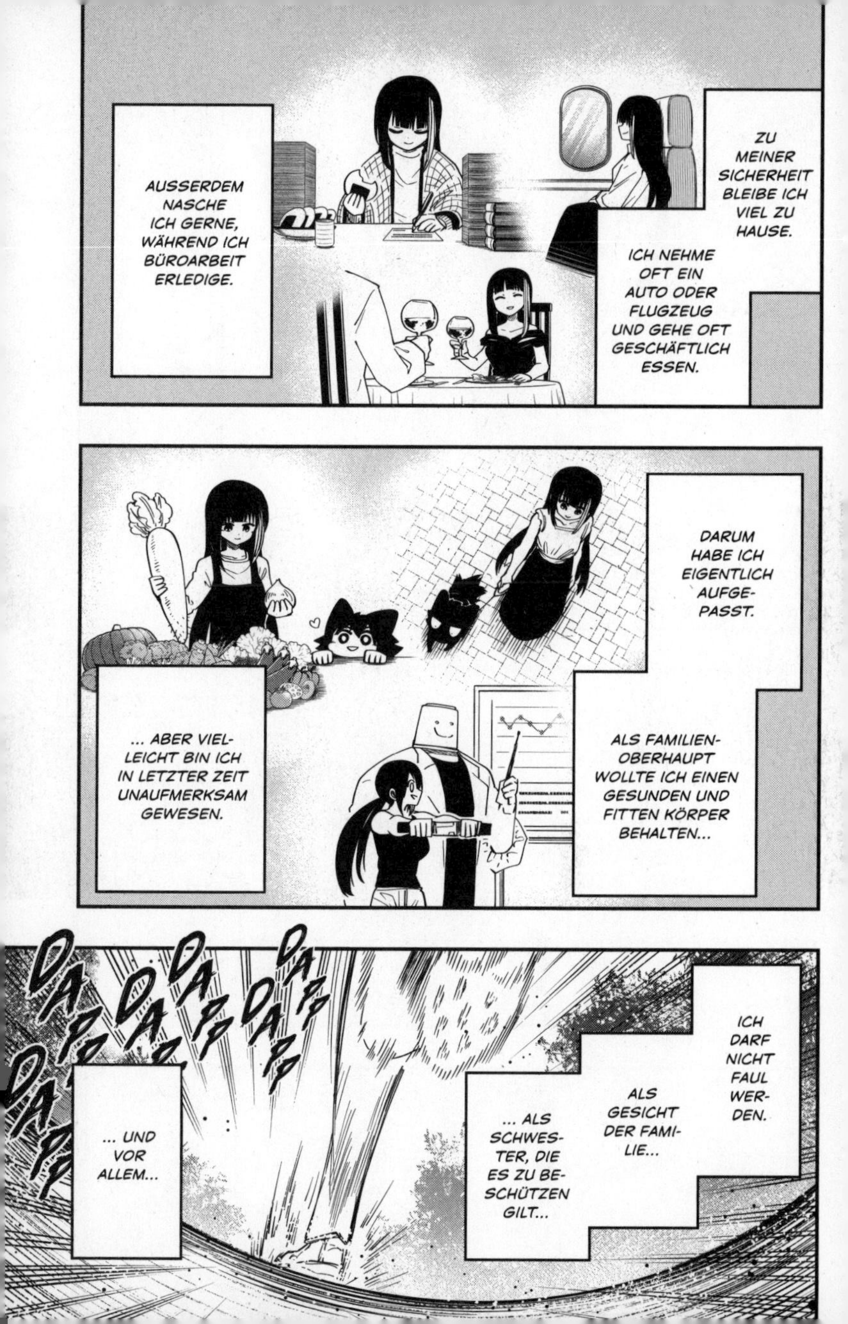

ZU MEINER SICHERHEIT BLEIBE ICH VIEL ZU HAUSE.
ICH NEHME OFT EIN AUTO ODER FLUGZEUG UND GEHE OFT GESCHÄFTLICH ESSEN.
AUSSERDEM NASCHE ICH GERNE, WÄHREND ICH BÜROARBEIT ERLEDIGE.
DARUM HABE ICH EIGENTLICH AUFGEPASST.
ALS FAMILIENOBERHAUPT WOLLTE ICH EINEN GESUNDEN UND FITTEN KÖRPER BEHALTEN...
... ABER VIELLEICHT BIN ICH IN LETZTER ZEIT UNAUFMERKSAM GEWESEN.
ICH DARF NICHT FAUL WERDEN.
ALS GESICHT DER FAMILIE...
... ALS SCHWESTER, DIE ES ZU BESCHÜTZEN GILT...
... UND VOR ALLEM...
DAPP DAPP DAPP DAPP DAPP DAPP

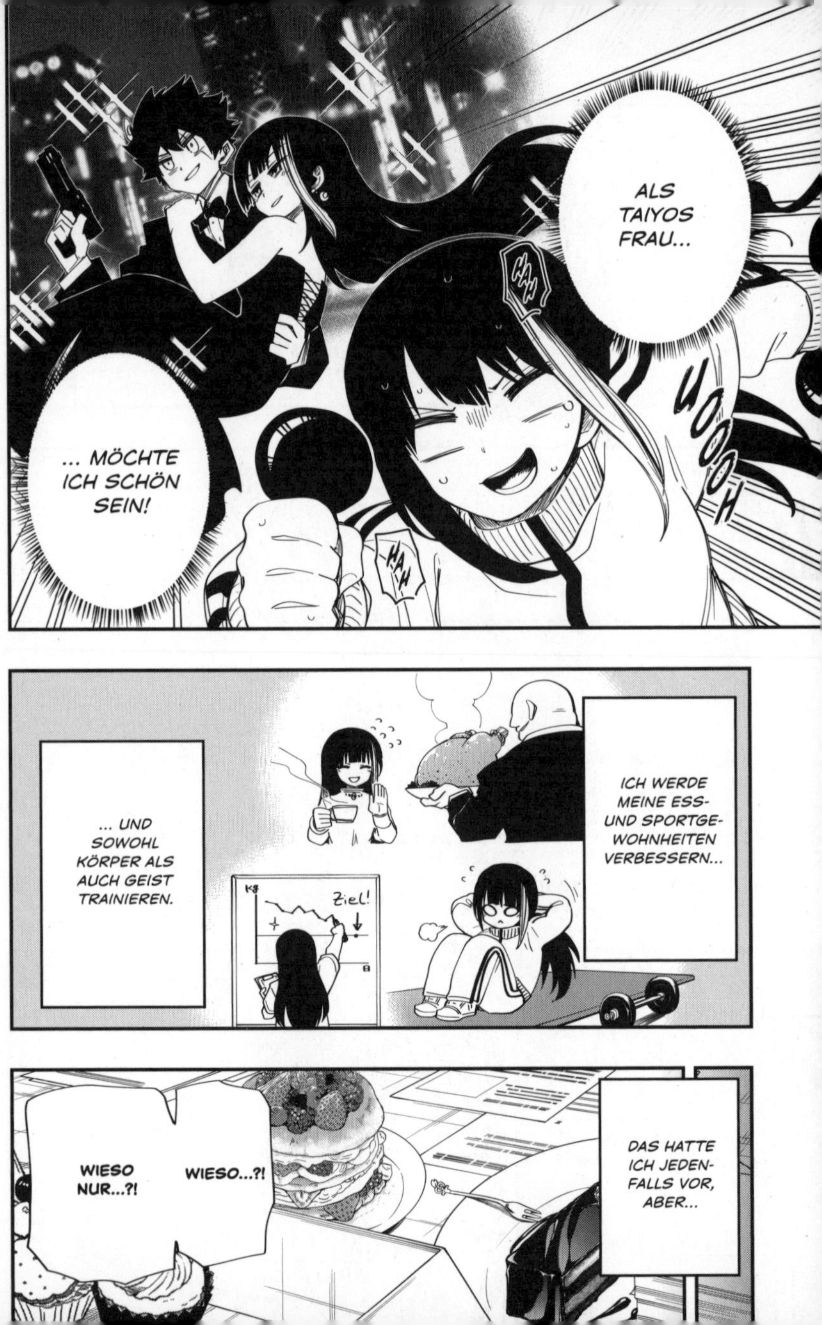
ALS TAIYOS FRAU...
UOOOOH
HAH
... MÖCHTE ICH SCHÖN SEIN!
HAH
ICH WERDE MEINE ESS- UND SPORTGE- WOHNHEITEN VERBESSERN...
Ziel!
... UND SOWOHL KÖRPER ALS AUCH GEIST TRAINIEREN.
DAS HATTE ICH JEDEN- FALLS VOR, ABER...
WIESO...?!
WIESO NUR...?!

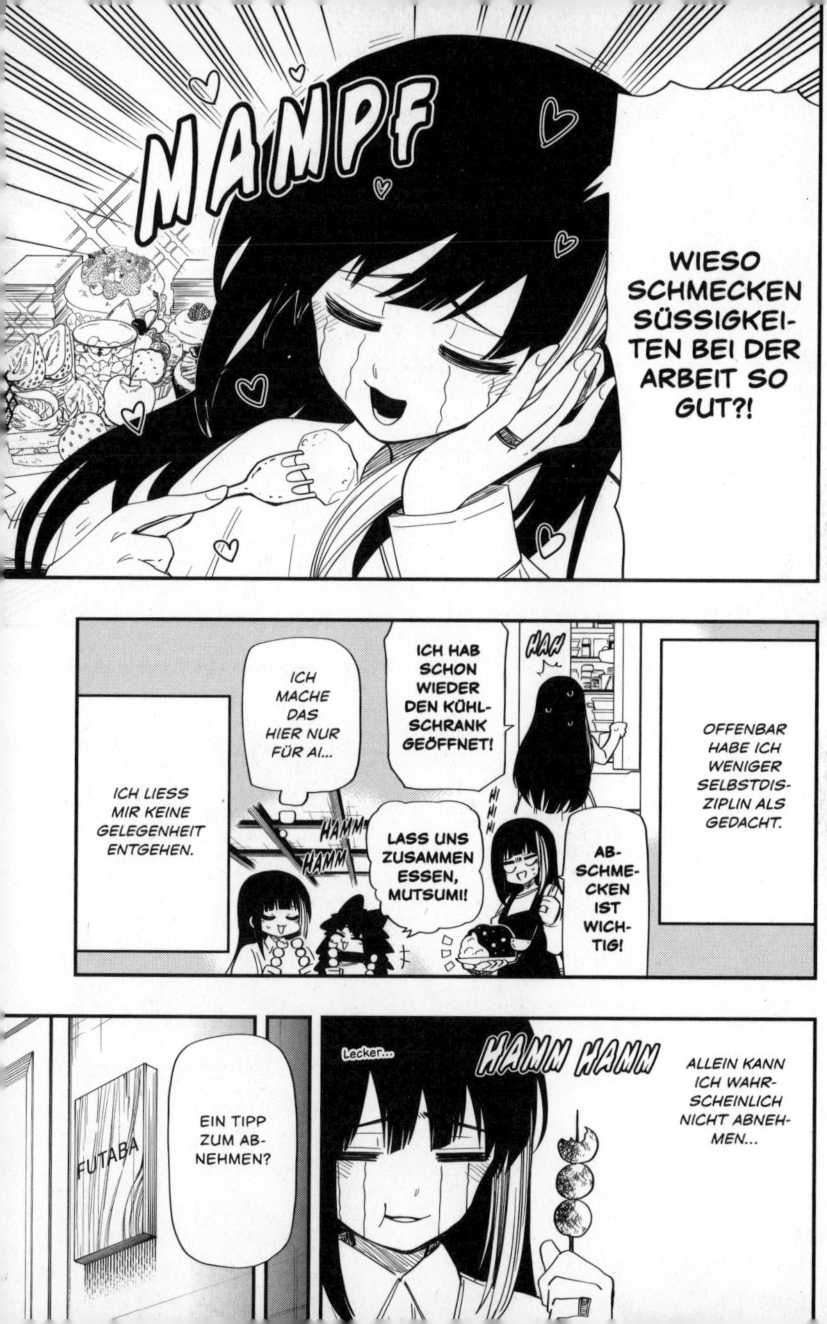
MAMPF
WIESO SCHMECKEN SÜSSIGKEITEN BEI DER ARBEIT SO GUT?!
OFFENBAR HABE ICH WENIGER SELBSTDISZIPLIN ALS GEDACHT.
HAH
ICH HAB SCHON WIEDER DEN KÜHLSCHRANK GEÖFFNET!
ICH MACHE DAS HIER NUR FÜR AI...
ABSCHMECKEN IST WICHTIG!
HI HI HI
LASS UNS ZUSAMMEN ESSEN, MUTSUMI!
HAMM HAMM
ICH LIESS MIR KEINE GELEGENHEIT ENTGEHEN.
ALLEIN KANN ICH WAHRSCHEINLICH NICHT ABNEHMEN...
HAMM HAMM
Lecker...
EIN TIPP ZUM ABNEHMEN?
FUTABA

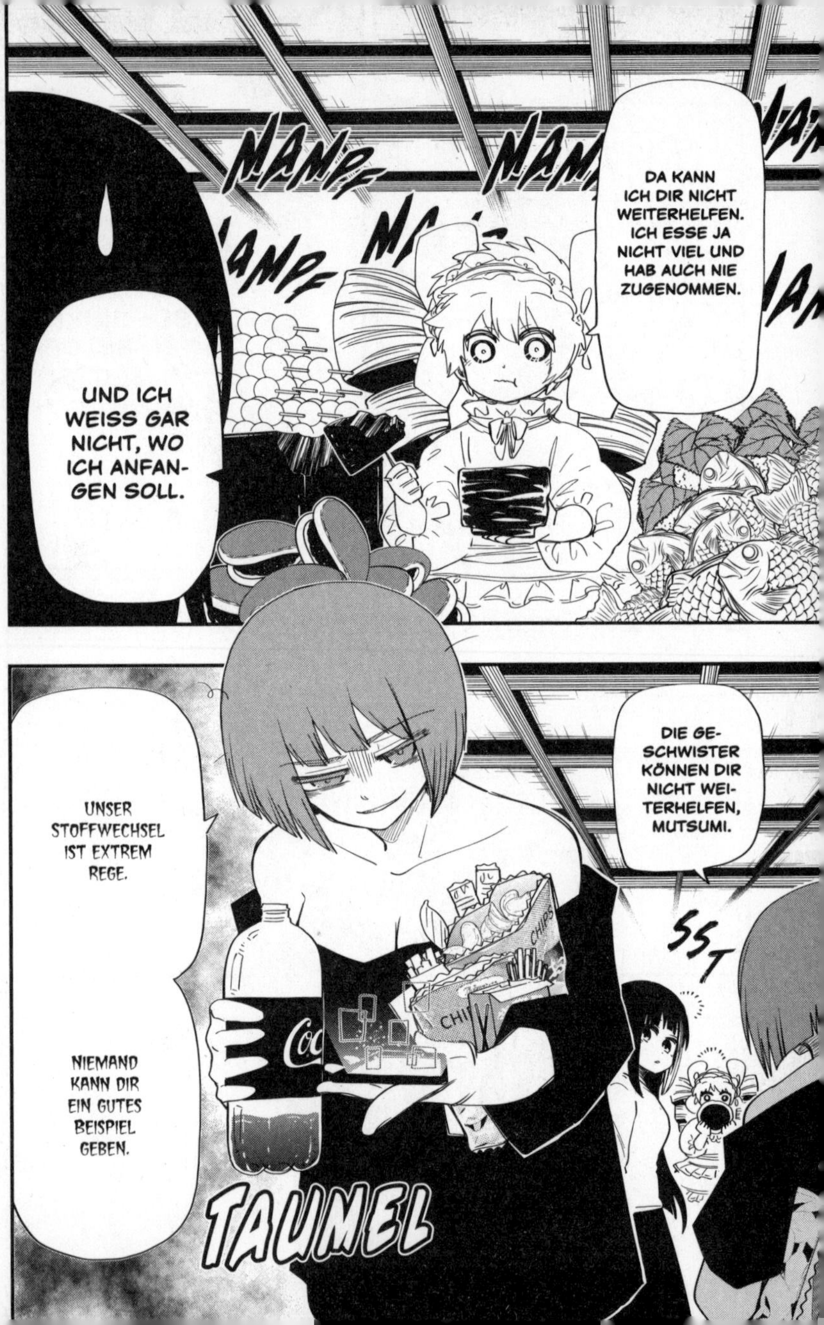
MAMPF
MAMPF
DA KANN ICH DIR NICHT WEITERHELFEN. ICH ESSE JA NICHT VIEL UND HAB AUCH NIE ZUGENOMMEN.
UND ICH WEISS GAR NICHT, WO ICH ANFANGEN SOLL.
DIE GESCHWISTER KÖNNEN DIR NICHT WEITERHELFEN, MUTSUMI.
SST
UNSER STOFFWECHSEL IST EXTREM REGE.
NIEMAND KANN DIR EIN GUTES BEISPIEL GEBEN.
TAUMEL
CHIPS

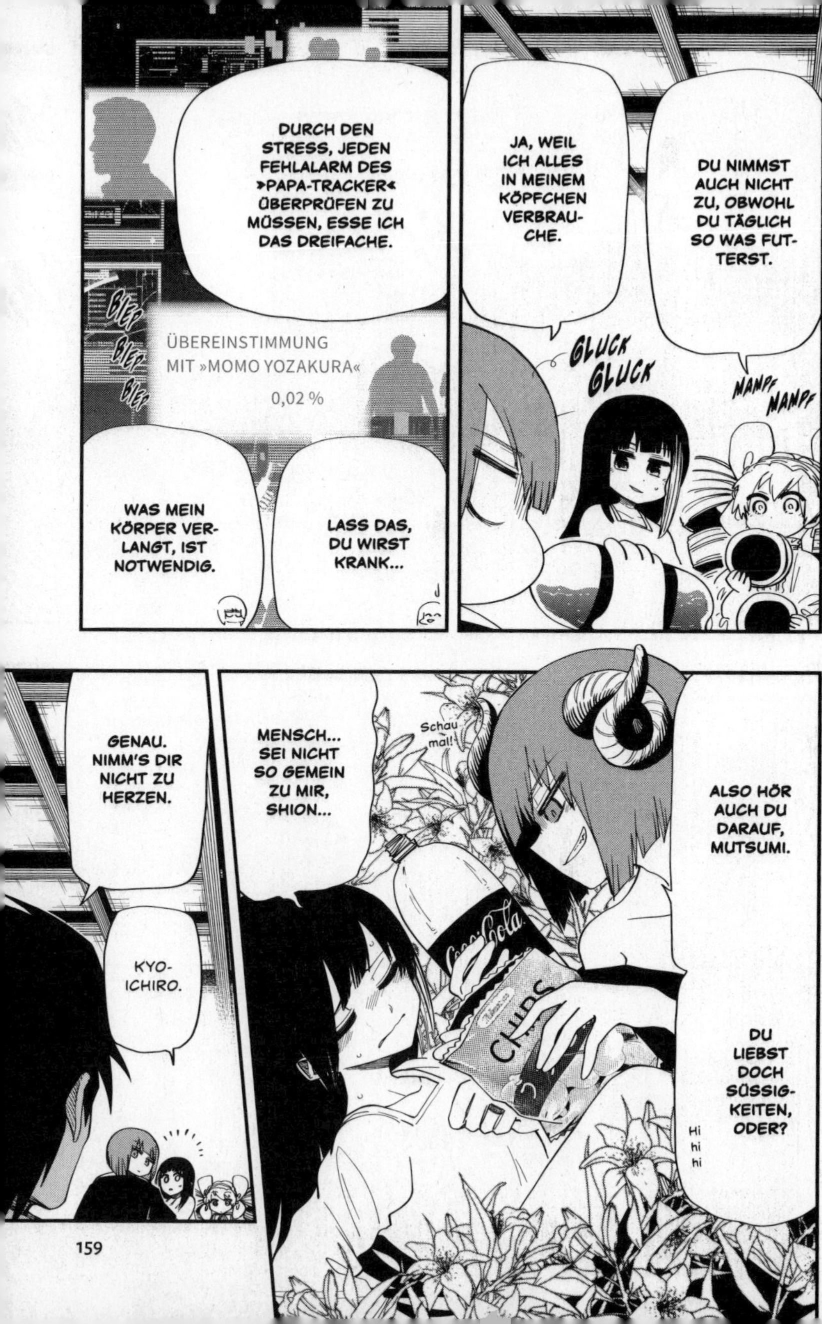
DU NIMMST AUCH NICHT ZU, OBWOHL DU TÄGLICH SO WAS FUTTERST.
JA, WEIL ICH ALLES IN MEINEM KÖPFCHEN VERBRAUCHE.
GLUCK GLUCK
MAMPF MAMPF
DURCH DEN STRESS, JEDEN FEHLALARM DES »PAPA-TRACKER« ÜBERPRÜFEN ZU MÜSSEN, ESSE ICH DAS DREIFACHE.
BIEP BIEP BIEP
ÜBEREINSTIMMUNG MIT »MOMO YOZAKURA«
0,02 %
LASS DAS, DU WIRST KRANK...
WAS MEIN KÖRPER VERLANGT, IST NOTWENDIG.
ALSO HÖR AUCH DU DARAUF, MUTSUMI.
DU LIEBST DOCH SÜSSIGKEITEN, ODER?
Hi hi hi
Schau mal!
MENSCH... SEI NICHT SO GEMEIN ZU MIR, SHION...
GENAU. NIMM'S DIR NICHT ZU HERZEN.
KYO-ICHIRO.

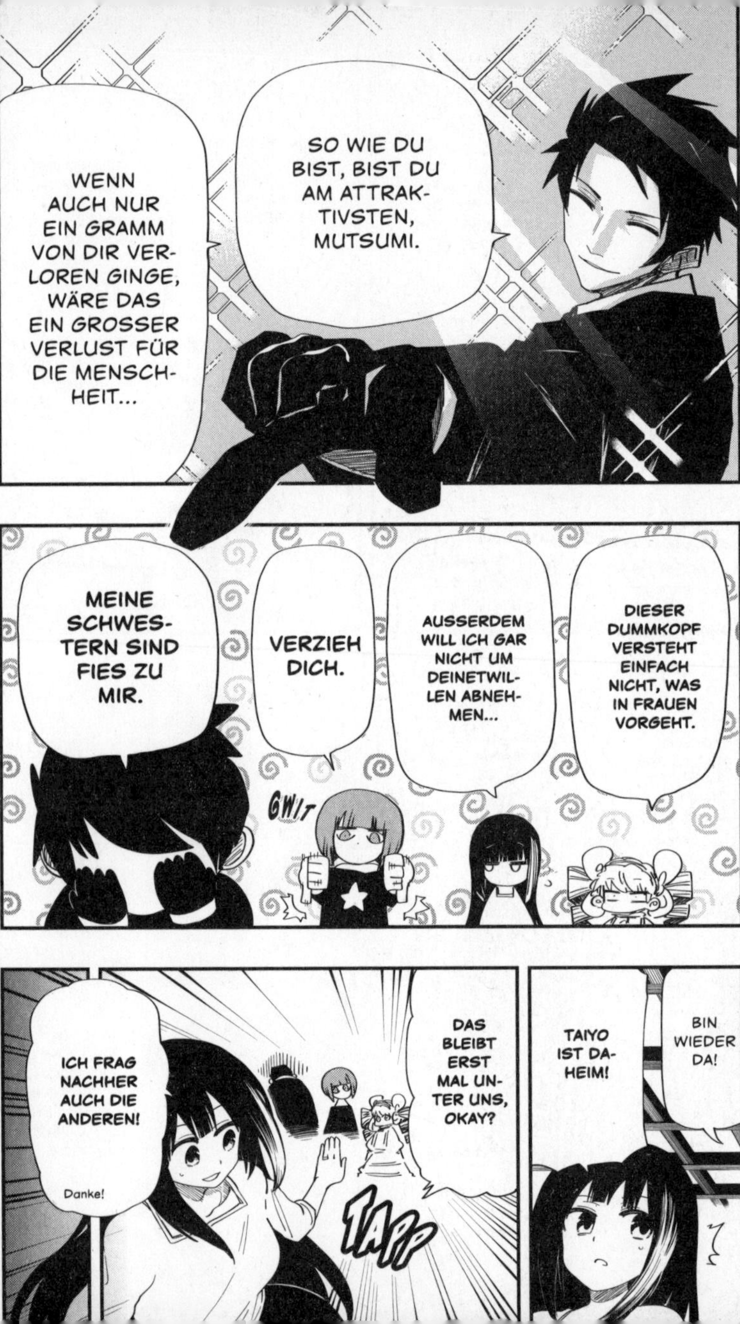
SO WIE DU BIST, BIST DU AM ATTRAKTIVSTEN, MUTSUMI.
WENN AUCH NUR EIN GRAMM VON DIR VERLOREN GINGE, WÄRE DAS EIN GROSSER VERLUST FÜR DIE MENSCHHEIT...
DIESER DUMMKOPF VERSTEHT EINFACH NICHT, WAS IN FRAUEN VORGEHT.
AUSSERDEM WILL ICH GAR NICHT UM DEINETWILLEN ABNEHMEN...
VERZIEH DICH.
MEINE SCHWESTERN SIND FIES ZU MIR.
GWIT
BIN WIEDER DA!
TAIYO IST DAHEIM!
DAS BLEIBT ERST MAL UNTER UNS, OKAY?
ICH FRAG NACHHER AUCH DIE ANDEREN!
Danke!
TAPP

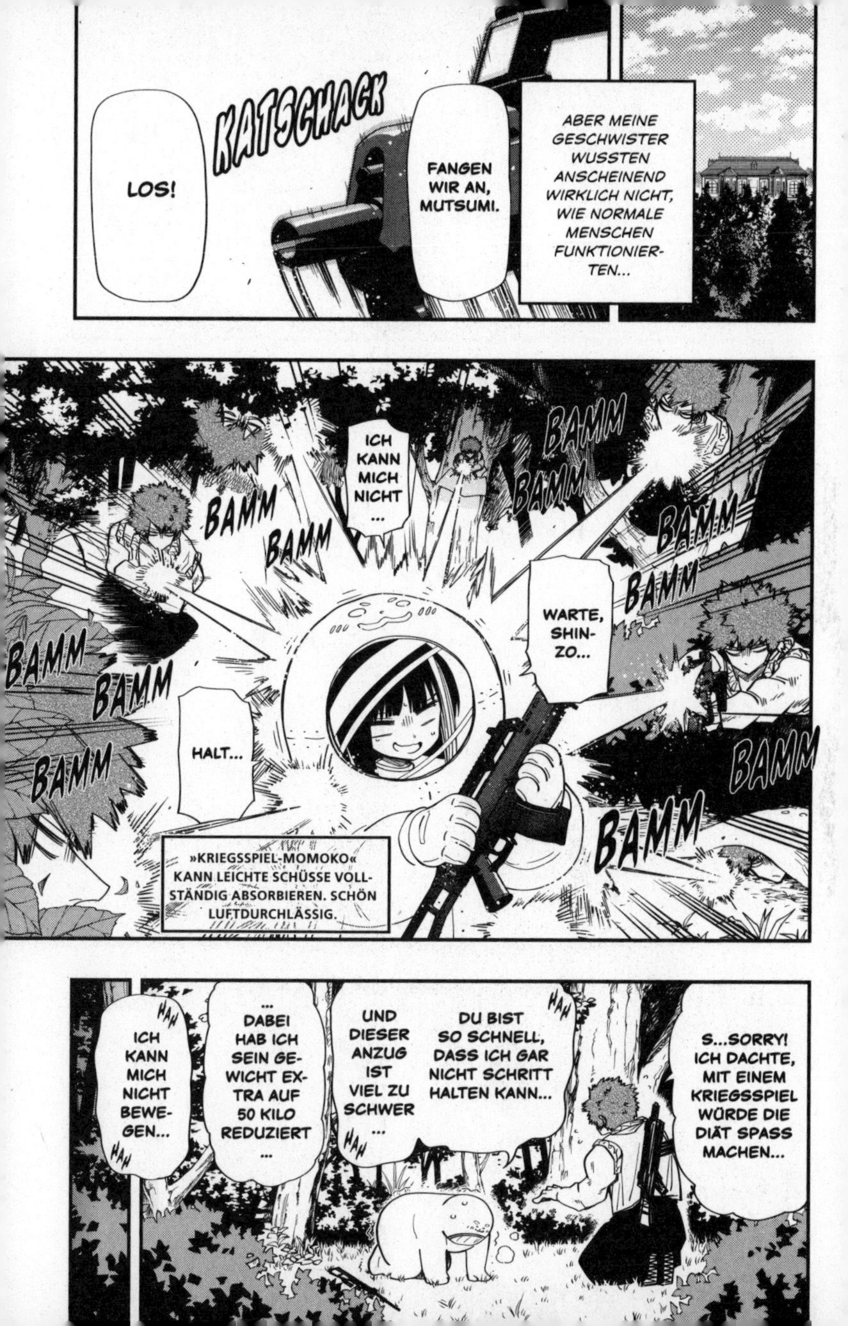

ABER MEINE GESCHWISTER WUSSTEN ANSCHEINEND WIRKLICH NICHT, WIE NORMALE MENSCHEN FUNKTIONIER-TEN...
FANGEN WIR AN, MUTSUMI.
KATSCHACK
LOS!
BAMM
BAMM
BAMM
BAMM
WARTE, SHINZO...
ICH KANN MICH NICHT ...
BAMM
BAMM
BAMM
BAMM
BAMM
BAMM
BAMM
HALT...
»KRIEGSSPIEL-MOMOKO« KANN LEICHTE SCHÜSSE VOLL-STÄNDIG ABSORBIEREN. SCHÖN LUFTDURCHLÄSSIG.
S...SORRY! ICH DACHTE, MIT EINEM KRIEGSSPIEL WÜRDE DIE DIÄT SPASS MACHEN...
HAH
DU BIST SO SCHNELL, DASS ICH GAR NICHT SCHRITT HALTEN KANN...
UND DIESER ANZUG IST VIEL ZU SCHWER ...
HAH
... DABEI HAB ICH SEIN GE-WICHT EX-TRA AUF 50 KILO REDUZIERT ...
HAH
ICH KANN MICH NICHT BEWE-GEN...
HAH

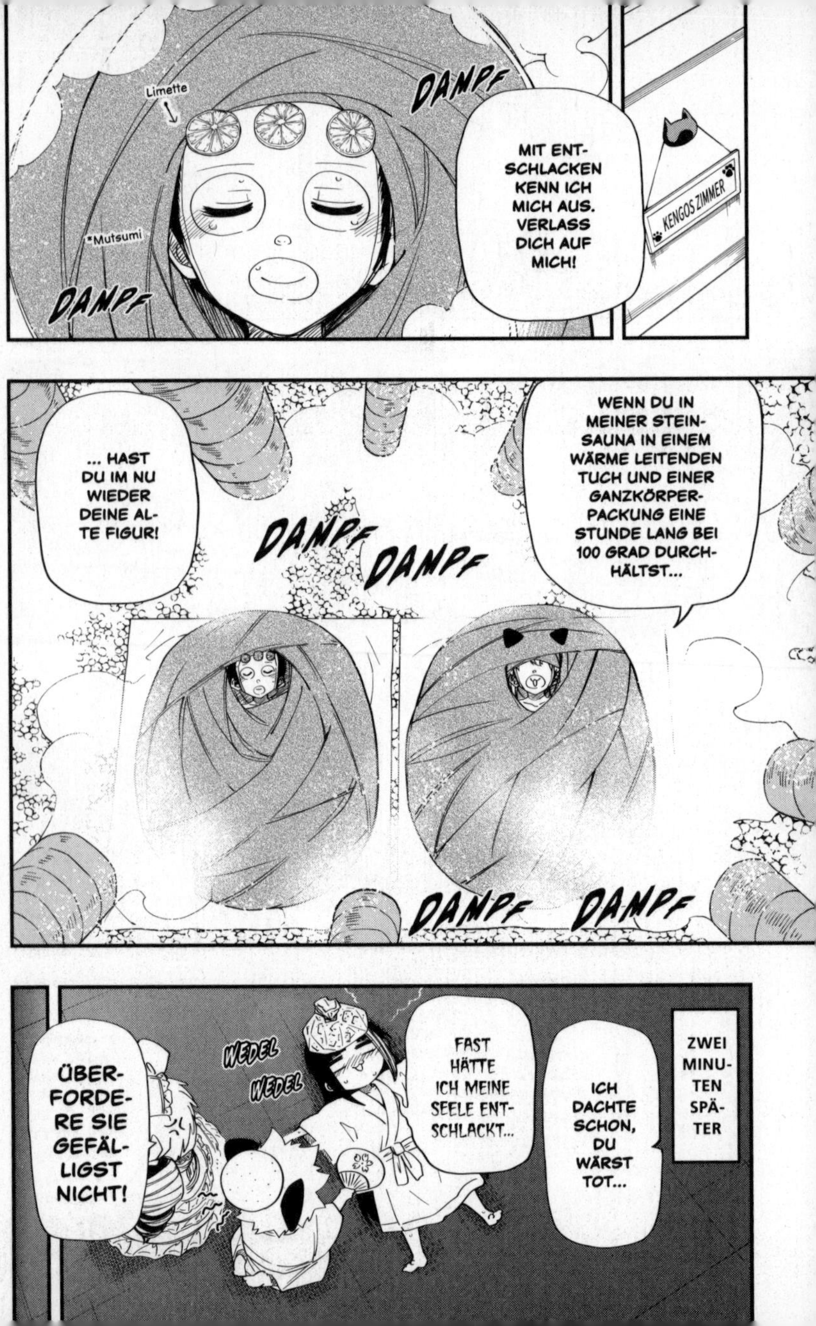
KENGOS ZIMMER
DAMPF
MIT ENT-SCHLACKEN KENN ICH MICH AUS. VERLASS DICH AUF MICH!
Limette
*Mutsumi
DAMPF
WENN DU IN MEINER STEIN-SAUNA IN EINEM WÄRME LEITENDEN TUCH UND EINER GANZKÖRPER-PACKUNG EINE STUNDE LANG BEI 100 GRAD DURCH-HÄLTST...
DAMPF DAMPF
... HAST DU IM NU WIEDER DEINE AL-TE FIGUR!
DAMPF DAMPF
ZWEI MINU-TEN SPÄ-TER
ICH DACHTE SCHON, DU WÄRST TOT...
FAST HÄTTE ICH MEINE SEELE ENT-SCHLACKT...
WEDEL WEDEL
ÜBER-FORDE-RE SIE GEFÄL-LIGST NICHT!

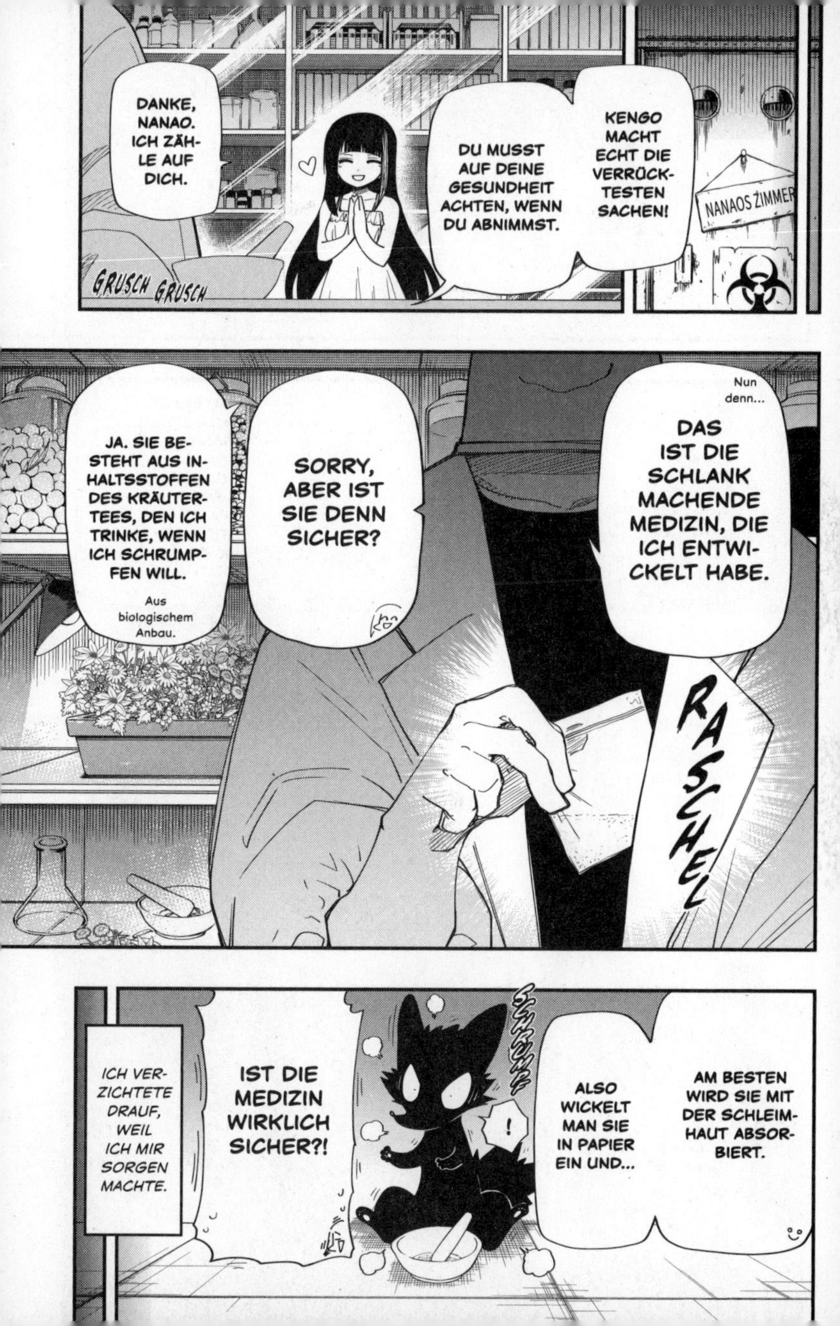
KENGO MACHT ECHT DIE VERRÜCKTESTEN SACHEN!
NANAOS ZIMMER
DU MUSST AUF DEINE GESUNDHEIT ACHTEN, WENN DU ABNIMMST.
DANKE, NANAO. ICH ZÄHLE AUF DICH.
GRUSCH GRUSCH
Nun denn...
DAS IST DIE SCHLANK MACHENDE MEDIZIN, DIE ICH ENTWICKELT HABE.
RASCHEL
SORRY, ABER IST SIE DENN SICHER?
JA. SIE BESTEHT AUS INHALTSSTOFFEN DES KRÄUTERTEES, DEN ICH TRINKE, WENN ICH SCHRUMPFEN WILL.
Aus biologischem Anbau.
AM BESTEN WIRD SIE MIT DER SCHLEIMHAUT ABSORBIERT.
ALSO WICKELT MAN SIE IN PAPIER EIN UND...
!
IST DIE MEDIZIN WIRKLICH SICHER?!
ICH VERZICHTETE DRAUF, WEIL ICH MIR SORGEN MACHTE.

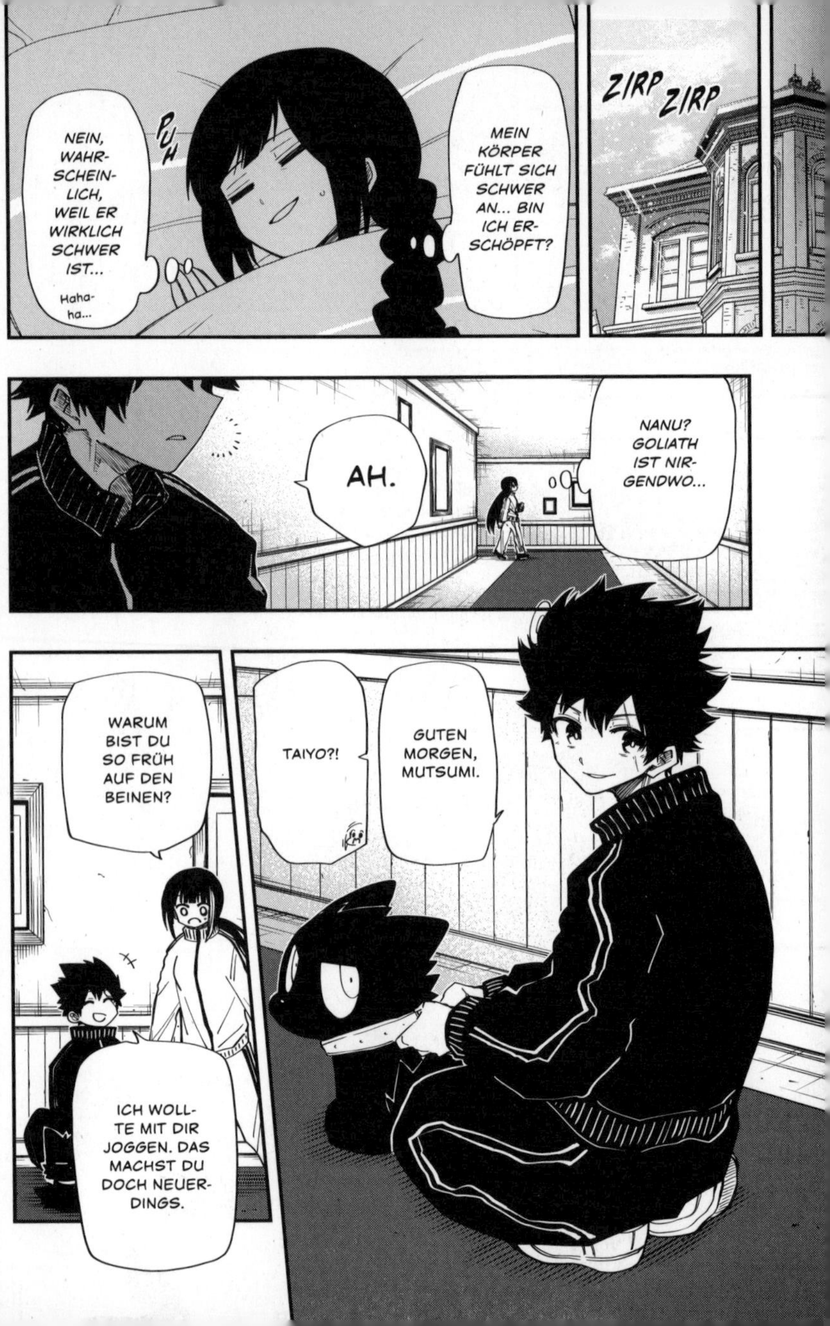
ZIRP ZIRP
MEIN KÖRPER FÜHLT SICH SCHWER AN… BIN ICH ER-SCHÖPFT?
PUH
NEIN, WAHR-SCHEIN-LICH, WEIL ER WIRKLICH SCHWER IST…
Haha-ha…
NANU? GOLIATH IST NIR-GENDWO…
AH.
GUTEN MORGEN, MUTSUMI.
TAIYO?!
WARUM BIST DU SO FRÜH AUF DEN BEINEN?
ICH WOLL-TE MIT DIR JOGGEN. DAS MACHST DU DOCH NEUER-DINGS.

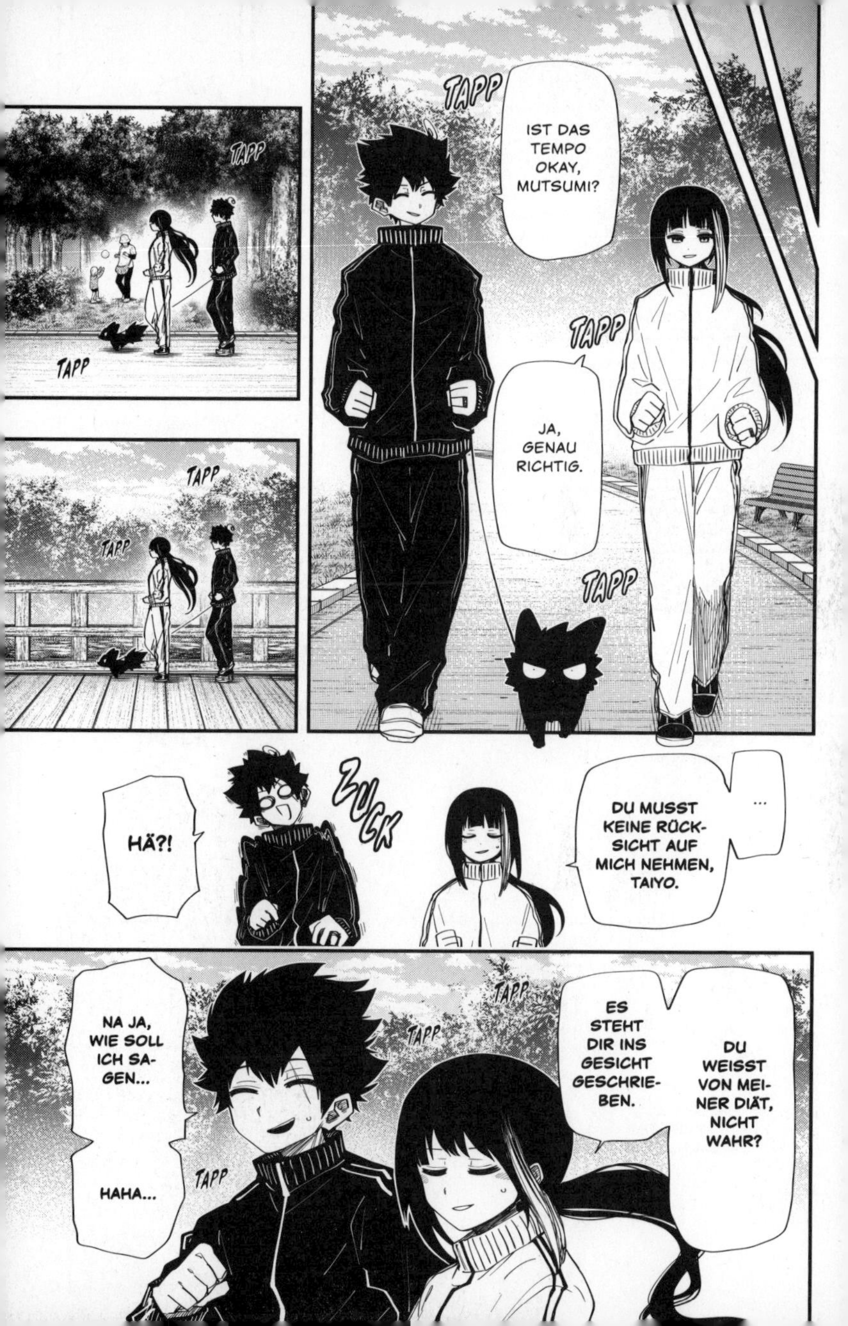

TAPP
IST DAS TEMPO OKAY, MUTSUMI?
TAPP
JA, GENAU RICHTIG.
TAPP
TAPP
TAPP
TAPP
TAPP
...
DU MUSST KEINE RÜCK-SICHT AUF MICH NEHMEN, TAIYO.
ZUCK
HÄ?!
DU WEISST VON MEI-NER DIÄT, NICHT WAHR?
ES STEHT DIR INS GESICHT GESCHRIE-BEN.
TAPP
TAPP
NA JA, WIE SOLL ICH SA-GEN...
TAPP
HAHA...

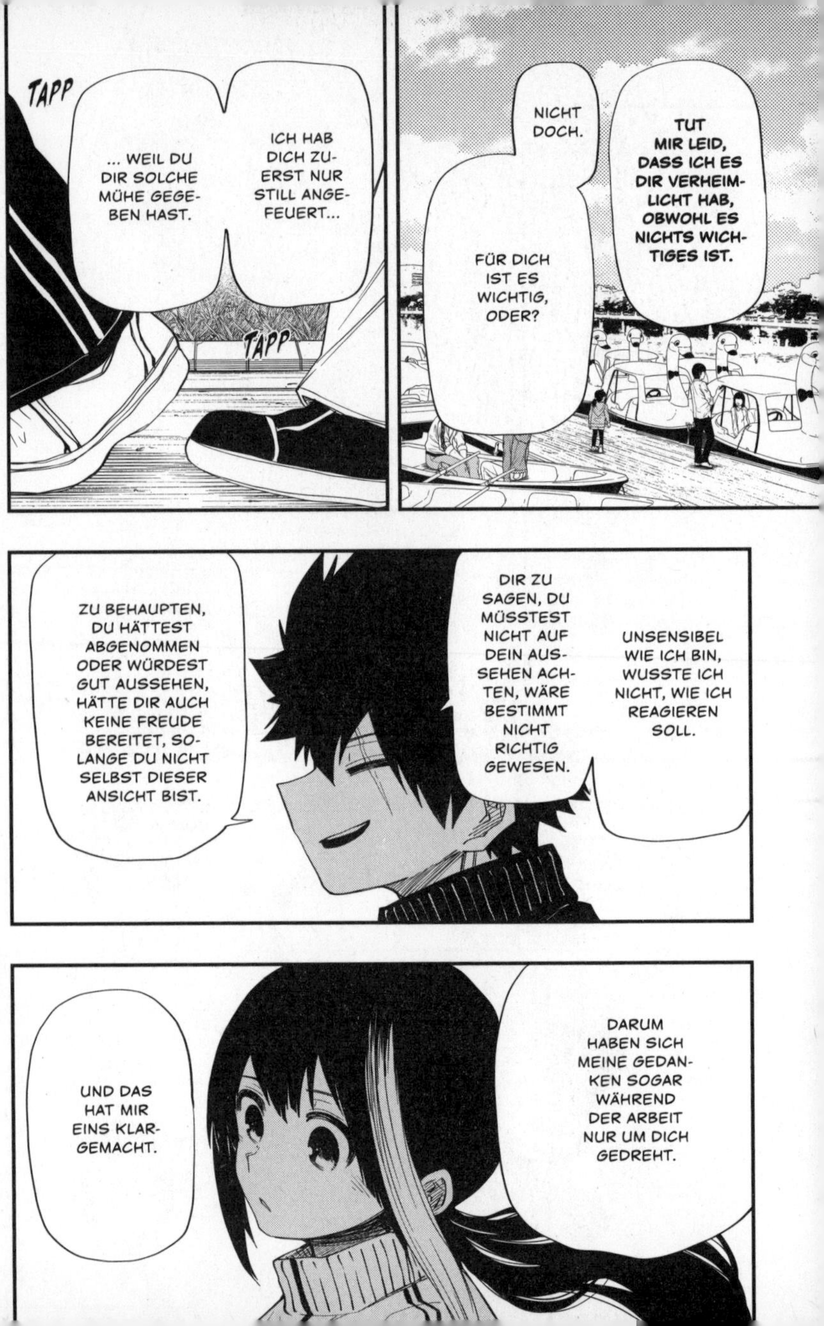

TUT MIR LEID, DASS ICH ES DIR VERHEIMLICHT HAB, OBWOHL ES NICHTS WICHTIGES IST.
NICHT DOCH.
FÜR DICH IST ES WICHTIG, ODER?
TAPP
ICH HAB DICH ZUERST NUR STILL ANGEFEUERT...
... WEIL DU DIR SOLCHE MÜHE GEGEBEN HAST.
TAPP
UNSENSIBEL WIE ICH BIN, WUSSTE ICH NICHT, WIE ICH REAGIEREN SOLL.
DIR ZU SAGEN, DU MÜSSTEST NICHT AUF DEIN AUSSEHEN ACHTEN, WÄRE BESTIMMT NICHT RICHTIG GEWESEN.
ZU BEHAUPTEN, DU HÄTTEST ABGENOMMEN ODER WÜRDEST GUT AUSSEHEN, HÄTTE DIR AUCH KEINE FREUDE BEREITET, SOLANGE DU NICHT SELBST DIESER ANSICHT BIST.
DARUM HABEN SICH MEINE GEDANKEN SOGAR WÄHREND DER ARBEIT NUR UM DICH GEDREHT.
UND DAS HAT MIR EINS KLARGEMACHT.

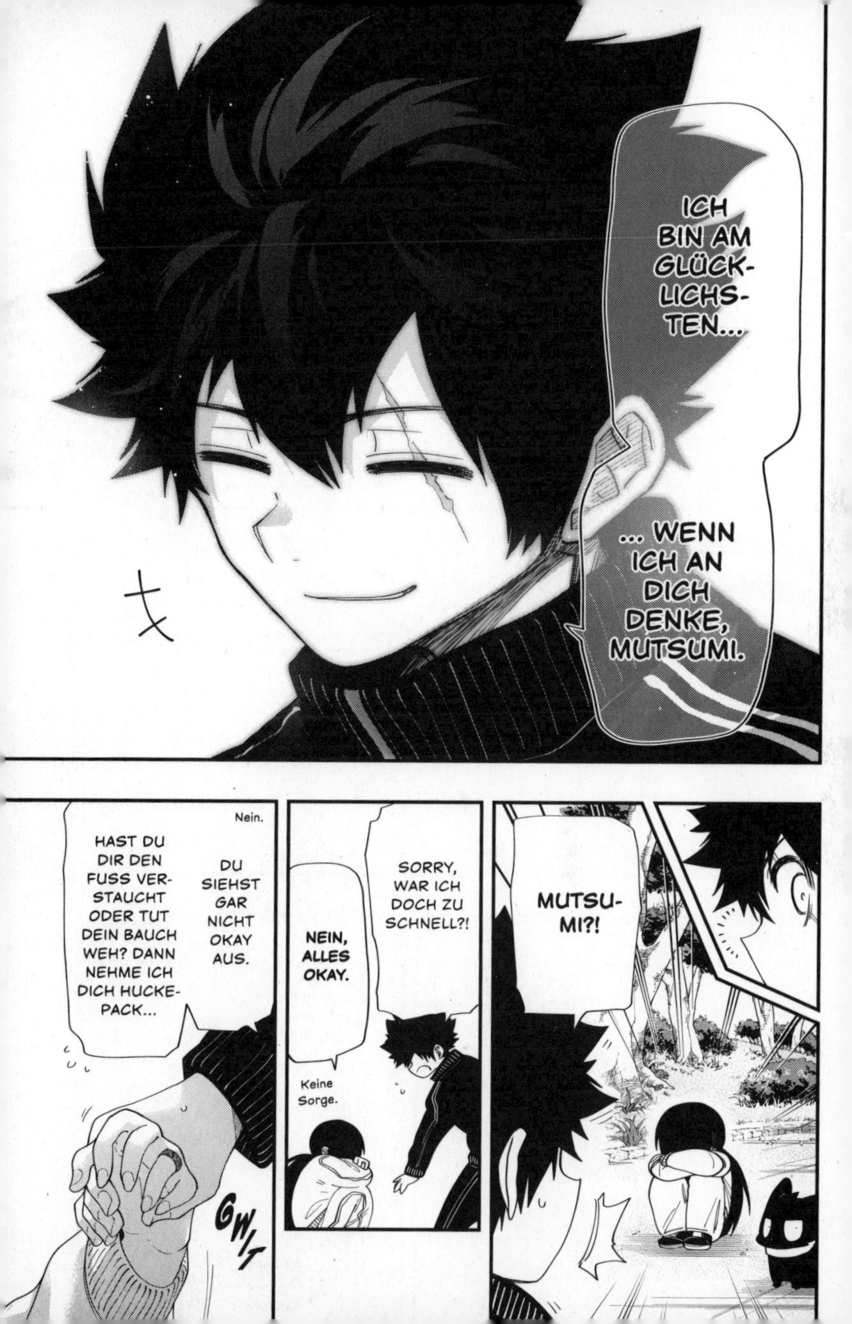
ICH BIN AM GLÜCK-LICHS-TEN...
... WENN ICH AN DICH DENKE, MUTSUMI.
MUTSU-MI?!
SORRY, WAR ICH DOCH ZU SCHNELL?!
NEIN, ALLES OKAY.
Keine Sorge.
Nein.
DU SIEHST GAR NICHT OKAY AUS.
HAST DU DIR DEN FUSS VER-STAUCHT ODER TUT DEIN BAUCH WEH? DANN NEHME ICH DICH HUCKE-PACK...
GWIT

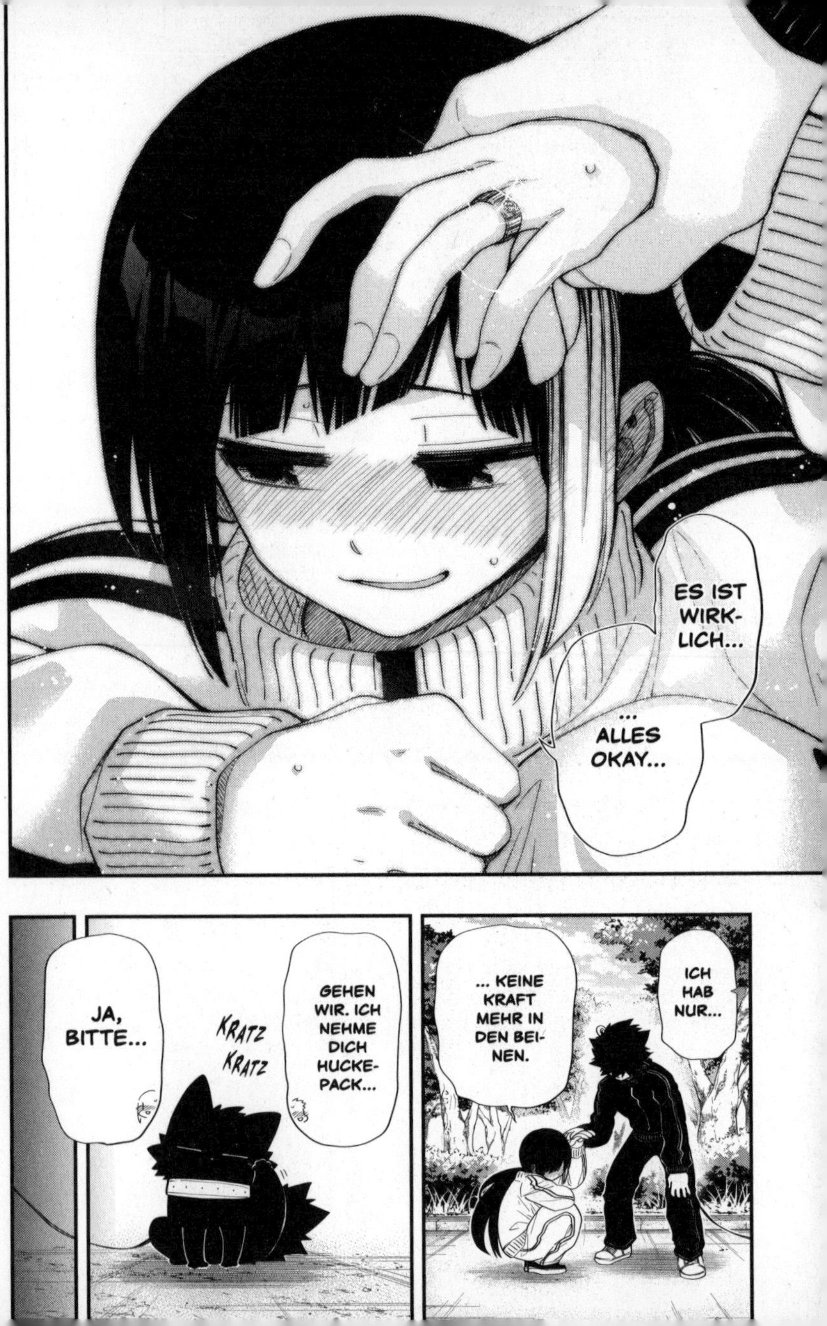
ES IST WIRK-LICH...
... ALLES OKAY...
ICH HAB NUR...
... KEINE KRAFT MEHR IN DEN BEI-NEN.
GEHEN WIR. ICH NEHME DICH HUCKE-PACK...
KRATZ KRATZ
JA, BITTE...

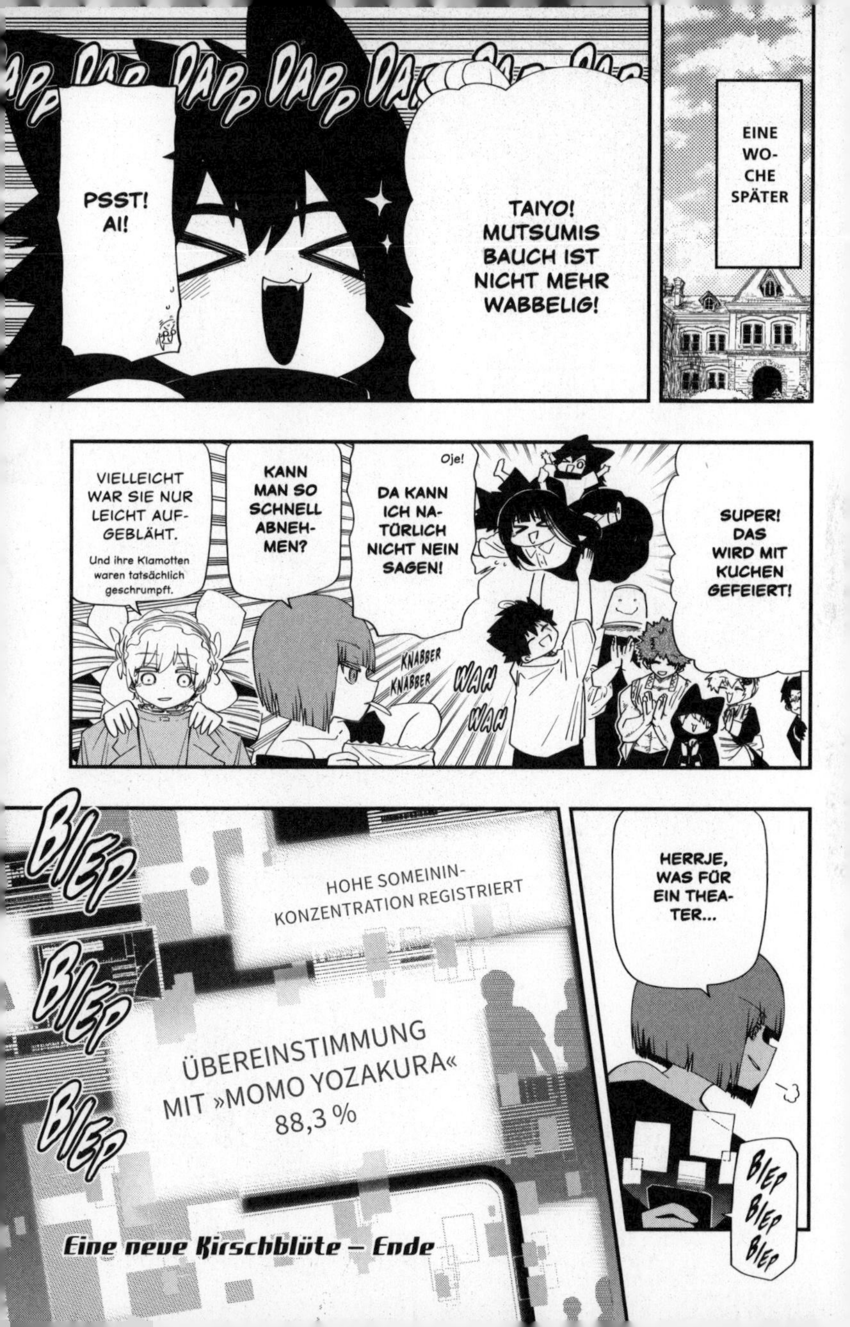
EINE WOCHE SPÄTER
DAPP DAPP DAPP DAPP DAPP
TAIYO! MUTSUMIS BAUCH IST NICHT MEHR WABBELIG!
PSST! AI!
SUPER! DAS WIRD MIT KUCHEN GEFEIERT!
Oje!
DA KANN ICH NATÜRLICH NICHT NEIN SAGEN!
WAH WAH
KNABBER KNABBER
KANN MAN SO SCHNELL ABNEHMEN?
VIELLEICHT WAR SIE NUR LEICHT AUFGEBLÄHT.
Und ihre Klamotten waren tatsächlich geschrumpft.
HERRJE, WAS FÜR EIN THEATER...
BLEP BLEP BLEP
HOHE SOMEININ-KONZENTRATION REGISTRIERT
ÜBEREINSTIMMUNG MIT »MOMO YOZAKURA« 88,3 %
BLIEP BLIEP BLIEP
Eine neue Kirschblüte – Ende

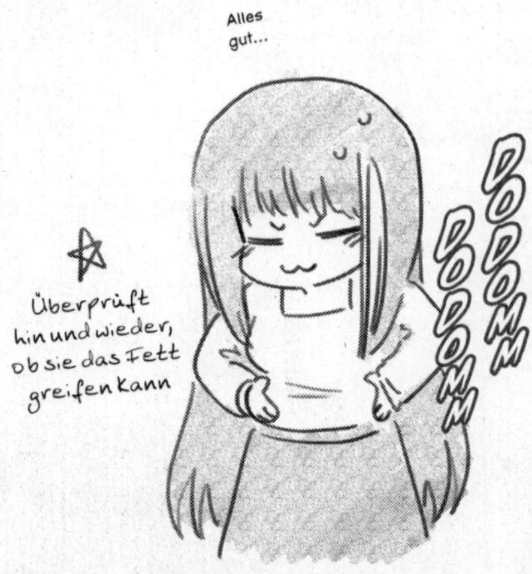
Alles gut...
DODOMM DODOMM
Überprüft hin und wieder, ob sie das Fett greifen kann

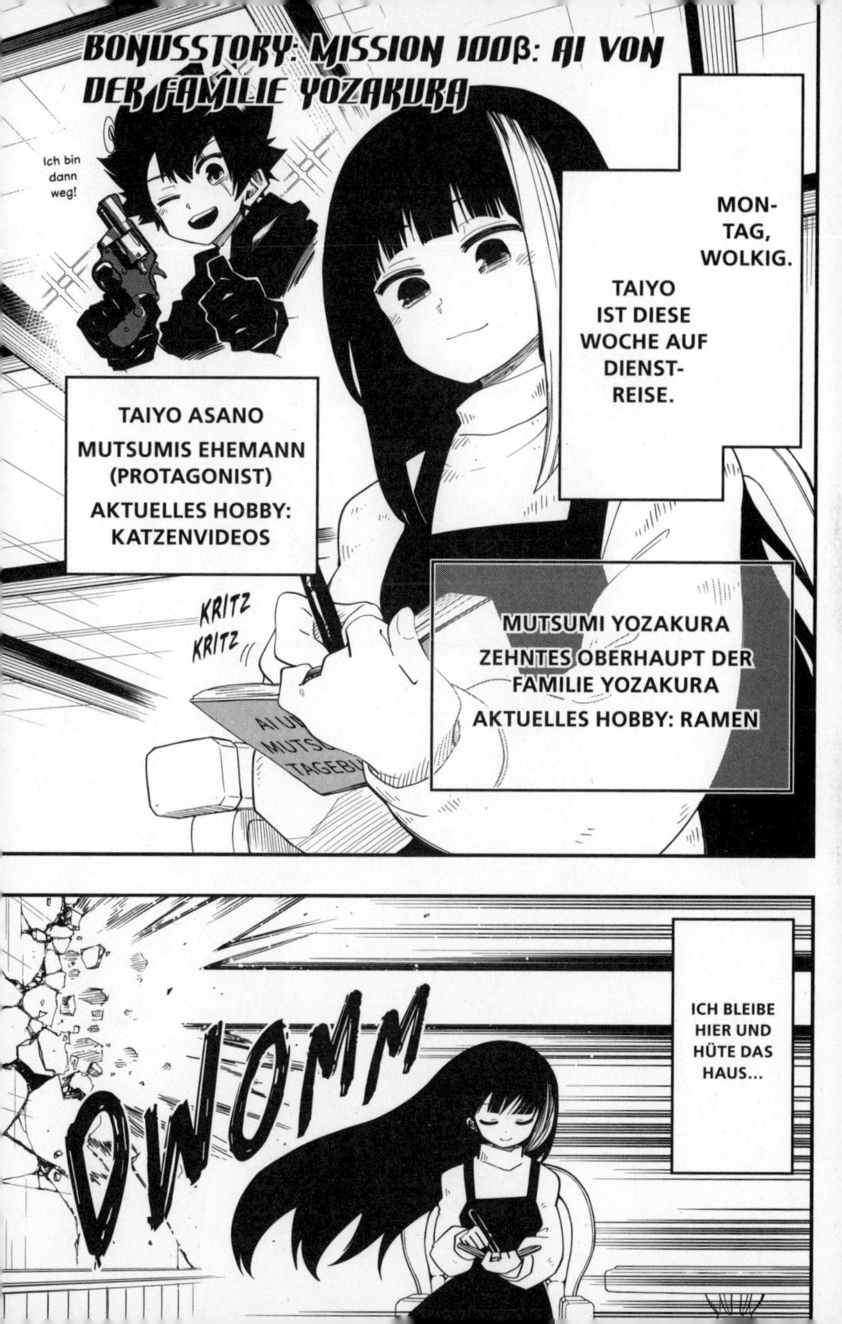
BONUSSTORY: MISSION 100β: AI VON DER FAMILIE YOZAKURA
MONTAG, WOLKIG.
TAIYO IST DIESE WOCHE AUF DIENSTREISE.
Ich bin dann weg!
TAIYO ASANO MUTSUMIS EHEMANN (PROTAGONIST) AKTUELLES HOBBY: KATZENVIDEOS
MUTSUMI YOZAKURA ZEHNTES OBERHAUPT DER FAMILIE YOZAKURA AKTUELLES HOBBY: RAMEN
KRITZ KRITZ
ICH BLEIBE HIER UND HÜTE DAS HAUS...
DWOMM

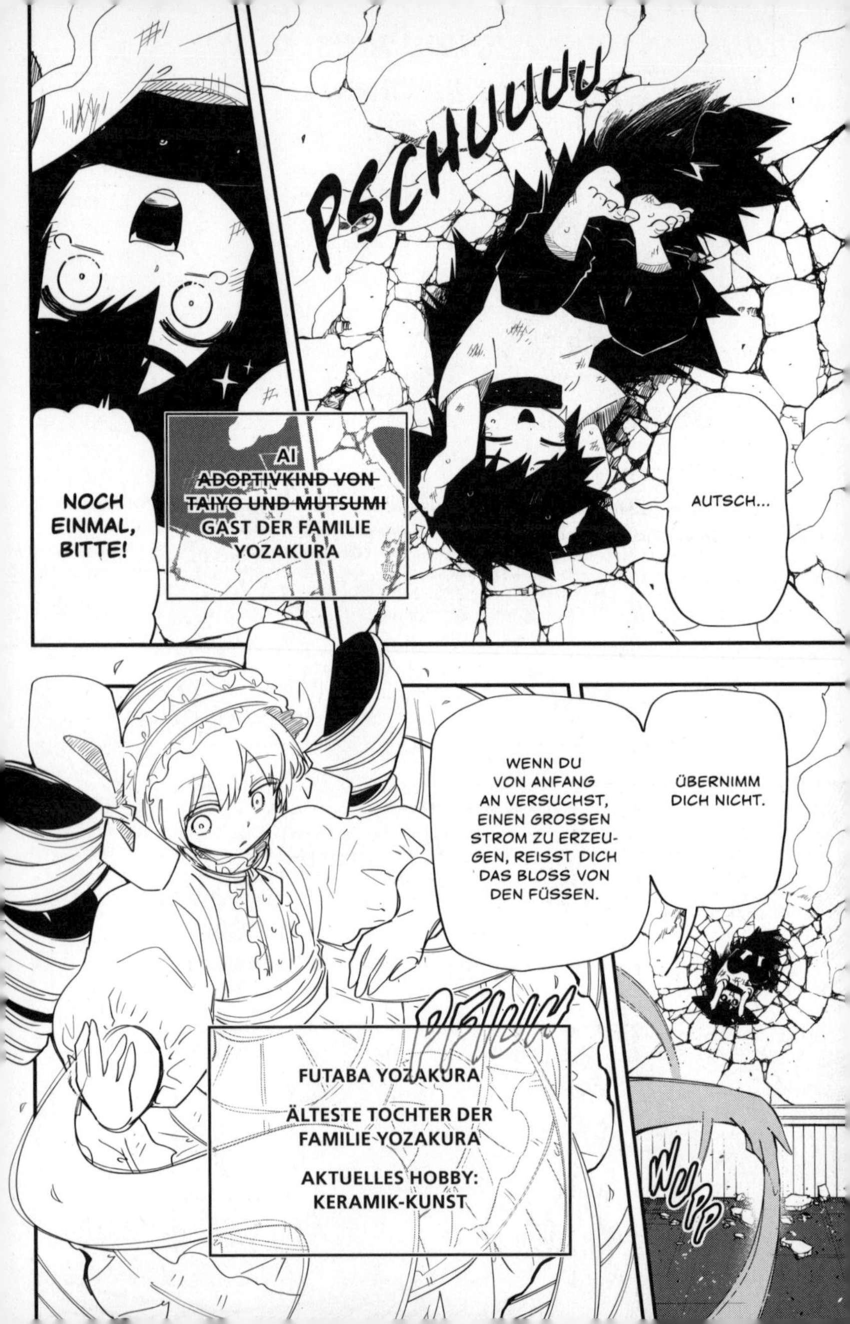
PSCHUUUU
AUTSCH...
AI
~~ADOPTIVKIND VON TAIYO UND MUTSUMI~~
GAST DER FAMILIE YOZAKURA
NOCH EINMAL, BITTE!
ÜBERNIMM DICH NICHT.
WENN DU VON ANFANG AN VERSUCHST, EINEN GROSSEN STROM ZU ERZEUGEN, REISST DICH DAS BLOSS VON DEN FÜSSEN.
WUPP
FUTABA YOZAKURA
ÄLTESTE TOCHTER DER FAMILIE YOZAKURA
AKTUELLES HOBBY: KERAMIK-KUNST

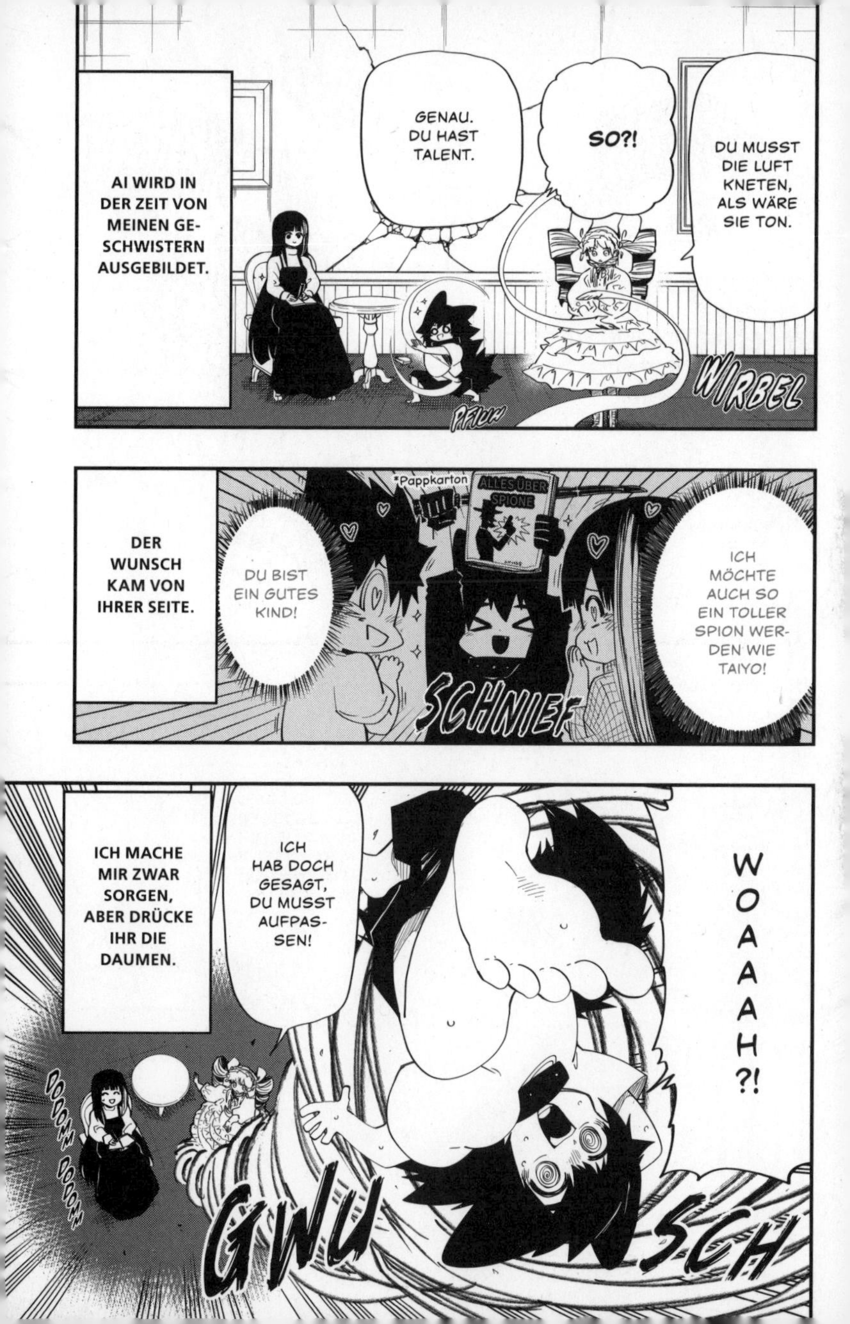
DU MUSST DIE LUFT KNETEN, ALS WÄRE SIE TON.
SO?!
GENAU. DU HAST TALENT.
AI WIRD IN DER ZEIT VON MEINEN GESCHWISTERN AUSGEBILDET.
WIRBEL
PFLICK
ICH MÖCHTE AUCH SO EIN TOLLER SPION WERDEN WIE TAIYO!
ALLES ÜBER SPIONE
*Pappkarton
DU BIST EIN GUTES KIND!
SCHNIEF
DER WUNSCH KAM VON IHRER SEITE.
WOAAAAH?!
ICH HAB DOCH GESAGT, DU MUSST AUFPASSEN!
ICH MACHE MIR ZWAR SORGEN, ABER DRÜCKE IHR DIE DAUMEN.
GWUSCH
DODOM DODOM

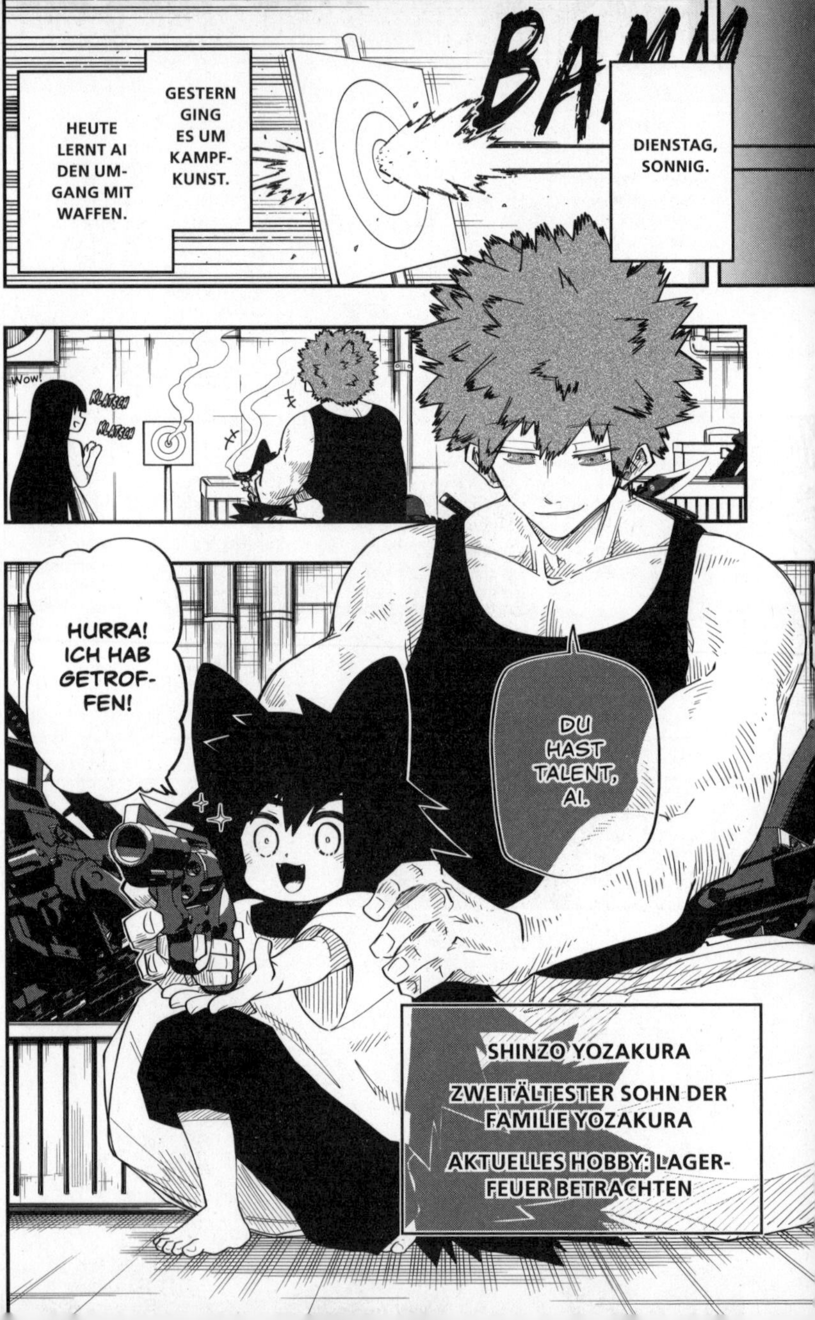
BAMM
DIENSTAG, SONNIG.
GESTERN GING ES UM KAMPFKUNST.
HEUTE LERNT AI DEN UMGANG MIT WAFFEN.
WOW!
KLATSCH
KLATSCH
DU HAST TALENT, AI.
HURRA! ICH HAB GETROFFEN!
SHINZO YOZAKURA
ZWEITÄLTESTER SOHN DER FAMILIE YOZAKURA
AKTUELLES HOBBY: LAGERFEUER BETRACHTEN

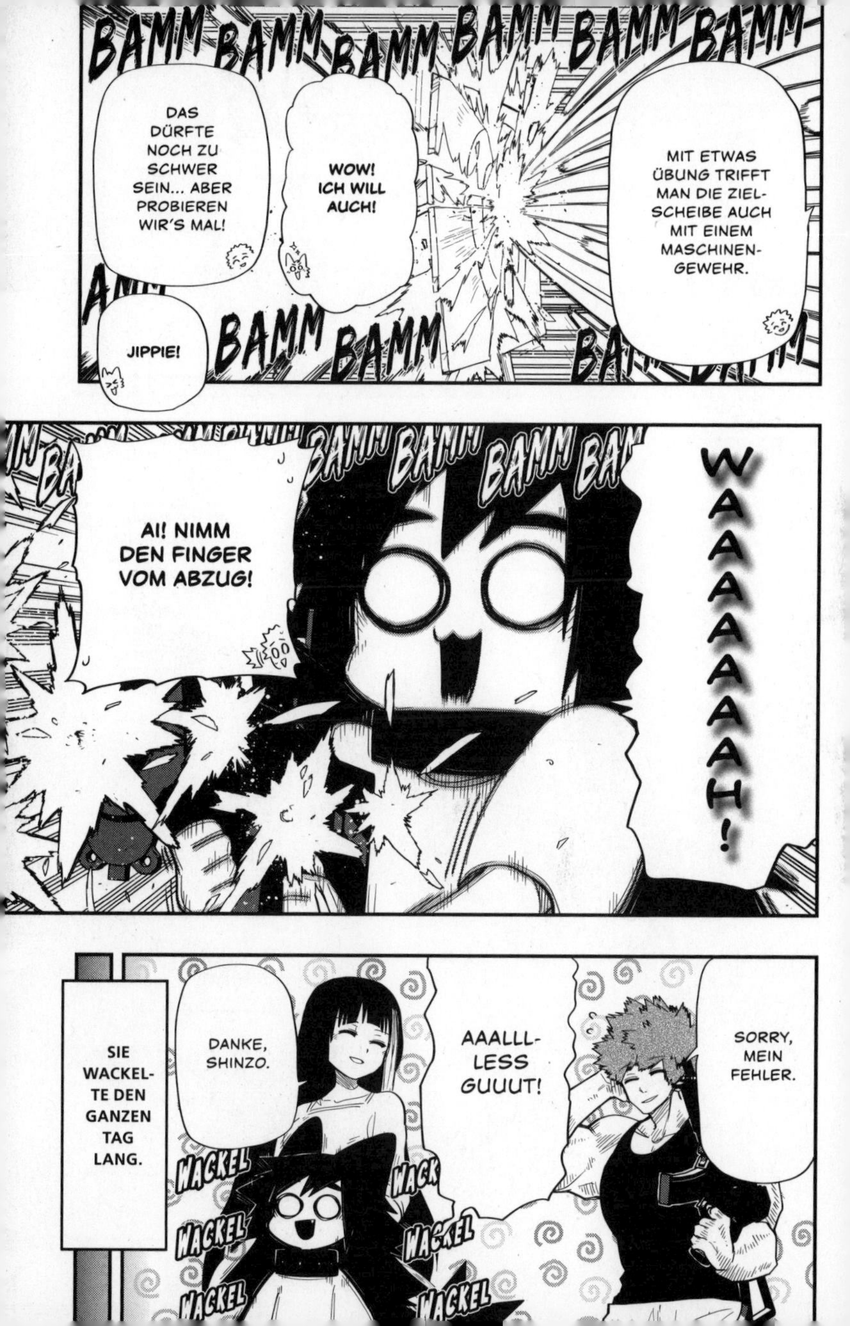
BAMM BAMM BAMM BAMM BAMM BAMM
MIT ETWAS ÜBUNG TRIFFT MAN DIE ZIELSCHEIBE AUCH MIT EINEM MASCHINENGEWEHR.
WOW! ICH WILL AUCH!
DAS DÜRFTE NOCH ZU SCHWER SEIN... ABER PROBIEREN WIR'S MAL!
BAMM BAMM
JIPPIE!
BAMM BAMM BAMM
WAAAAAAAAAH!
AI! NIMM DEN FINGER VOM ABZUG!
SORRY, MEIN FEHLER.
AAALLL-LESS GUUUT!
DANKE, SHINZO.
SIE WACKEL-TE DEN GANZEN TAG LANG.
WACKEL WACK WACKEL WACKEL WACKEL WACKEL

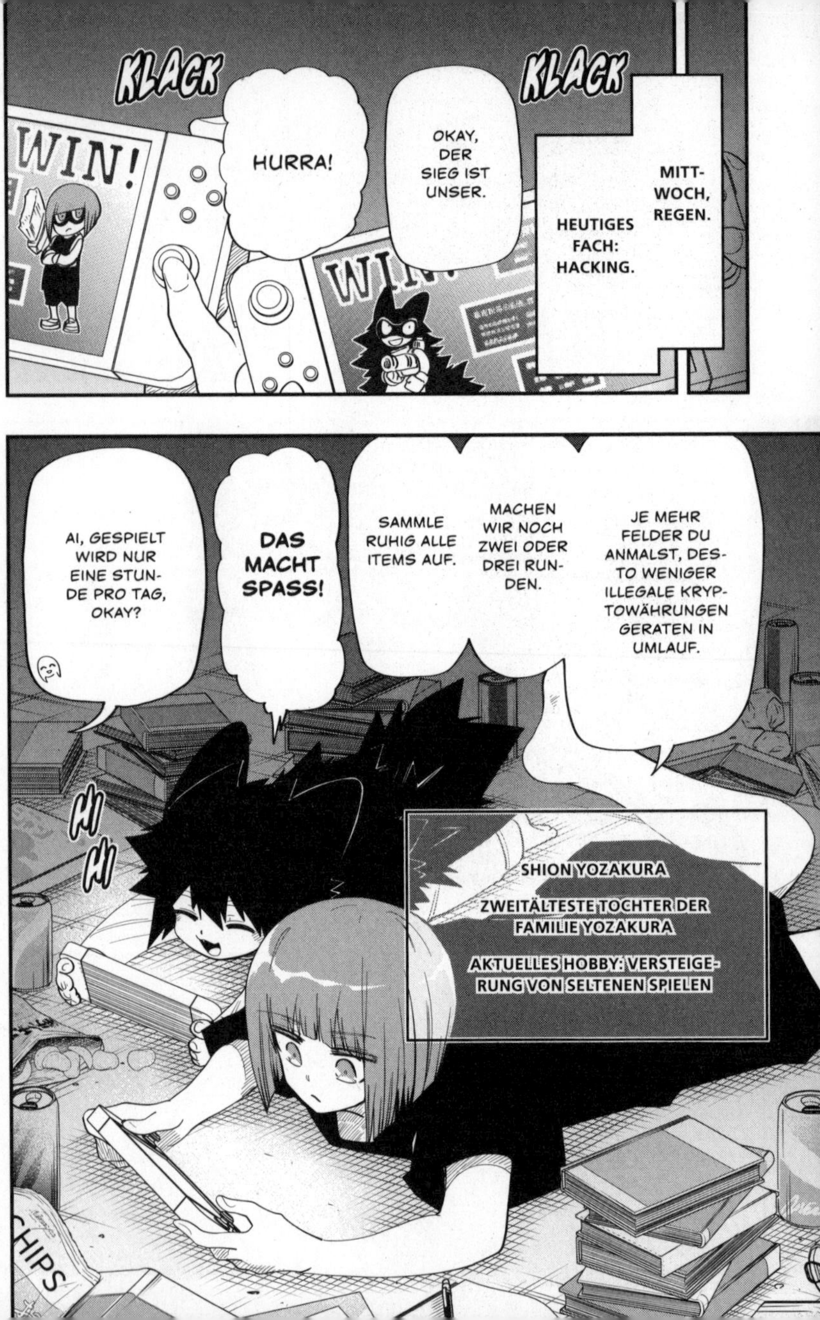

KLACK
MITTWOCH, REGEN.
HEUTIGES FACH: HACKING.
OKAY, DER SIEG IST UNSER.
HURRA!
WIN!
KLACK
JE MEHR FELDER DU ANMALST, DESTO WENIGER ILLEGALE KRYPTOWÄHRUNGEN GERATEN IN UMLAUF.
MACHEN WIR NOCH ZWEI ODER DREI RUNDEN.
SAMMLE RUHIG ALLE ITEMS AUF.
DAS MACHT SPASS!
AI, GESPIELT WIRD NUR EINE STUNDE PRO TAG, OKAY?
HI HI
SHION YOZAKURA
ZWEITÄLTESTE TOCHTER DER FAMILIE YOZAKURA
AKTUELLES HOBBY: VERSTEIGERUNG VON SELTENEN SPIELEN
CHIPS

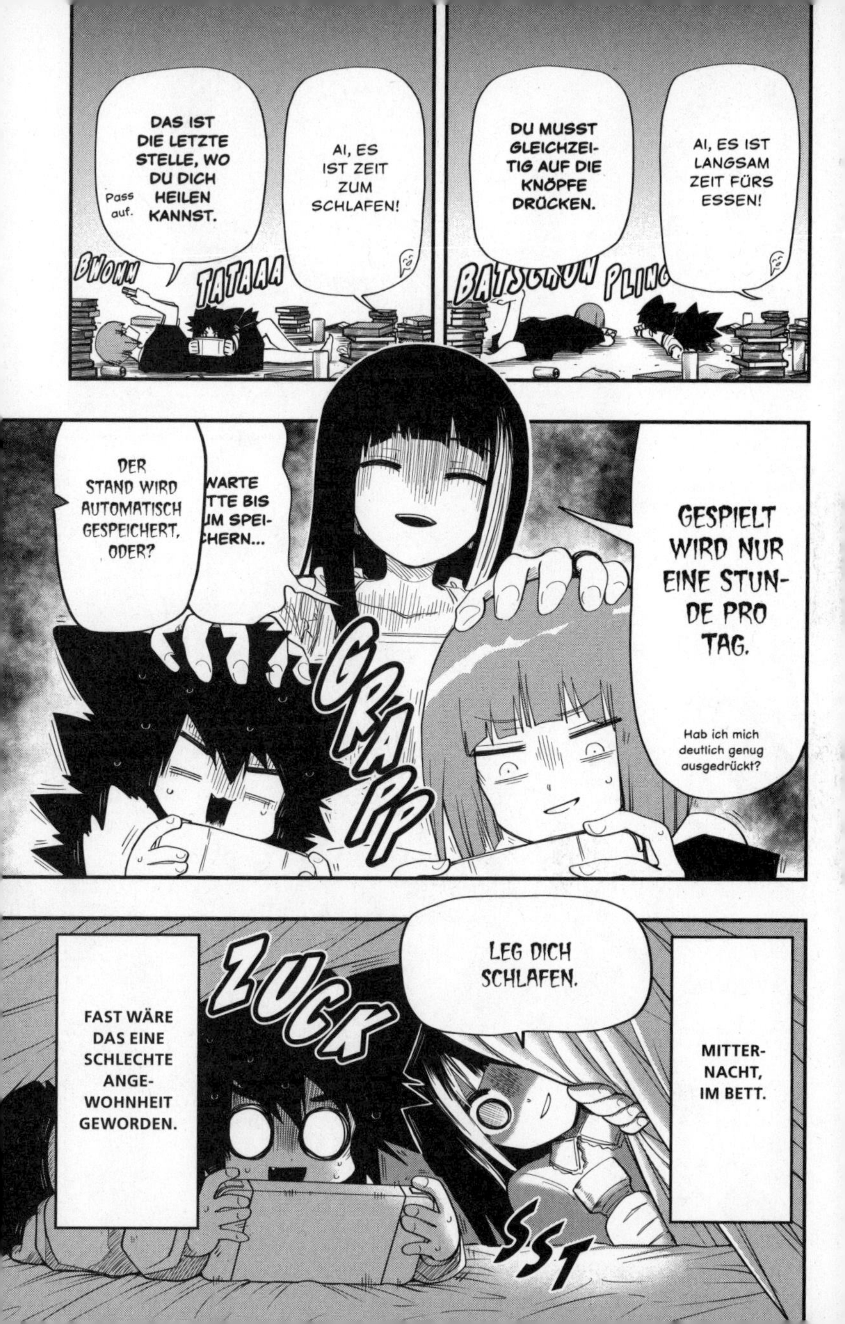
AI, ES IST LANGSAM ZEIT FÜRS ESSEN!
DU MUSST GLEICHZEITIG AUF DIE KNÖPFE DRÜCKEN.
PLING
BATSCHUN
AI, ES IST ZEIT ZUM SCHLAFEN!
DAS IST DIE LETZTE STELLE, WO DU DICH HEILEN KANNST.
Pass auf.
TATAAA
BWOMM
GESPIELT WIRD NUR EINE STUNDE PRO TAG.
Hab ich mich deutlich genug ausgedrückt?
GRAPP
WARTE TTE BIS M SPEICHERN...
DER STAND WIRD AUTOMATISCH GESPEICHERT, ODER?
MITTERNACHT, IM BETT.
LEG DICH SCHLAFEN.
ZUCK
SST
FAST WÄRE DAS EINE SCHLECHTE ANGEWOHNHEIT GEWORDEN.

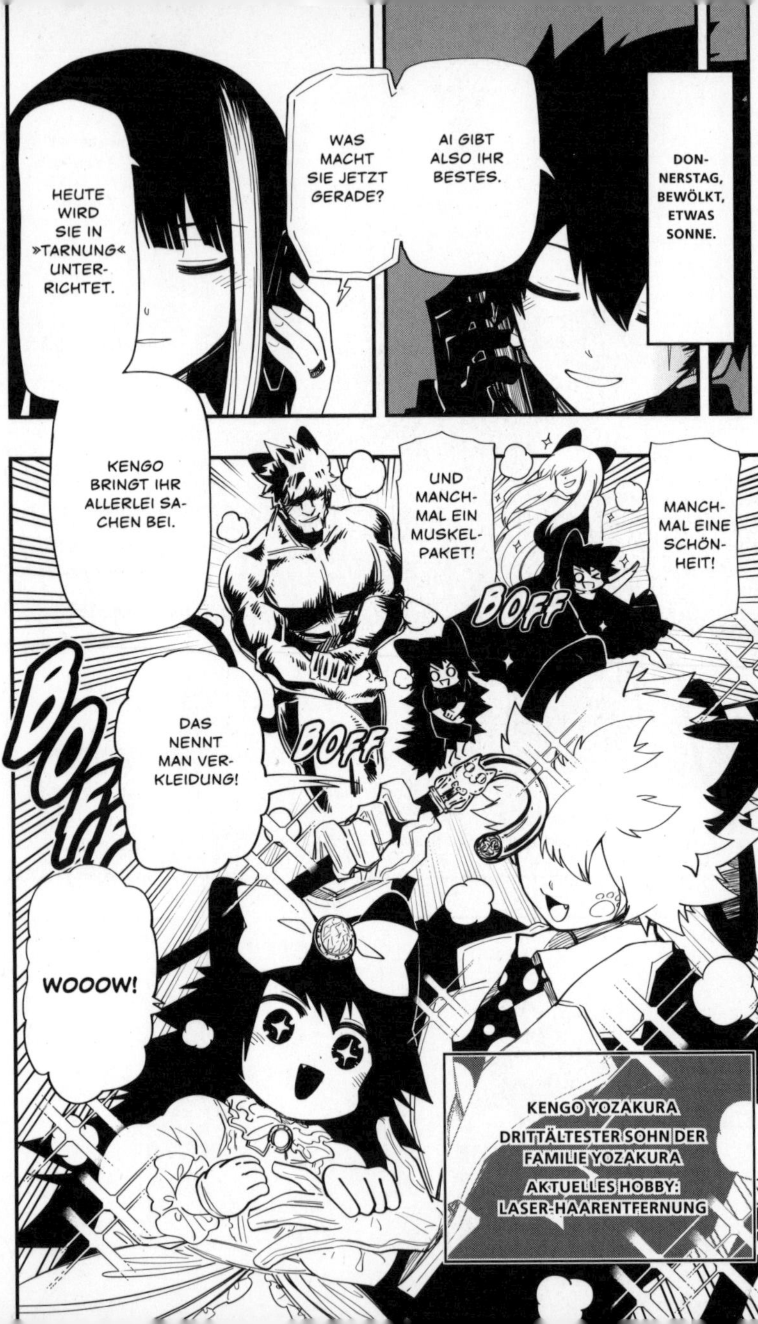
DONNERSTAG, BEWÖLKT, ETWAS SONNE.
AI GIBT ALSO IHR BESTES.
WAS MACHT SIE JETZT GERADE?
HEUTE WIRD SIE IN »TARNUNG« UNTERRICHTET.
KENGO BRINGT IHR ALLERLEI SACHEN BEI.
MANCHMAL EINE SCHÖNHEIT!
UND MANCHMAL EIN MUSKELPAKET!
BOFF
BOFF
DAS NENNT MAN VERKLEIDUNG!
BOFF
BOFF
WOOOW!
KENGO YOZAKURA
DRITTÄLTESTER SOHN DER FAMILIE YOZAKURA
AKTUELLES HOBBY: LASER-HAARENTFERNUNG

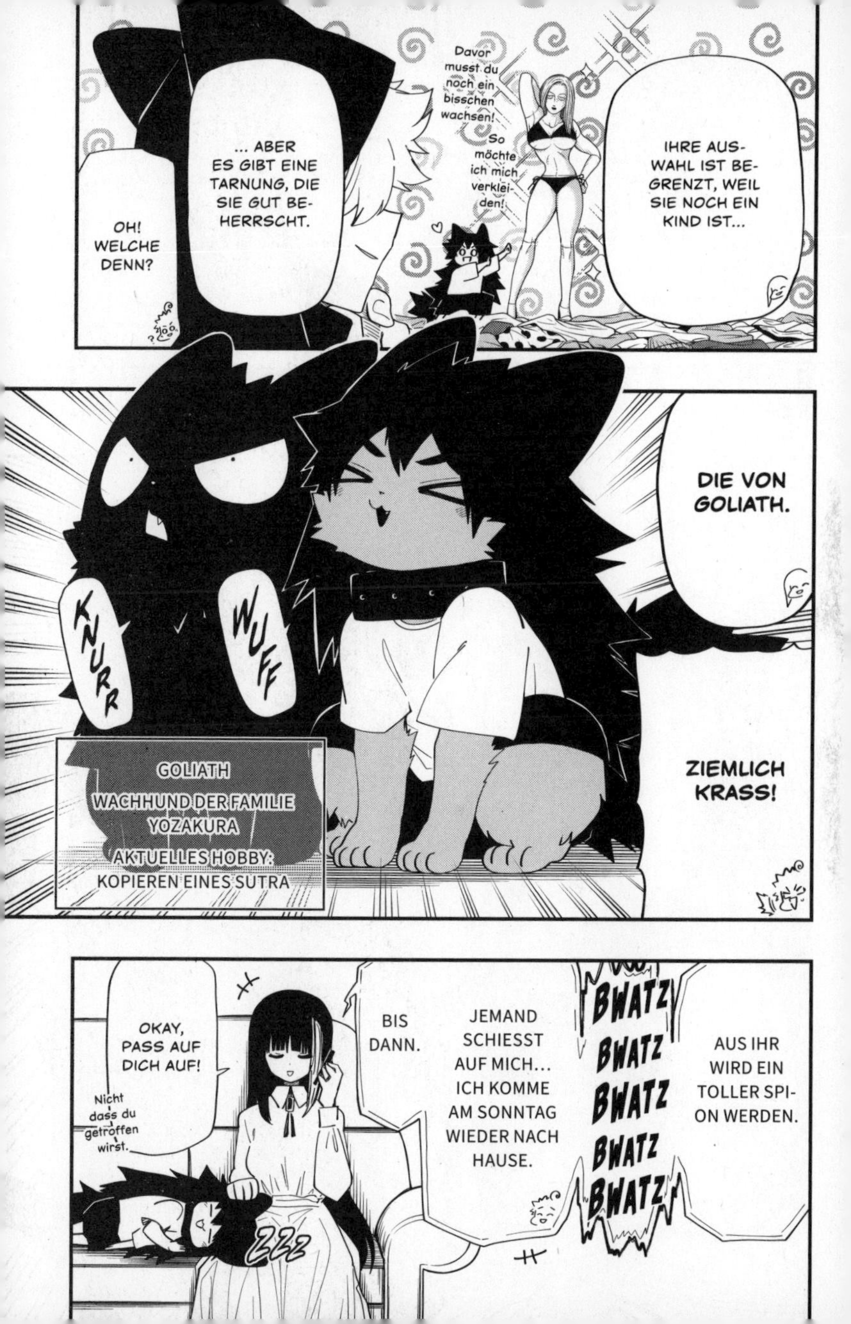
IHRE AUSWAHL IST BEGRENZT, WEIL SIE NOCH EIN KIND IST...
So möchte ich mich verkleiden!
Davor musst du noch ein bisschen wachsen!
... ABER ES GIBT EINE TARNUNG, DIE SIE GUT BEHERRSCHT.
OH! WELCHE DENN?
DIE VON GOLIATH.
ZIEMLICH KRASS!
WUFF
KNURR
GOLIATH
WACHHUND DER FAMILIE YOZAKURA
AKTUELLES HOBBY: KOPIEREN EINES SUTRA
AUS IHR WIRD EIN TOLLER SPION WERDEN.
BWATZ BWATZ BWATZ BWATZ BWATZ
JEMAND SCHIESST AUF MICH… ICH KOMME AM SONNTAG WIEDER NACH HAUSE.
BIS DANN.
OKAY, PASS AUF DICH AUF!
Nicht dass du getroffen wirst.
ZZZ

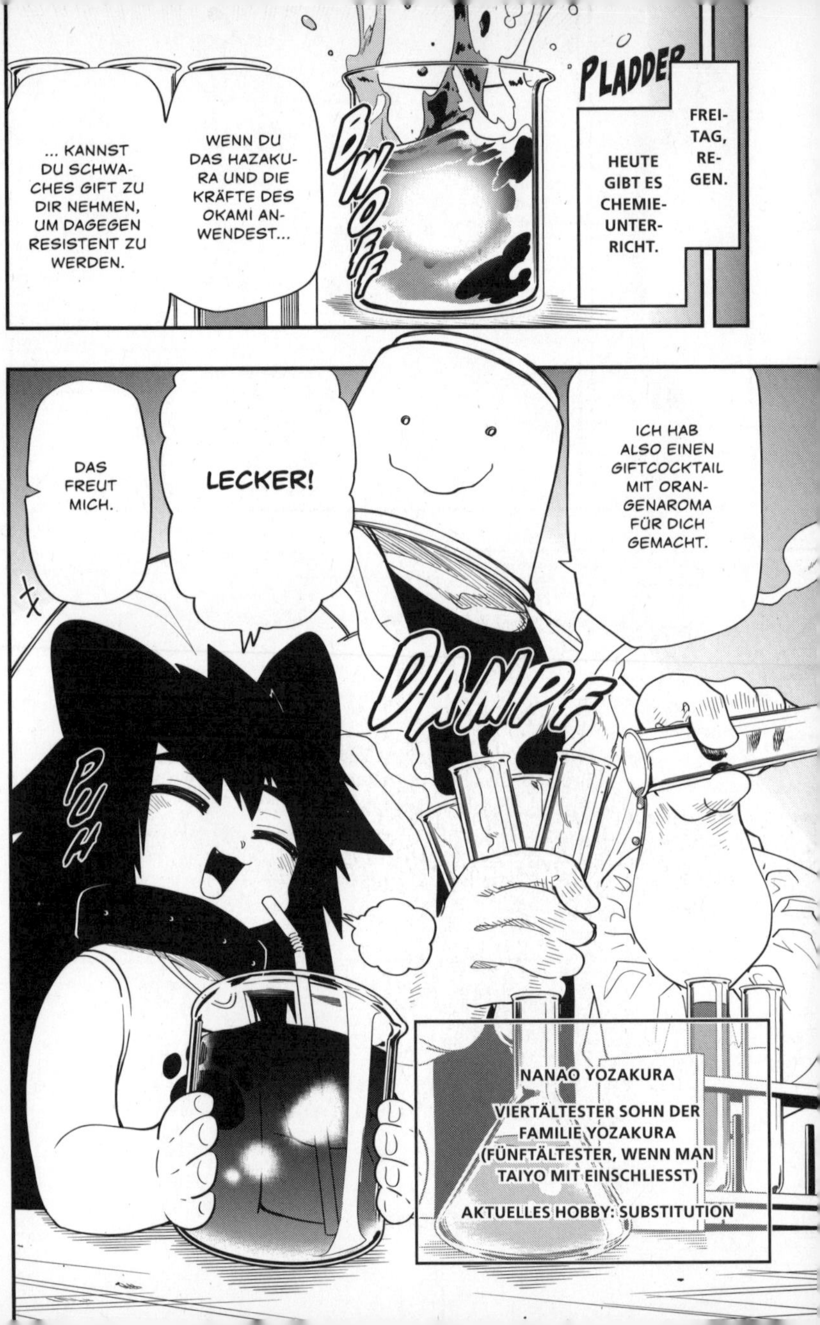
FREITAG, REGEN.
HEUTE GIBT ES CHEMIEUNTERRICHT.
PLADDER
BWOFF
WENN DU DAS HAZAKURA UND DIE KRÄFTE DES OKAMI ANWENDEST...
... KANNST DU SCHWACHES GIFT ZU DIR NEHMEN, UM DAGEGEN RESISTENT ZU WERDEN.
ICH HAB ALSO EINEN GIFTCOCKTAIL MIT ORANGENAROMA FÜR DICH GEMACHT.
DAMPF
LECKER!
DAS FREUT MICH.
PUH
NANAO YOZAKURA
VIERTÄLTESTER SOHN DER FAMILIE YOZAKURA (FÜNFTÄLTESTER, WENN MAN TAIYO MIT EINSCHLIESST)
AKTUELLES HOBBY: SUBSTITUTION

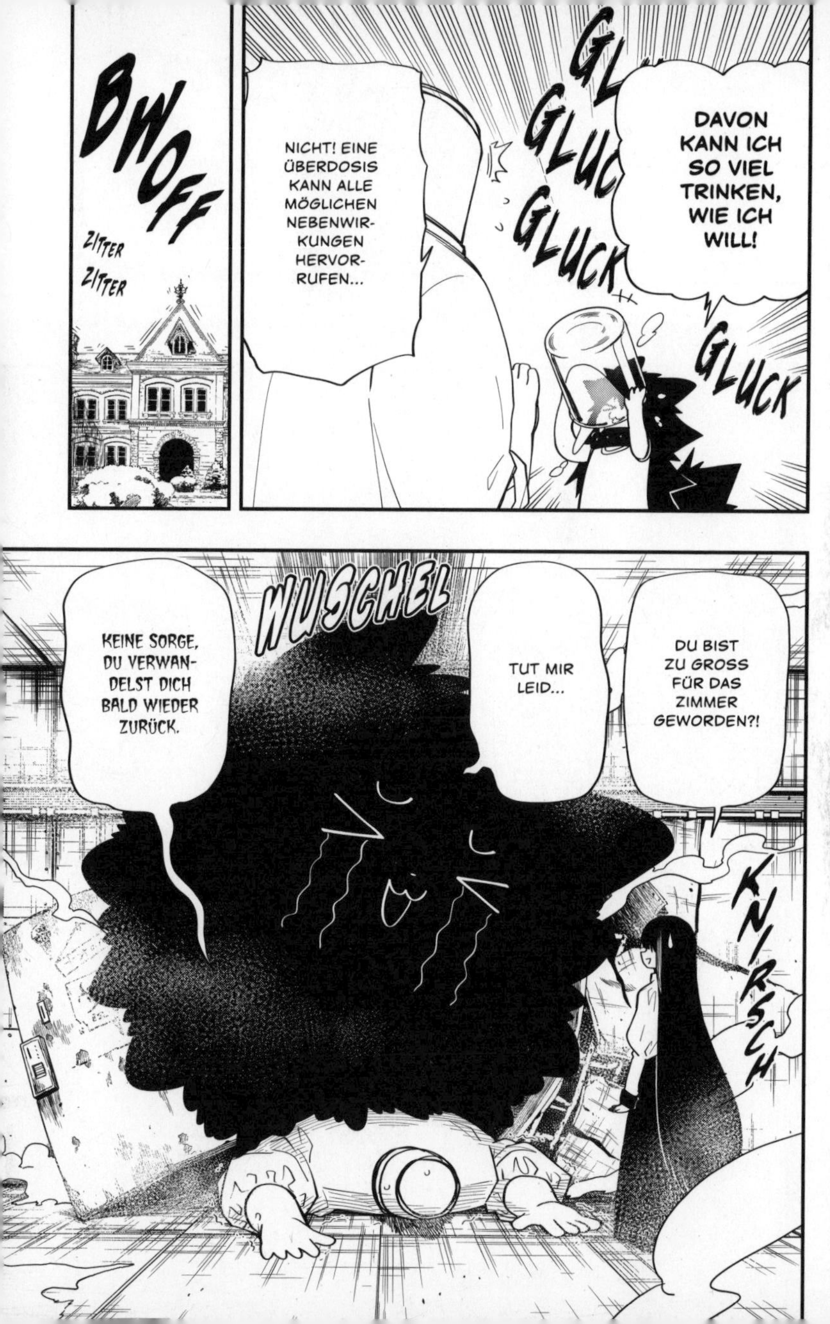
DAVON KANN ICH SO VIEL TRINKEN, WIE ICH WILL!
GLUCK GLUCK GLUCK GLUCK
NICHT! EINE ÜBERDOSIS KANN ALLE MÖGLICHEN NEBENWIR-KUNGEN HERVOR-RUFEN…
BWOFF
ZITTER ZITTER
DU BIST ZU GROSS FÜR DAS ZIMMER GEWORDEN?!
KNIRSCH
TUT MIR LEID…
WUSCHEL
KEINE SORGE, DU VERWAN-DELST DICH BALD WIEDER ZURÜCK.

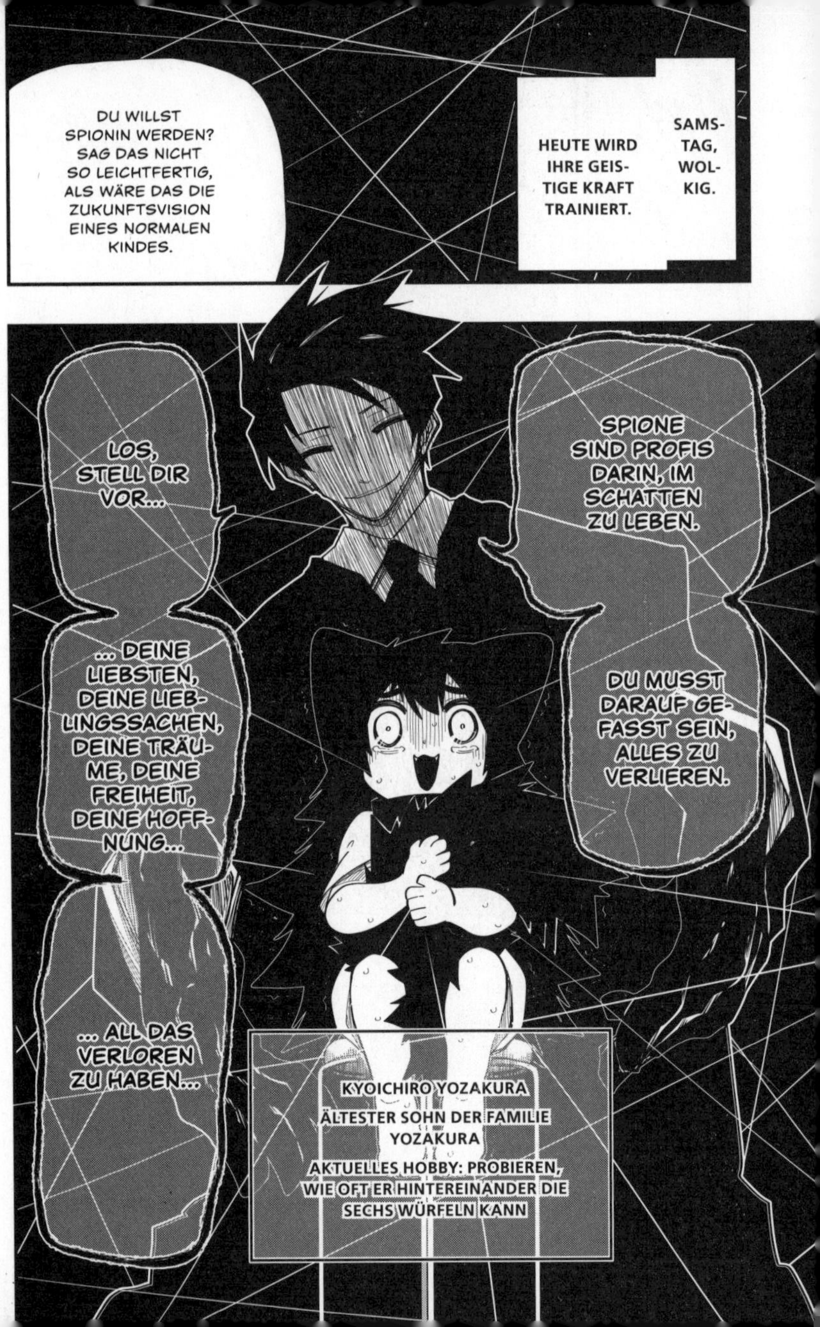
SAMSTAG, WOLKIG.
HEUTE WIRD IHRE GEISTIGE KRAFT TRAINIERT.
DU WILLST SPIONIN WERDEN? SAG DAS NICHT SO LEICHTFERTIG, ALS WÄRE DAS DIE ZUKUNFTSVISION EINES NORMALEN KINDES.
SPIONE SIND PROFIS DARIN, IM SCHATTEN ZU LEBEN.
DU MUSST DARAUF GEFASST SEIN, ALLES ZU VERLIEREN.
LOS, STELL DIR VOR...
... DEINE LIEBSTEN, DEINE LIEBLINGSSACHEN, DEINE TRÄUME, DEINE FREIHEIT, DEINE HOFFNUNG...
... ALL DAS VERLOREN ZU HABEN...
KYOICHIRO YOZAKURA
ÄLTESTER SOHN DER FAMILIE YOZAKURA
AKTUELLES HOBBY: PROBIEREN, WIE OFT ER HINTEREINANDER DIE SECHS WÜRFELN KANN

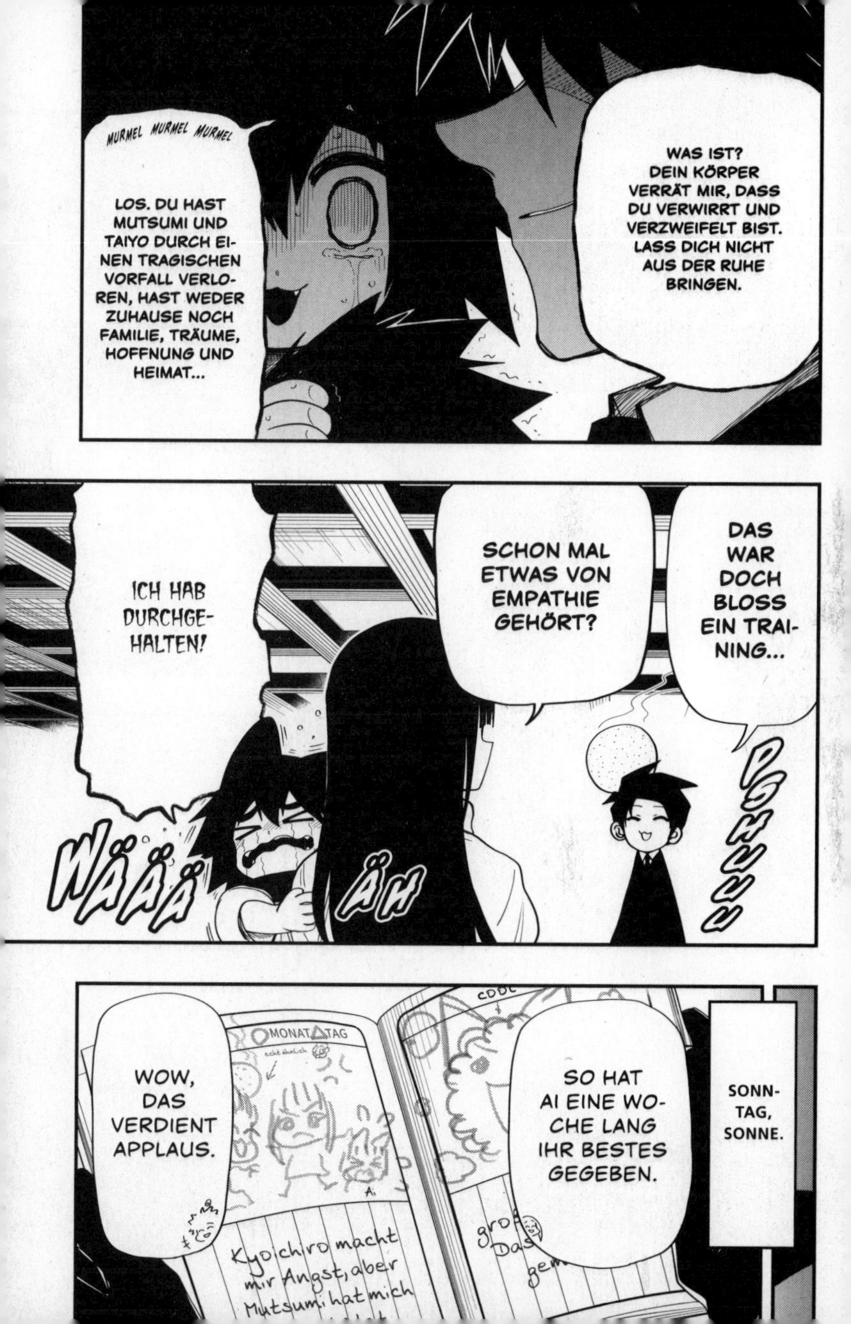
WAS IST? DEIN KÖRPER VERRÄT MIR, DASS DU VERWIRRT UND VERZWEIFELT BIST. LASS DICH NICHT AUS DER RUHE BRINGEN.
MURMEL MURMEL MURMEL
LOS. DU HAST MUTSUMI UND TAIYO DURCH EINEN TRAGISCHEN VORFALL VERLOREN, HAST WEDER ZUHAUSE NOCH FAMILIE, TRÄUME, HOFFNUNG UND HEIMAT...
DAS WAR DOCH BLOSS EIN TRAINING...
SCHON MAL ETWAS VON EMPATHIE GEHÖRT?
ICH HAB DURCHGEHALTEN!
WÄÄÄÄH
SONNTAG, SONNE.
SO HAT AI EINE WOCHE LANG IHR BESTES GEGEBEN.
WOW, DAS VERDIENT APPLAUS.
MONAT TAG
COOL
Ai
Kyoichiro macht mir Angst, aber Mutsumi hat mich

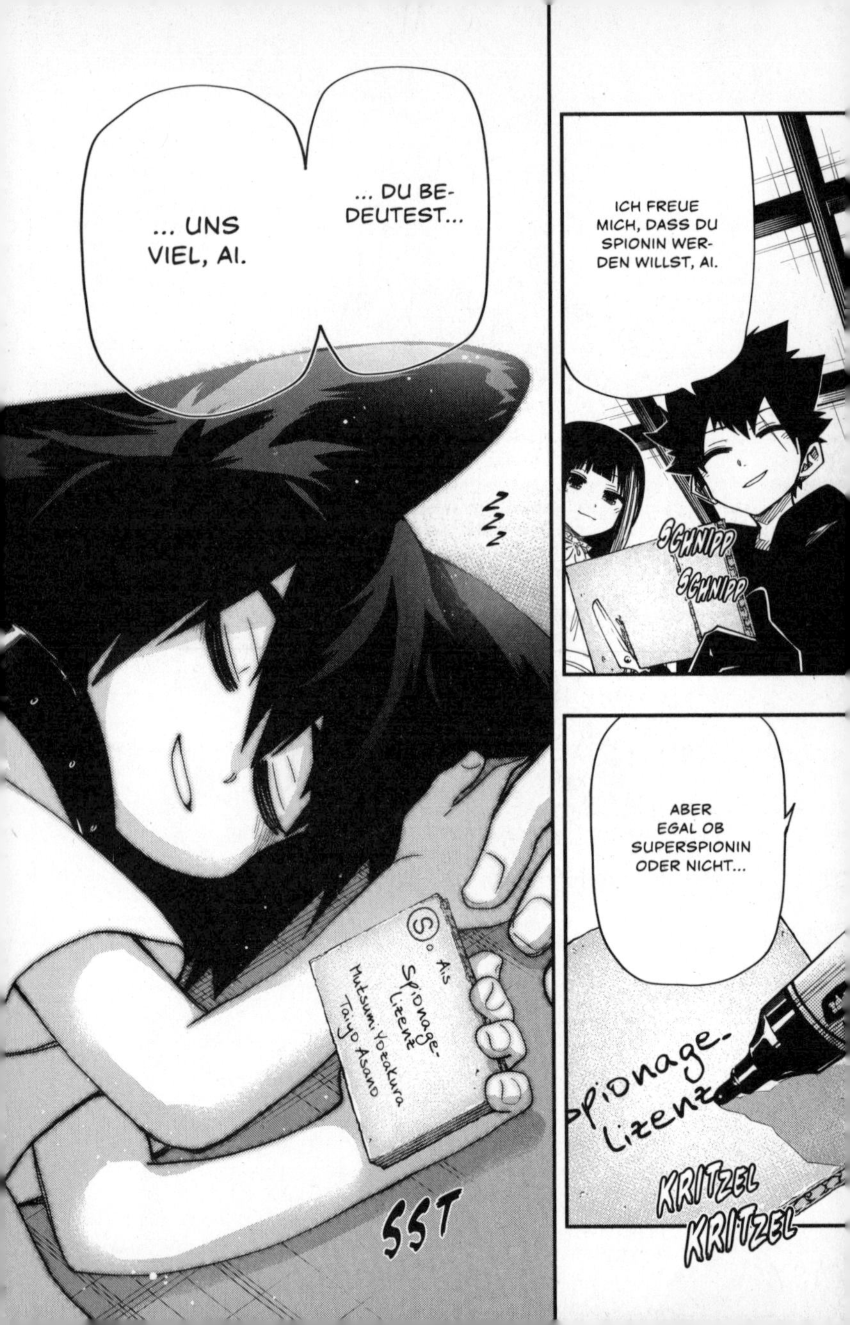
ICH FREUE MICH, DASS DU SPIONIN WERDEN WILLST, AI.
SCHNIPP
SCHNIPP
ABER EGAL OB SUPERSPIONIN ODER NICHT…
Spionage-Lizenz
KRITZEL
KRITZEL
… DU BEDEUTEST…
… UNS VIEL, AI.
Ais Spionage-Lizenz
Mutsumi Yozakura
Taiyo Asano
SST

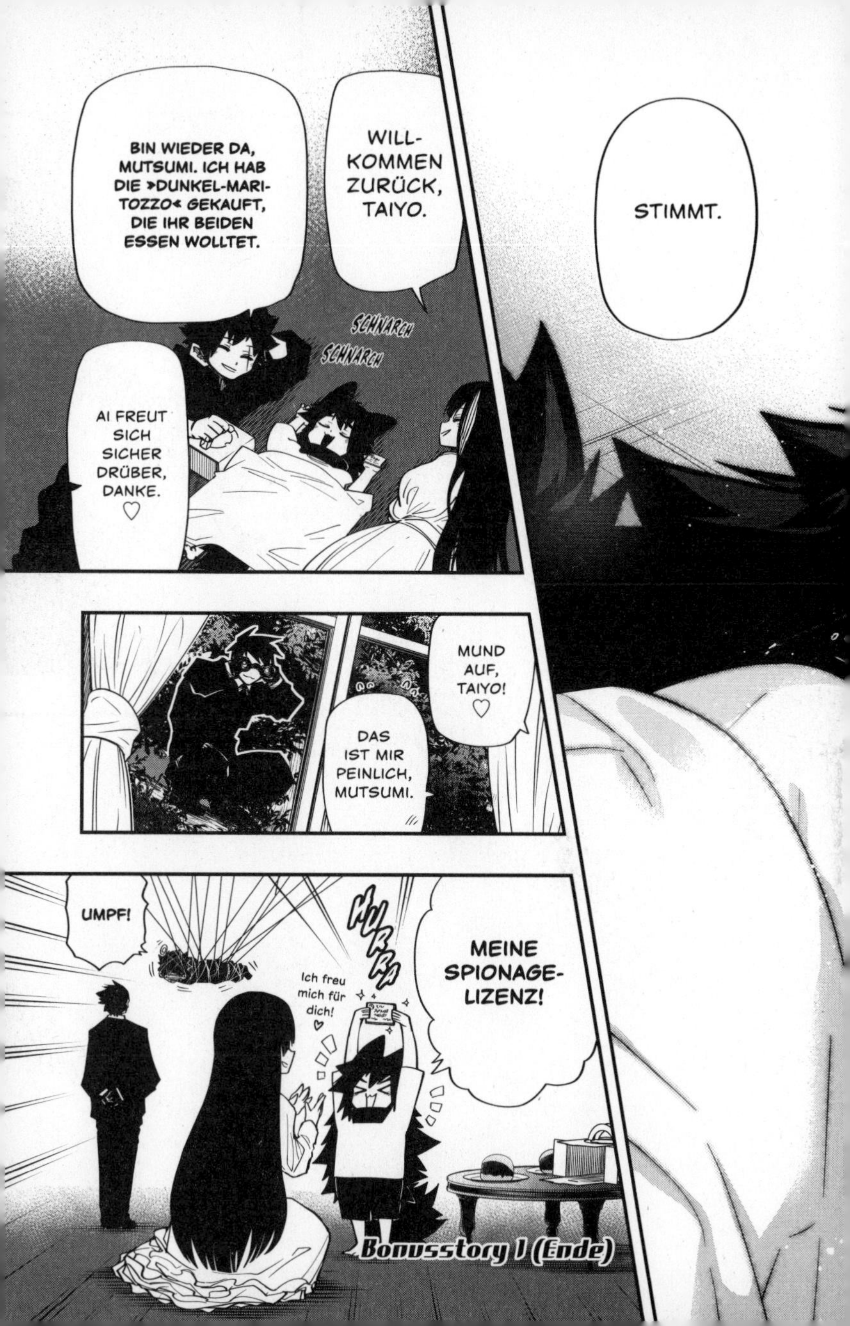
STIMMT.
BIN WIEDER DA, MUTSUMI. ICH HAB DIE »DUNKEL-MARITOZZO« GEKAUFT, DIE IHR BEIDEN ESSEN WOLLTET.
WILLKOMMEN ZURÜCK, TAIYO.
SCHNARCH
SCHNARCH
AI FREUT SICH SICHER DRÜBER, DANKE. ♡
MUND AUF, TAIYO! ♡
DAS IST MIR PEINLICH, MUTSUMI.
MEINE SPIONAGE-LIZENZ!
HURRA
Ich freu mich für dich! ♡
UMPF!
Bonusstory 1 (Ende)

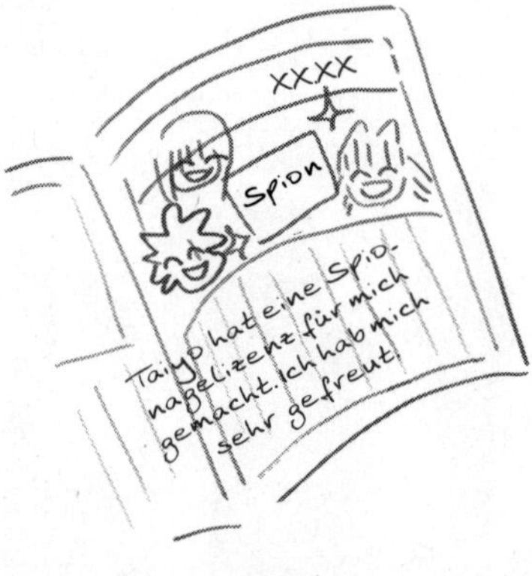
XXXX
Spion
Taiyo hat eine Spio-
nagelizenz für mich
gemacht. Ich hab mich
sehr gefreut.

BONUSSTORY 2: »SCHNEESCHIPPEN«

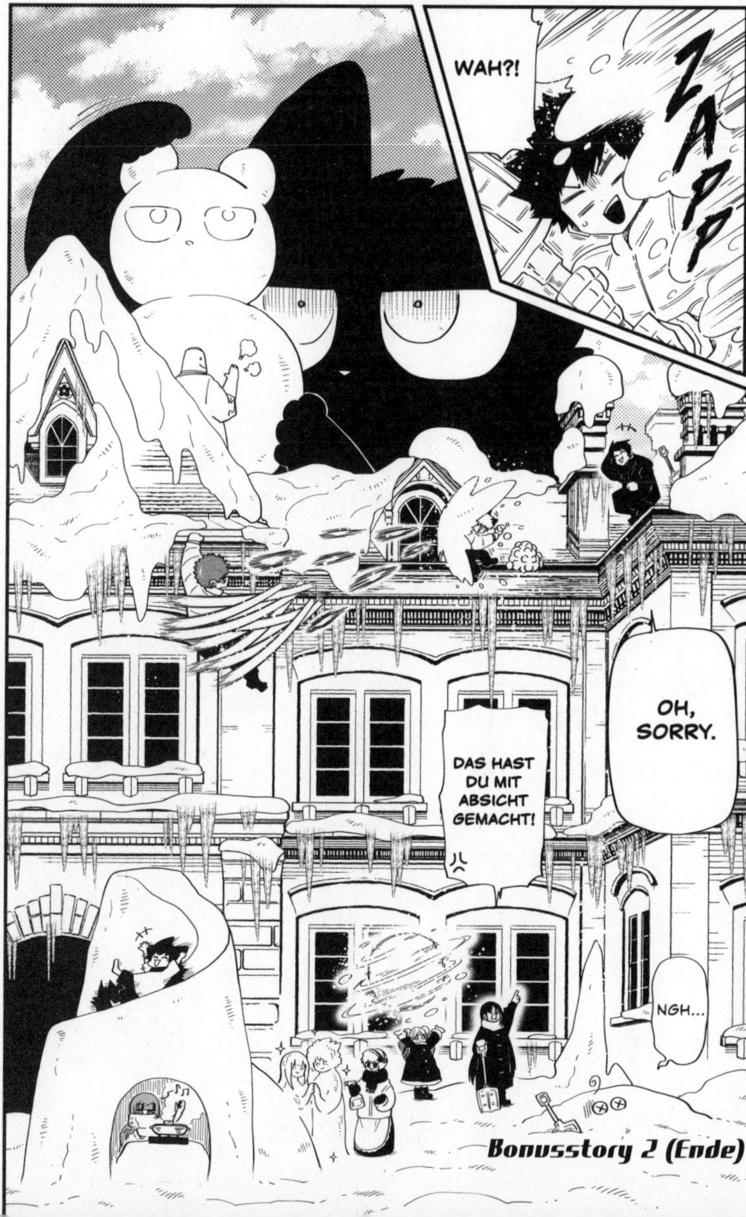

Bonusstory 2 (Ende)

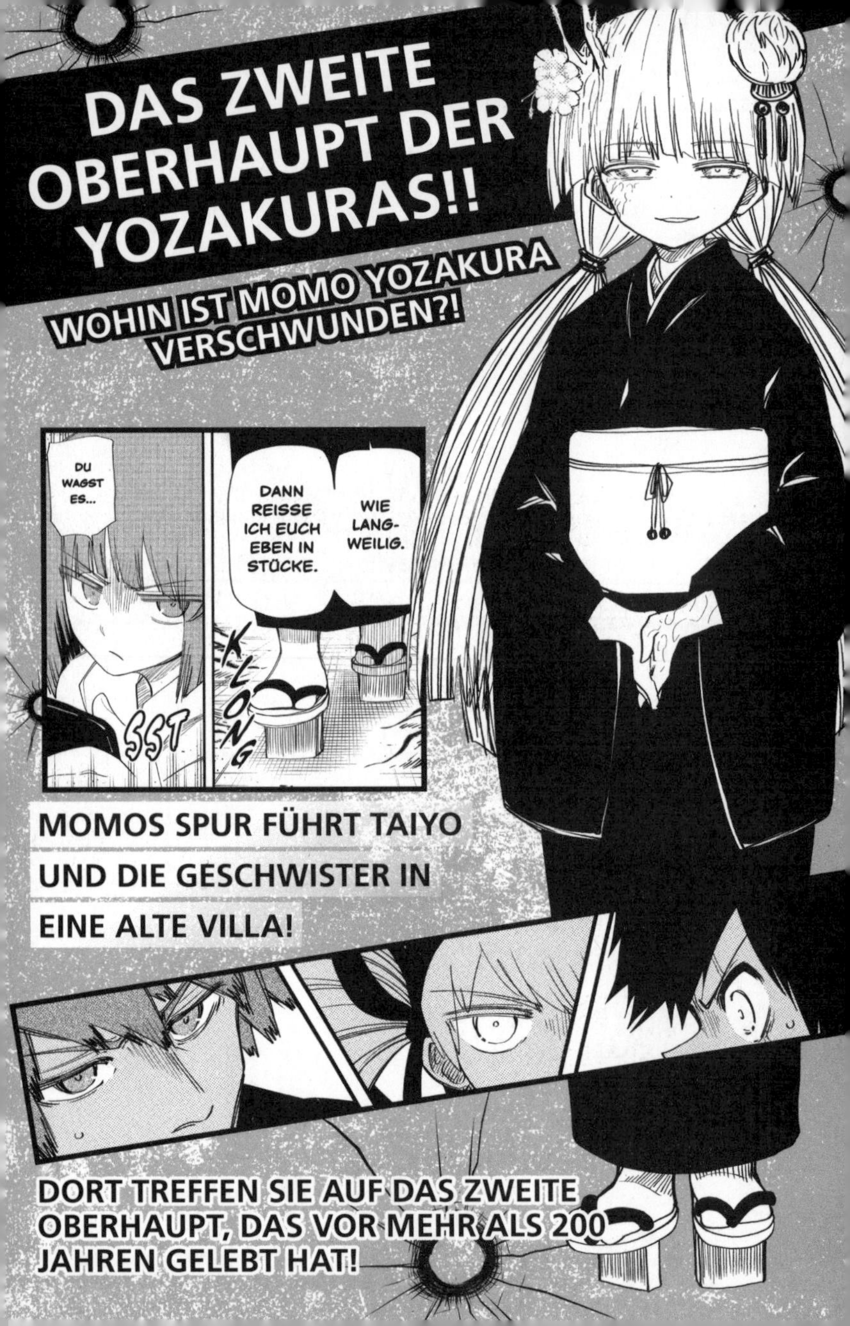
DAS ZWEITE OBERHAUPT DER YOZAKURAS!!
WOHIN IST MOMO YOZAKURA VERSCHWUNDEN?!
WIE LANG-WEILIG.
DANN REISSE ICH EUCH EBEN IN STÜCKE.
KLONG
DU WAGST ES...
SST
MOMOS SPUR FÜHRT TAIYO
UND DIE GESCHWISTER IN
EINE ALTE VILLA!
DORT TREFFEN SIE AUF DAS ZWEITE OBERHAUPT, DAS VOR MEHR ALS 200 JAHREN GELEBT HAT!

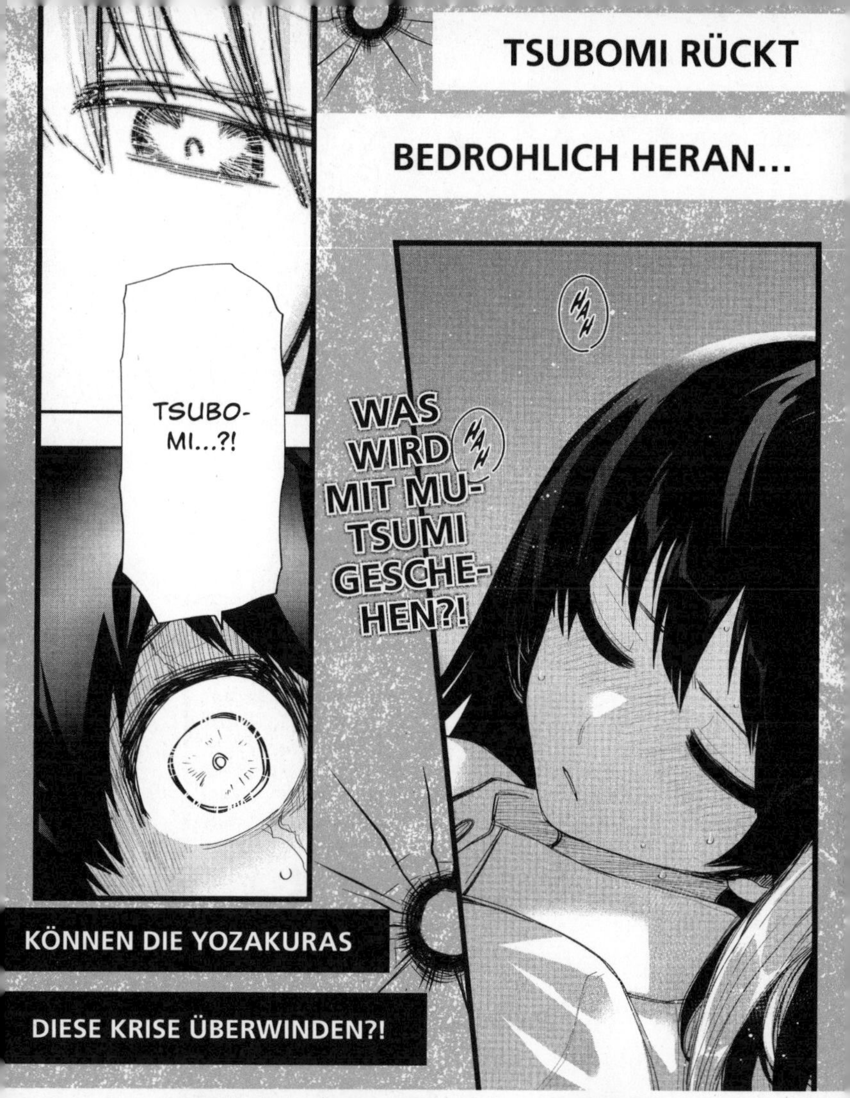

MISSION: Yozakura Family 13

… ERSCHEINT IM HERBST 2024!

reiche Serien

Boruto

von Masashi Kishimoto, Ukyo Kodachi und Mikio Ikemoto

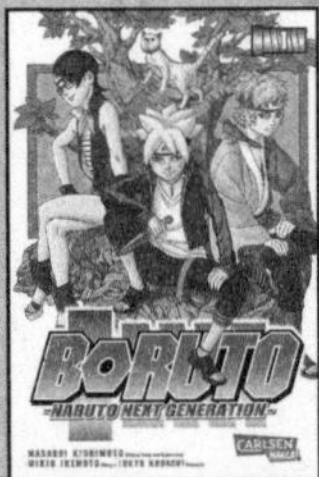

Narutos Sohn Boruto gilt als Wunderkind und ist genauso rebellisch wie einst sein Vater. Er bittet Sasuke ihn zu trainieren, um ein besserer Ninja als Naruto zu werden…

Naruto

von Masashi Kishimoto

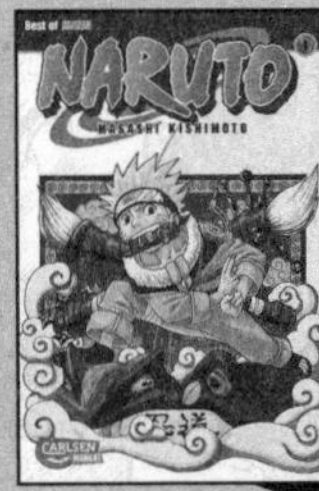

Naruto will der beste Ninja der Welt werden. Weil in ihm ein mächtiges Geheimnis schlummert, wird er von vielen bösen und gefährlichen Ninja verfolgt…

Fairy Tail

von Hiro Mashima

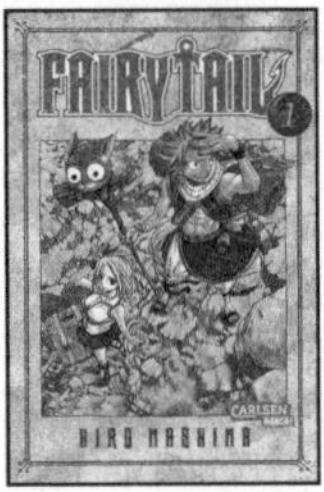

Verrückte Magier, geflügelte Katzen und gefährliche Monster – das ist die Welt von »Fairy Tail«. So nennt sich eine Gilde von sympathischen Outlaws, die mit ihren Zauberkünsten gegen das Böse in der Welt kämpfen, dabei aber mehr als einmal über das Ziel hinausschießen.

Edens Zero

von Hiro Mashima

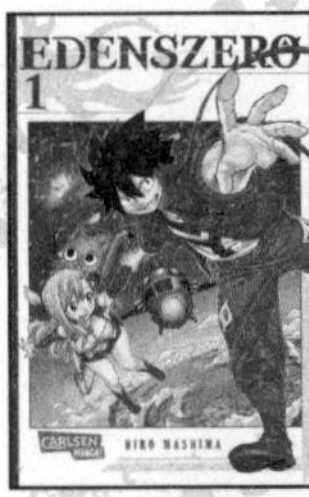

Im Reich der Träume, dem Vergnügungspark Granbell, lebt Shiki allein unter Robotern, doch dann treffen die ersten Gäste seit 100 Jahren ein: Rebecca und ihre blaue Katze Happy. Die drei verstehen sich auf Anhieb gut und werden Freunde… Allerdings birgt dieses kleine Aufeinandertreffen große Veränderungen für ihr Schicksal!

Assassination Classroom

von Yusei Matsui

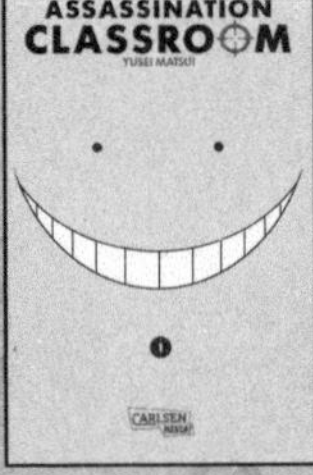

Ein übermächtiges Tentakelmonster mit Smileygesicht droht die Erde zu zerstören. Aber erst nächstes Jahr … Bis dahin unterrichtet das Monster die Klasse 9-E der Kunugigaoka Junior Highschool.

Soul Eater Massiv

von Atsushi Ohkubo

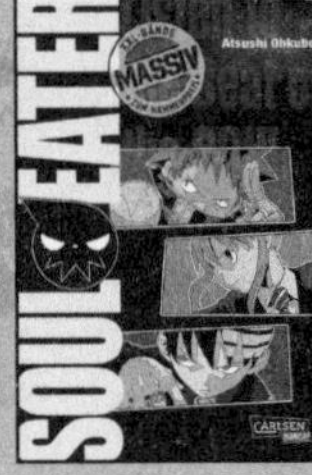

Maka ist Waffenschmiedin in einer spezieller Ausbildung. Ihre Sense namens Soul Eater hat ein Eigenleben und nimmt außerhalb des Kampfes die Gestalt eines ultracoolen Jungen an.

MANGA HEROES Action

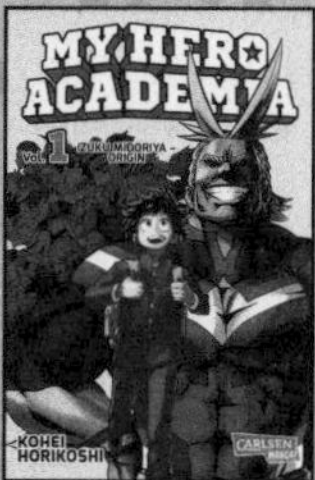

My Hero Academia

von Kohei Horikoshi

In der Welt von Izuku Midoriya besitzt 80% der Bevölkerung Superkräfte.
Doch wie und wo könnten die Helden lernen, ihre Fähigkeiten, die sogenannten »Macken« (jp. Kosei) effizienter zu nutzen? Natürlich an der MY HERO ACADEMIA!

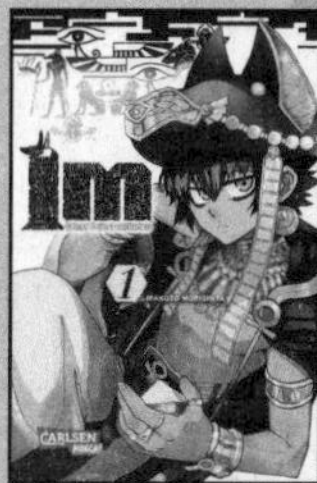

IM – Great Priest Imhotep

von Makoto Morishita

Der Hohepriester Imhotep aus dem antiken Ägypten weilt wieder unter den Lebenden. Im modernen Japan gestrandet, ist er ein Jäger, der die Menschen vor dem uralten Übel der Magai bewahren soll – gottgleichen Wesen, die nach der Vernichtung der Menschen trachten.

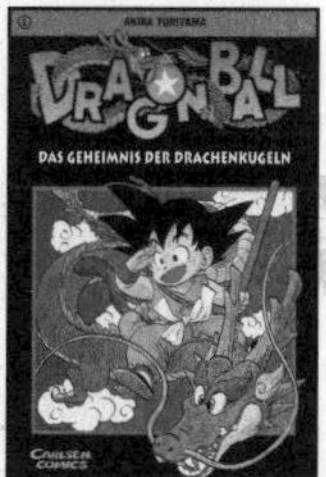

Dragon Ball

von Akira Toriyama

Der Legende nach gibt es sieben »Dragon Balls« auf der Welt. Bringt man alle zusammen, so erscheint der mächtige Drache Shenlong und erfüllt einen Wunsch. Nicht auszudenken, was passiert, sollten die »Dragon Balls« in falsche Hände geraten ...

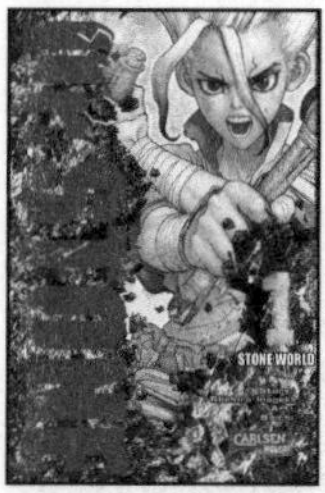

Dr. Stone

von Riichiro Inagaki und Boichi

Ein Augenblick, und die Menschheit erstarrt auf mysteriöse Weise zu Stein. Als die beiden Highschool-Schüler Senku und Taiju mehr als dreitausend Jahre später erwachen, beschließen sie, die menschliche Zivilisation im Alleingang neu aufzubauen!

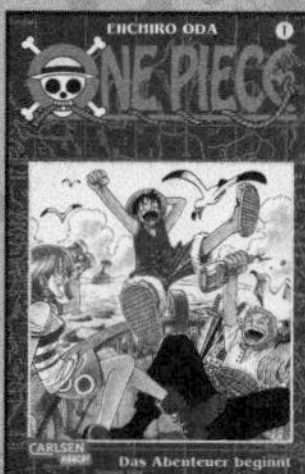

One Piece

von Eiichiro Oda

Monkey D. Ruffy und seine lustige Piraten-Crew sind auf der Suche nach dem größten Schatz der Welt: dem One Piece! Klar, dass sie da nicht die einzigen Piraten auf den Meeren sind...

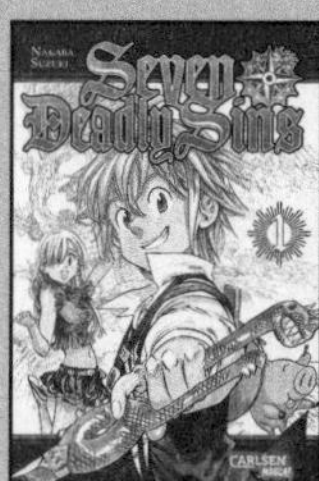

Seven Deadly Sins

von Nakaba Suzuki

Die »Seven Deadly Sins« gelten als die schlimmsten Verbrecher Britannias, Prinzessin Elisabeth macht sich dennoch auf die Suche nach ihnen, denn sie braucht dringend ihre Hilfe...

MISSION: Yozakura Family

To Do Mission

HALT!

Number	Mission Title
1	☑ Anhalten und Lage sondieren
2	☑ Japanische Serie identifiziert
3	☑ Anweisungen der abgebildeten Grafik befolgen
4	☑ Von »hinten« nach »vorne« lesen
5	☑ Von rechts nach links lesen
6	☑ Spannende Unterhaltung genießen

CARLSEN MANGA
Deutsche Ausgabe/German Edition

Völckersstraße 14-20 · 22765 Hamburg
Aus dem Japanischen von Nana Umino

Redaktion: Patricia Janzen
Textbearbeitung: Steffi Korda
Produktionsmanagement: Tobias Hametner
ISBN: 978-3-551-78829-0

MIX
Papier | Fördert gute Waldnutzung
FSC® C083411
FSC www.fsc.org
Klimaneutrales Produkt

Mission:
Yozakura Family

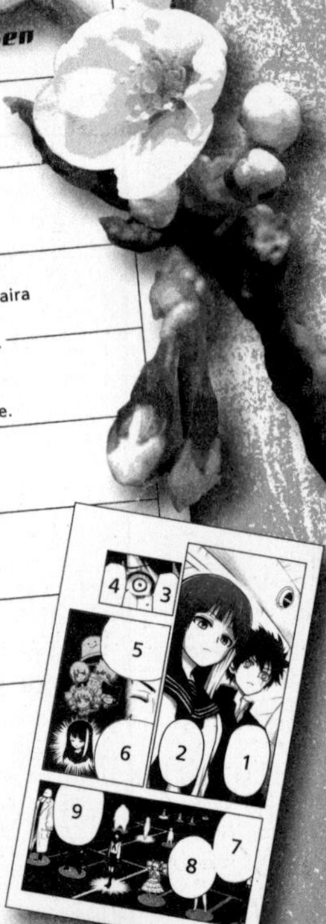